Michael Ebert & Timm Klotzek

PLANEN ODER TREIBEN LASSEN?

Wie man merkt, ob man sich
zu viel oder zu wenig
Gedanken um sein Leben macht

HEYNE ‹

FSC

Mix

Produktgruppe aus vorbildlich
bewirtschafteten Wäldern und
anderen kontrollierten Herkünften

Zert.-Nr. SGS-COC-1940
www.fsc.org
© 1996 Forest Stewardship Council

Verlagsgruppe Random House FSC-DEU-0100
Das für dieses Buch verwendete
FSC-zertifizierte Papier Munken Premium Cream
liefert Arctic Paper Munkedals AB, Schweden

Redaktion: Dunja Reulein, München
Copyright © 2009 by Wilhelm Heyne Verlag, München,
in der Verlagsgruppe Random House GmbH

Illustrationen: Falko Ohlmer (falko-ohlmer.com)
Grafik: Jonas Natterer (diebuben.com) & Falko Ohlmer
Druck und Bindung: GGP Media GmbH, Pößneck

Printed in Germany 2009
ISBN 978-3-453-15873-3

www.heyne.de

INHALT

AM ANFANG

Soll ich mein Leben planen – oder mich vom Leben treiben lassen? Und warum muss ich mich überhaupt entscheiden?

Wie man rausfindet, ob man eher ein Planer oder ein Treibenlasser ist —Was Elfmeterschießen mit Entscheidungsschwierigkeiten zu tun hat —Warum brillante Denker gleichzeitig ziemlich vergessliche Trottel sein können —Wie sehr kann ich meinem Bauchgefühl vertrauen? —Warum die vernünftigste Entscheidung nicht automatisch die beste ist

Ah, verdammt. Unangenehme Post im Briefkasten. Unangenehme Post ist leicht zu erkennen: die längliche Form des Briefumschlags, die maschinengeschriebene Adresszeile. Und diese geheimnisvollen Zahlencodes, die oft im Sichtfenster des Schreibens zu sehen sind, noch über dem Namen des Adressaten. So was wie: **C / 380 077 11 / K 131 143 / 009**. Man mag sich kaum vorstellen, welche Geheiminformationen dieser Code verbirgt. **C / 380 077** könnte das Kürzel für diejenigen Kunden sein, die stets erst nach der zweiten Mahnung zahlen. Die **11** dahinter sortiert uns auf der internen Risikoskala des Unternehmens von **1** („Ausgezeichneter Kunde, gute Zahlungsmoral, keine Sonderwünsche") bis 12 („Nervt wie verrückt"). **K 131** bedeutet wahrscheinlich, dass wir bei telefonischen Nachfragen wenigstens 60 Minuten lang in einer Warteschleife zu halten sind, ehe man uns zu einem Berater durchstellt. **143 / 009** bestimmt das Lied, das in der Warteschleife laufen soll, in diesem Fall steht der Code für irgendetwas besonders grausames, möglicherweise „Lady In Red" von Chris de Burgh.

In jedem Fall: Erhalten wir diese Sorte Brief, kann es sich nur um unangenehme Post handeln. Eine Mahnung oder Rechnung, die Ankündigung einer Miet- oder Beitragserhöhung, ein abschlägiger Bescheid des Finanzamts, ein Strafzettel. Entsprechend unsere übliche Reaktion: O Mist … Ah, verdammt … Ach du heilige Scheiße! Etwas in der Art.

Wenn du das nächste Mal unangenehme Post erhältst, solltest du dich ausnahmsweise freuen. Denn unangenehme Post kann dir Antworten auf die wichtigen Fragen im Leben geben: Sie liefert dir Hinweise dafür, wer du bist. Welche Probleme noch auf dich warten, welche Möglichkeiten sich in der Zukunft bieten. Unangenehme Post kann dir bei den Fragen helfen, ob du deine Eltern öfter anrufen solltest, ob du deinen Partner fair behandelst, ob du ausreichend versichert bist und ob du dich richtig ernährst, ob du dir grundsätzlich mehr Ruhe gönnen oder endlich mal in die Puschen kommen solltest. Und das Tollste: Um all das herauszufinden, musst du die unangenehme Post noch nicht mal öffnen. Gehe stattdessen wie folgt vor:

PUNKT 1

Nimm das Schreiben aus dem Briefkasten.

PUNKT 2

*Setz dich allein in einem Zimmer an einen Tisch,
leg das Schreiben vor dich hin.*

PUNKT 3

*Betrachte es ganz genau. Wenn's nicht ohnehin klar
sein sollte: Male dir aus, von wem das Schreiben
ist und was darin stehen könnte.*

PUNKT 4

*Überlege, wie du üblicherweise mit Schreiben
solcher Art verfährst.*

PUNKT 5

*Überlege dir dann, ob deine übliche Verfahrensweise
die richtige ist und ob du im vorliegenden Fall
ähnlich oder ganz anders vorgehen willst.*

PUNKT 6

*Schreibe die Ergebnisse deiner Überlegungen zu
Punkt 4 und 5 auf ein Blatt Papier.*

Vielleicht steht auf dem Blatt Papier dann etwa so was: „Zu **PUNKT 4**: Ich lasse unangenehme Post wie üblich verschlossen und lege das Schreiben zu den anderen. Werde mir doch heute nicht den Tag verderben! Zu **PUNKT 5**: Na klar, wie sonst! Ansonsten: siehe **PUNKT 4**."

Vielleicht steht auf dem Blatt Papier aber auch so was: „Zu **PUNKT 4**: Selbstverständlich öffne ich den Brief, er ist ja an mich adressiert. Auch unangenehme Dinge muss man angehen – hilft ja nichts, die Augen zu verschließen. Ein Problem hat sich noch nie einfach so in Luft aufgelöst, im Zweifel wird es eher größer. Wenn es eine Rechung sein sollte, bezahle ich sie mit sicherem Onlinebanking, versehe sie mit dem Vermerk ‚Bezahlt am …‘ und hefte sie in den entsprechenden Ordner. Zu **PUNKT 5**: Na klar, wie sonst! Ansonsten: siehe **PUNKT 4**.“

Vielleicht steht da auch irgendwas zwischen diesen beiden Extremen. Vielleicht erkennst du unter **PUNKT 4** so was wie, ähm …, grundsätzliche Mängel bei deinem Umgang mit unangenehmer Post, unter **PUNKT 5** nimmst du dir aber für die Zukunft vor, diese Mängel zu beheben. Oder du öffnest Briefe jeder Art immer und sofort, überfliegst sie aber nur oberflächlich und stopfst sie dann in diesen einen Leitz-Ordner, den du mit 16 Jahren mal angelegt und nie mehr ausgemistet hast, und auf dem mit Filzer fett geschrieben steht: „Wichtige Dokumente.“ Wie auch immer: Spätestens wenn du deine aufgeschriebenen Ergebnisse jetzt nochmal liest, sollte dir klar sein, ob du eher ein Planer oder ein Treibenlasser bist. Die gute Nachricht: Man kann nicht grundsätzlich sagen, ob es besser ist, eher ein Planer oder eher ein Treibenlasser zu sein.

Genau deshalb ist dieses Buch kein Ratgeber-Buch. Wer auf den folgenden Seiten also die ultimative Checkliste erwartet, die klärt, was man nun in seinem Kopf alles auf den Kopf stellen müsse und wie man sich künftig zu verhalten habe, um ein besserer Mensch zu werden und ein besseres Leben zu führen … tja, Achtung, Achtung, tut uns sehr leid: Wer so was sucht, kann genau hier aufhören zu lesen.

Denn das können wir nicht bieten. Wie auch? Menschen sind zu unterschiedlich, als dass zwei *NEON*-Chefredakteure auf 271 Seiten verbindliche Ratschläge für das Leben jeder einzelnen Leserin und jedes einzelnen Lesers geben könnten. Ohnehin ist es geradezu lächerlich, welche verwelkten Halbwahrheiten in der Ratgeber-Welt häufig so lumpig dahinkauderwelscht werden, dass sie zwar ein Buch füllen, der Erkenntnisgewinn beim Lesen aber ungefähr dem eines Besuchs bei einer betrunkenen Wahrsagerin gleicht.

Was dieses Buch durchaus kann: Hinweise darauf geben, welche Möglichkeiten sich bieten und welche Gefahren drohen, wenn man mit seiner Lebenseinstellung eher zu der Planer- oder Treibenlasser-Sorte Mensch gehört. Die Schlussfolgerungen muss jeder für sich alleine ziehen.

Also nochmal die gute Nachricht: Egal, ob man die Dinge des Lebens eher an sich vorbeiziehen lässt oder ihren Lauf so genau wie möglich berechnet und kontrolliert – beides kann genau richtig sein. Aber leider im Einzelfall auch grundverkehrt. Ein Beispiel? Na klar. Im Allgemeinen nimmt man an, dass es das Beste sei, ein Problem zu analysieren, um dann schnell und überlegt zu handeln. Das kann die richtige Lösung sein. Manchmal ist es aber auch das Beste, gar nichts zu tun.

Zum Beispiel beim Elfmeter.

Den Elfmeterpunkt gibt es im Fußball seit 1902. Und ebenso alt ist die Annahme, dass der Torhüter in eine Ecke springen sollte, noch ehe er sieht, wohin der Feldspieler den Ball schießt. So spart er die Reaktionszeit von einer Viertelsekunde und nur so hat er normalerweise eine Chance, einen platziert geschossenen Ball zu halten (denn der ist immerhin zwischen 100 und 130 Stundenkilometer schnell). Weil der Schütze wiederum nur in den seltensten Fällen die Zeit hat, darauf zu achten, in welche Ecke der Torwart springt, und so seine eigene Entscheidung nicht vom Verhalten der Gegenseite abhängig machen kann, ist der Elfmeter zu einem Lieblingsuntersuchungsgegenstand von Mathematikern und Spieltheoretikern geworden. Die nennen das Duell zwischen Schütze und Torwart beim Elfmeter ein „Nullsummenspiel mit vollständiger Information und simultanen Zügen". Die Möglichkeiten der Spieler sind klar und begrenzt, eine eindeutige Gewinnstrategie gibt es nicht.

Jetzt kommt's. Nach Untersuchungen des israelischen Wissenschaftlers Ofer H. Azar von der School of Management an der Ben-Gurion University, der 311 Elfmeterschüsse bei internationalen Wettbewerben auswertete, gilt: Die größte Chance

MANCHMAL IST ES DIE BESTE STRATEGIE, GAR NICHTS ZU TUN. ZUM BEISPIEL BEIM ELFMETER.

für den Torwart, einen Elfmeter zu halten, ist, sich gar nicht zu bewegen. 14,2 Prozent aller Elfmeter werden nach links geschossen, 12,6 Prozent nach rechts, aber 33,3 Prozent aller Schüsse gehen direkt in die Mitte.

Die meisten Torhüter springen trotzdem. Warum? „Der Hauptgrund ist das Gefühl des Torwarts, etwas tun zu müssen", analysiert Azar. Seine Annahme beruht auf Überlegungen des Nobelpreisträgers Daniel Kahneman über „Idiosyncrasies Of Decision-Making". Der Job des Torwarts, so Azar, sei schließlich, mit einer Handlung einen Schuss abzuwehren. Aber einfach stehen zu bleiben gilt uns nicht als Handlung – schon gar nicht gegenüber dem Trainer und den Mitspielern. Als Torhüter denken wir also: „Ich bin gefordert! Ich muss handeln!" Und selbst wenn rechnerisch die beste Reaktion auf eine bestimmte Situation wäre, gar nichts zu tun, spüren wir den Druck und die Versuchung, irgendwie zu handeln.

Es gibt zahllose Beispiele, die diese These auch für Nichtfußballer bestätigen. Finanzfachleute raten stets zu langfristigen Anlagen – also dazu, Aktienpakete nach dem Kauf „einfach liegenzulassen", statt schweißgebadet täglich wechselnde Kurse zu prüfen. Gute Freunde klopfen uns auf die Schulter und raten zu Geduld, wenn wir unglücklich in unserem Job sind und über Kündigung nachdenken. Oft ist es auch besser, die merkwürdigen Launen des Partners einfach auszusitzen, statt jedes Mal großen Rabatz zu machen. Ah, süßes Nichtstun. Der Treibenlasser wird das gerne lesen.

Allerdings nur so lange, bis sich seine Aktienpapiere durch eine weltweite Finanzkrise in Brennmaterial verwandelt haben, das Unglück im Job zu einer handfesten Lebenskrise geführt hat und die Launen des Partners so nerven, dass es wirklich nicht mehr auszuhalten ist – aber auch schon zu spät für Gegenmaßnahmen. In diesen Fällen wird der Planer die Augenbraue anheben und etwas sagen wie: „Wusste ich's doch."

Dann wiederum wird vielleicht der Planer seinen Liebeslebensplan feierlich vorstellen und erklären, dass er sich wohlüberlegt an den Partner seines Herzens gebunden hat. Sein einmal und endgültig getroffenes Urteil: „Wir bleiben auf ewig zusammen" – die Heirat. Eine „endgültige Entscheidung", die allerdings mit einer Wahrscheinlichkeit von etwa 30 Prozent doch nicht endgültig ist. So hoch ist zurzeit das aktuelle Scheidungsrisiko in Deutschland.

Zur richtigen Zeit die richtige Entscheidung zu treffen ist eine der schwersten Aufgaben. Viele Dinge des Lebens können wir zum Glück relativ gefahrlos so lange üben, bis wir sie beherrschen: Rechtschreibung. Fahrrad fahren. Schuhe binden. Schminken. Blöderweise gilt aber ein Naturgesetz, so was wie das „Erste Theorem des Erwachsenwerdens", und das sagt: Je wichtiger die Entscheidung, desto weniger können wir dafür trainieren.

NEON, das monatlich erscheinende Magazin aus der *stern*-Familie, nimmt sich genau dieses Problems an. Die ersten Ausgaben erschienen 2003 mit einem Untertitel, der den Leitgedanken des Heftes formulierte: „Eigentlich sollten wir erwachsen werden." Und auch wenn der Satz irgendwann vom Cover verschwand, definiert er noch immer das Lebensgefühl der Leserinnen und Leser. Es ist eine verflixt komplizierte Situation, in der sich junge Erwachsene heute befinden: Einerseits gibt es jede Menge guter Gründe, im Leben endlich mal voranzukommen. Unabhängigkeit. Freiheit. Auch Geld. Aber andererseits merkt man schnell, dass man für dieses Vorankommen im Leben auch einen Preis bezahlen muss: Stress im Beruf. Verantwortung für alles Mögliche (auch für sich selbst). Abschied von der Unbeschwertheit der Jugend. Plötzlich warten jede Menge großer Fragen auf uns, und wir spüren: Von unseren Antworten auf diese Fragen hängt unser Leben ab.

Die Fragen: Für welches Studium soll ich mich jetzt entscheiden? Will ich überhaupt ein Kind? Und wenn ja – will ich es mit diesem Menschen an meiner Seite zeugen? Bin ich spießig, nur weil ich mir eine Parmesanreibe kaufe? Wie lange kann ich in meinen Lieblingsclub gehen, ohne peinlich zu wirken?

Wie viel Geld soll ich fürs Alter sparen? Woher soll ich jetzt schon wissen, ob mir mein Job mit 60 Jahren immer noch Spaß macht? Das sind alles Fragen, für die wir vorab kaum üben können. Um nicht den allergrößten Mist zu bauen, hilft es, sich Ratschläge von Dritten zu holen. Und die ganze Sache dann nochmal zu überdenken. Das Blöde: Gelegentlich führt auch das gründlichste Durchdenken eines Problems zu keiner Lösung. Oft hilft dann: dem Bauchgefühl zu vertrauen.

Es ist ganz erstaunlich, wie schlau und wie bescheuert Menschen gleichzeitig sein können. Albert Einstein hat die Relativitätstheorie entwickelt, sehr gut – aber es ist überhaupt nicht auszuschließen, dass er auch regelmäßig seinen Haustürschlüssel verlegt hat. Zahllose Psychologen und Neurologen haben über die Frage gegrübelt, wie solche seltsamen Widersprüche unserer Hirnfunktionen zu erklären sind. Die verbreitetste Annahme ist heute, dass Menschen auf zwei Arten denken: die eine ist intuitiv und automatisch, die andere reflektiv und rational. Das reflektive System ist das langsamere, es funktioniert mit Bedacht und Sorgfalt. Dieses System benutzen Menschen, wenn ihnen eine Rechenaufgabe gestellt wird oder wenn sie überlegen, ob sie lieber Kulturwissenschaften in Passau oder BWL in Berlin studieren wollen.

Das automatische System ist das schnellere, es beruht auf unseren Instinkten – und es hat wenig mit Denken zu tun: Wenn du der unbeliebteste amerikanische Präsident aller Zeiten bist und jemand auf einer Pressekonferenz einen Schuh nach dir wirft, duckst du dich zur Seite. Du handelst instinktiv. Diese Fähigkeit unseres Gehirns ist vermutlich sehr alt, die Reaktion auf den heranfliegenden Schuh ist dieselbe wie die unserer Vorfahren auf ein heranstürmendes Mammut. Aber auch wenn du sehr rasch reagiert hast und der Schuh dich verfehlt, heißt das noch lange nicht, dass du schlau bist.

Es ist unheimlich, wie viele Entscheidungsprozesse wir täglich erfolgreich absolvieren, ohne sie überhaupt richtig wahrzunehmen. Jeden Tag sind es etwa 100 000. Essen, Auto fahren, telefonieren (oft sogar alles zur gleichen Zeit) bewältigen wir, ohne darüber nachzudenken. Hirnforscher nehmen an, dass uns nur 0,1 Prozent dessen, was unser Hirn an Arbeit leistet, überhaupt bewusst wird. Wie unfallfrei wir mit den restlichen 99,9 Prozent durchs Leben gehen, ist schon großartig. Die echte Sensation ist allerdings, wie viel besser intuitive Urteile häufig ausfallen als sorgfältig abgewogene, vermeindlich vernünftige Entschlüsse. Es gibt jede Menge Sachbücher, die das Unterbewusste im großen Stil feiern und ihre Leser auffordern, grundsätzlich weniger nachzudenken und intuitiver zu handeln. Ausschließlich mit dem Bauch zu denken ist natürlich praktisch. Aber es ist auch Blödsinn. Was richtig ist: Unser Unterbewusstes übersetzt Information in Emotion. Daraus formt es in Sekundenbruchteilen einfache, schnelle, intuitive Entscheidungsempfehlungen. Es ist ein genialer und extrem effektiver Apparat, dessen Ausdrucksweise unsere Gefühle sind. „Unser Gehirn hat es im Lauf der Evolution zu einer Meisterschaft gebracht, aus wenig Information rasch nützliche Schlüsse zu ziehen", erklärt der Berliner Psychologe Gerd Gigerenzer. Wenn also die Frage ansteht, in welcher Stadt man ein Studium beginnen soll, und gar keine Gründe gegen Berlin findet, aber ... irgendwie ... ganz seltsam ... eine kleine Stimme im Kopf hört, die murmelt: „Bei dem Gedanken an Berlin ist mir einfach nicht so wohl" – dann sollte man vielleicht genau auf diese Stimme hören, auch wenn sie keine logisch begründbaren Argumente liefert.

JEDEN TAG TREFFEN WIR 100 000 ENTSCHEIDUNGEN. DIE MEISTEN DAVON UNBEWUSST.

Allerdings nützt die tollste Intuition nichts, wenn wir auf Probleme mit unbekannten Faktoren treffen. Setzen wir uns an ein Schachbrett, ohne die Spielregeln zu kennen, werden wir wenig Freude an einem Spiel haben. In diesem Fall schaltet unser Gehirn das Bewusstsein wie einen Beraterstab hinzu. Jetzt muss sich unser reflektives System mit den Schachregeln auseinandersetzen, Probleme werden seziert und so lange in ihre Einzelteile zerlegt, bis sie gelöst sind. Ganz nebenbei hat das Nachdenken auch noch einen positiven psychologischen Effekt: Wir fühlen uns anschließend besser. Das Sammeln, Sichten und Abwägen von Argumenten verleiht uns ein Gefühl der Sicherheit, selbst wenn die harten Fakten unsere Entscheidung gar nicht verbessern. Bei der Frage, welche Waschmaschine man sich anschafft, macht schon der Kauf eines teuren *Stiftung-Warentest*-Heftes ein gutes Gewissen ... selbst wenn man es dann vor der Kaufentscheidung nur sehr oberflächlich sichtet.

Die Sache mit der richtigen Entscheidung zur richtigen Zeit ist verdammt kompliziert – und kann schiefgehen, ganz egal, wie man's anstellt. Es ist wirklich zum Totlachen: Selbst wenn wir alles Mögliche bedenken, jede Entscheidungsvariante sorgfältig abwägen, nächtelang grübeln ... es warten trotzdem wenigstens drei Riesenschwierigkeiten. Erstens nützt das gründlichste Durchdenken ganz grundsätzlich oft wenig, weil zahlreiche Studien belegen, dass wir Menschen Weltmeister im Ausblenden wichtiger (für uns aber unangenehmer) Faktoren sind. Um nochmal aufs Schach zurückzukommen: Oft versuchen wir zwar, eine ganze Partie im Kopf zu planen ... aber wir ignorieren dabei, dass das Spiel noch gar nicht begonnen hat und unser Gegner vielleicht ganz andere Züge spielt, als wir vorausberechnen.

Zweitens, so erklärt der US-amerikanische Psychologe Barry Schwartz, bedeuten mehrere Wahlmöglichkeiten überhaupt nicht mehr Zufriedenheit – im Gegenteil. „Die Auswahl ist heute in fast jedem Lebensbereich so groß, dass wir nach einer Entscheidung immer das Gefühl haben, wir hätten etwas falsch gemacht. Selbst wenn unsere Wahl gut war: Der Zweifel, ob nicht noch eine bessere möglich gewesen wäre, schmälert schon die Befriedigung."

Und drittens, erklärt der Harvard-Psychologe Daniel Gilbert in seinem listigen Buch *Ins Glück stolpern,* „neigen Menschen dazu, sich die Zukunft immer so ähnlich wie die Gegenwart vorzustellen. Daher sieht die Zukunft in unserer Vorstellung zwangsläufig wie eine leicht verzerrte Version von heute aus.“

Leider hält sich die Zukunft nicht an unsere Fantasie – und schlimmer noch: Wir selbst tun es auch nicht. Wer mit 23 davon träumt, mit 40 Jahren ausgesorgt zu haben, und seinen Lebensplan entsprechend brutal auf maximale Karriere und maximalen Profit ausrichtet, bekommt das möglicherweise sogar hin. Übersieht aber dabei, dass sich seine Lebensziele im Lauf der Jahre auch fundamental ändern könnten. Entwickelt der Karrierist mit 30 Jahren plötzlich den dringenden Wunsch, Kinder zu kriegen, und unterdrückt dieses Verlangen, weil Nachwuchs nicht in seinen alten Lebensplan passt, läuft er große Gefahr, unglücklich zu werden. „Was die Treffsicherheit unserer privaten Zukunftsentscheidungen betrifft, gleichen wir Artilleristen, die mit einer einbetonierten Kanone auf höchst bewegliche Ziele feuern – und immer wieder feststellen, wie selten sie einen Volltreffer landen“, folgert der Journalist Harald Willenbrock in der sehr lesenswerten *GEO*-Titelgeschichte „Die Psychologie der Entscheidung“.

Also, was tun? Allein mit Bauchentscheidungen ist es nicht getan. Allein mit Vernunft auch nicht. Die Lösung liegt nahe ... genau ... die Mischung macht's. „Wirklich gute Entscheidungen beruhen auf einer ausgewogenen Mischung von zielgerichtetem Denken und Intuition“, schreibt der Journalist und Schriftsteller Malcolm Gladwell in seinem Buch *Blink! Die Macht des Moments*. „Und die zweite Lektion ist, dass ein guter Entscheidungsprozess so schlank wie möglich ist.“ Das bestätigen die meisten Forscher, so spinnefeind sie sich ansonsten auch sein mögen. Ganz bewusst „Für und Wider“ abwägen und dafür ein strikes Zeitlimit setzen (ein paar Tage oder auch ein paar Wochen, je nachdem). Und dann, alte Hausmütterchenregel, am besten eine Nacht drüber schlafen. Denn in dieser Ruhephase sortiert und prüft unser Unterbewusstes die Argumente, die wir gefunden haben, und fällt auch oft schon einen Entschluss. „Sammeln Sie alle wichtigen Informationen, und dann vergessen Sie die Sache für eine Weile", rät der Amsterdamer Psychologe Ap Dijksterhuis. „Machen Sie was ganz anderes, überlassen Sie dem Unbewussten das Denken. Auf diese Weise treffen Sie nachweislich die beste Entscheidung."

Die „beste Entscheidung" muss übrigens überhaupt nicht die „vernünftigste Entscheidung" sein. Das Geld ausgeben, statt es zu sparen? Den Mann küssen, obwohl man selbst noch in einer anderen Beziehung steckt? Den Job kündigen, obwohl man noch keinen neuen hat? Die dritte Portion Nachtisch auch noch essen? Das klingt alles wirklich überhaupt nicht vernünftig – und kann unter bestimmten Umständen doch die genau richtige Entscheidung sein. Wir müssen schließlich nicht nur eine gute Wahl treffen, sondern auch eine, mit der wir leben können. Je schwerwiegender die Lebensentscheidung, desto wichtiger ist es, dass nicht nur unser reflektives, sondern auch unser automatisches System damit glücklich wird. Ist unsere Wahl zum Beispiel für unser Unbewusstes untragbar, kann sie auf Dauer auch gesundheitsschädlich wirken. Wer sich jeden Tag in einem Job aufreibt,

WIR MÜSSEN KEINE VERNÜNFTIGE WAHL TREFFEN – SONDERN EINE, MIT DER WIR GUT LEBEN KÖNNEN.

der keinen Spaß macht; wer in einer Beziehung hängenbleibt, obwohl die Liebe längst erloschen ist; wer sich mit einem knallharten Diätprogramm quält und darüber den Spaß am Essen verliert, der zermürbt Bewusstsein und Unbewusstes in einem unendlichen Grabenkrieg. „Jeder, der ständig rational richtige Entscheidungen trifft, die sein Unbewusstes nicht mittragen kann, wird irgendwann psychisch krank", erklärt der Hirnforscher Gerhard Roth. Oder: „Es gibt kein richtiges Leben im falschen." Nee, das ist leider nicht von uns. Das schreibt Theodor W. Adorno.

In den folgenden 14 Kapiteln haben wir die Frage PLANEN ODER TREIBEN LASSEN auf die unterschiedlichsten Lebensbereiche angewendet. Nochmal: Dieses Buch sagt nicht, dass es besser wäre, ein Planer oder ein Treibenlasser zu sein. Es sagt auch nicht am Ende jedes Kapitels, was jetzt genau zu tun ist. Dieses Buch ist eher … hm, erinnert sich hier noch jemand an den Sportunterricht in der Schule? Geräteturnen? Dieser fürchterlich kurze Anlauf, um dann mit einem viel zu kleinen Sprungbrett über diesen gewaltigen Bock zu springen? Und immer stand da einer, der Hilfestellung geben musste? Dieses Buch ist der Versuch, Hilfestellung zu geben bei den Bocksprüngen des Lebens. Das Ziel: Dabei zu helfen, dass wir alle möglichst sauber über den Bock kommen, ohne uns die Knie anzuhauen, ohne den ganzen Bock umzuwerfen. Dieses Buch soll helfen, möglichst viele Entscheidungen so zu treffen, dass wir möglichst zufrieden durchs Leben kommen. Und weil eine ganze Menge davon auch gar nicht von unseren Entscheidungen abhängt, sondern vom Zufall oder vom Schicksal (je nachdem, woran man glaubt), wünschen wir uns allen dafür auch noch: viel Glück.

Ach so, der Briefumschlag vor dir. Die unangenehme Post. Mach sie jetzt doch mal auf.

01 ELTERN

Soll ich mich gezielt um ein gutes Verhältnis zu meinen Eltern bemühen – oder darauf vertrauen, dass ich ihnen schon irgendwie nahe bleibe?

Warum Weihnachten für viele ein anstrengendes Fest ist — Was ein Wissenschaftler genau mit „undifferenzierte Ego-Masse der Familie" meint (und warum das keine Beleidigung ist) — Wie lange wir an der „emotionalen Nabelschnur" unserer Eltern hängen — Was Robbie Williams über das schwierige Verhältnis zwischen Vätern und Söhnen weiß — Wann es das Beste ist, den Kontakt zu den Eltern abzubrechen

In fast jedem Harry-Potter-Buch spielt Harrys Zugreise nach den Sommerferien – weg von seinem schrecklichen Zuhause bei den Pflegeeltern, hin in die Zaubererschule Hogwarts – eine wichtige Rolle. Es ist der Moment einer Verwandlung, für die es so gut wie keine Magie braucht, die aber dennoch eine magische ist: Harry Potter reist weg von seinem Leben als gegängelter, rechteloser und ungeliebter Pflegezögling, der seine Zauberkräfte nicht nutzen darf; hin zu seinem Leben als bewundertes, selbstbewusstes und (mehr oder weniger) selbstbestimmtes Individuum, das seine übernatürlichen Fähigkeiten nicht nur gebrauchen soll, sondern jedes Schuljahr noch vervollkommnen darf. Es ist eine Zugfahrt, während der Harry Potter in jeder Erzählung aufs Neue vom Kind zum Erwachsenen wird. Und am Ende des Schuljahrs, auf der Rückfahrt, wieder zum Kind.

Diese Verwandlung kann man nicht nur in Harry-Potter-Romanen nachlesen, man kann sie auch in der realen Welt beobachten, am besten zur Weihnachtszeit, in einem Zug, der aus einer Studentenstadt abfährt. Da sitzen wir dann. Zauberschüler, in unserem eigenen Hogwarts-Express auf dem Weg nach Hause, zurück in unsere Kindheit. Schon zu sagen, dass wir „nach Hause" fahren, klingt seltsam – schließlich bauen wir uns doch schon seit

SELTSAM: UNSER ALTES ZIMMER BEI UNSEREN ELTERN HEISST IMMER NOCH „KINDERZIMMER".

einiger Zeit ein eigenes, neues Zuhause (zugegeben: wir bauen nur mit Pressspan von Ikea, aber hey, immerhin!). Haben wir jetzt zwei Zuhause? Eben noch verabschiedeten wir uns von den Mitbewohnern in der WG-Küche, jeder nahm sich noch was aus dem alten Kühlschrank („Sonst wird's schlecht"), der gepackte Rucksack stand schon im Gang („Kannst du auch noch ein paar leere Flaschen mit runternehmen?"). Los jetzt, mal wieder für ein paar Tage weg von unserem selbst gebastelten Leben aus tiefgefrorenen Pizzen, leeren Druckerkartuschen und überfälligen Seminararbeiten, mal wieder für ein paar Tage hin zu unseren Eltern, Lage prüfen, Weihnachten feiern, Vorräte einpacken. Zurück in das Reich unserer Eltern, in unser altes Zimmer, das lustigerweise immer noch bei allen „Kinderzimmer" heißt, selbst bei uns, obwohl wir uns längst nicht mehr wie Kinder fühlen.

Zwei Dinge, die im deutschen Sprachgebrauch immer rattern: Schienen und Gedanken. Vielleicht, weil man sich im Zug wie beim Nachdenken bewegt, ohne sich zu bewegen. Das Geräusch der Waggons auf Gleisen hat was angenehm Melancholisches. Draußen zieht eine weißgraue Landschaft vorbei, das Abteil ist natürlich überhitzt, man fühlt sich wie ein Weihnachtsplätzchen, das gerade gebacken wird. Draußen ist es eiskalt, im Abteil riecht es ein bisschen nach Schweiß, weil alle zu dick angezogen sind. Die Gepäcknetze sind übervoll, viele haben neben ihren Klamotten und Büchern auch noch eine Extratasche mit den Geschenken dabei. Die Juristen erkennt man an ihren Rollkoffern, in denen ausnahmsweise keine Gesetzbücher stecken, die Sportstudenten an ihren schmalen American-Apparel-Taschen *(Seltsame Alltagsgrundregel Nr. 1: Immer reisen Sportstudenten mit dem leichtesten Gepäck)*. Und diejenigen, für die der Besuch zu Hause eher ein Pflichttermin ist als ein Vergnügen, erkennt man daran, dass sie einem anderen gerade recht laut ihre Abneigung gegen das Weihnachtsfest am Telefon erklären:

„… Ja ja, schon klar. Ich hätte nur echt Besseres zu tun, als jetzt wieder drei Tage lang auf heile Welt zu machen. In meiner Familie mag so gut wie niemand den anderen. Meine Eltern sind nicht umsonst geschieden. Meine Schwester verachtet mich und ich sie. Mein Vater hält mich für einen nutzlosen Bummelstudenten, der ihm nur auf der Tasche liegt, meine Mutter interessiert sich nicht erst seit der Scheidung nicht mehr für mich. Aber: Weihnachten verbringen wir zusammen. Wir schenken einander Dinge, die wir nicht brauchen. Wir singen, obwohl keiner singen will. Auf den Tisch kommt immer dasselbe … ja, natürlich gibt's Gans, du weißt doch, was meine Eltern für Traditionsidioten sind. Doch, natürlich wissen sie, dass Iris und ich Vegetarier sind. Es ist ihnen aber egal. Und dann gibt es jedes Jahr Streit darüber, dass so viel Essen übrig bleibt. Natürlich betrinken wir uns alle. Und kurz bevor Papa anfängt zu heulen, gehen Iris und ich. Zum Glück treffen sich an Heiligabend ab Mitternacht immer noch alle aus der alten Klasse ‚im Alexini' ... was? Ja, sag ich doch! Hast du mal den Roman *Die Korrekturen* gelesen? Der Vater dement, die Mutter eine Glucke, die Geschwister bescheuert – tja, im Vergleich zu uns ist das eine vergnügte Musterfamilie ... nee ... ich weiß auch nicht, was das soll ..." O Mann. Das wird ein Spaß bei ihm zu Hause. Frohes Fest.

Das Institut für Demoskopie Allensbach befragte 2004 über 1000 junge Deutsche, wo sie Weihnachten verbringen werden. 79 Prozent der Befragten antworteten: zu Hause. Die Mehrheit backt Plätzchen (über 75 Prozent), schmückt die Wohnung und einen Baum (89 Prozent), fast die Hälfte bastelt eigene Geschenke für andere. Nur vier Prozent der Ostdeutschen und sieben Prozent der Westdeutschen gaben an, vor dem Weihnachtsfest zu flüchten und über die Feiertage zu verreisen. Weihnachten ist das Familienzusammenführungsfest Nummer eins. Und damit die zuverlässigste Prüfungsgelegenheit für das Verhältnis zwischen Eltern und ihren Kindern.

Und natürlich besonders zwischen Eltern und den Kindern, die schon von zu Hause ausgezogen sind – neben Weihnachten gibt es ja kaum weitere verlässliche Besuchstermine. Schon gar nicht solche, bei denen eine „Familientradition" die Rollenverteilung der Beteiligten so festzurrt wie an Weihnachten. Wir kennen alle das Gefühl, in unserer Familie eine bestimmte Rolle einzunehmen: Zum Beispiel kann einer der Chef sein, ein anderer der Versöhner, ein Dritter der Clown und so weiter. Der Familientheoretiker Murray Bowen nennt das die „undifferenzierte Ego-Masse der Familie". Egal, wie viel Zeit vergeht oder wie lange wir uns nicht mehr gesehen haben – sobald wir wieder an einem Tisch sitzen, fallen wir fast automatisch in unsere vertrauten Rollen. Ungefähr so wie Pla-

neten, die nach einer kurzen Stippvisite in einer anderen Gala-
xie bei ihrer Rückkehr wieder in ihre alte Umlaufbahn gebracht
werden. Bei Familienfesten, die sowieso nach einem festen
Muster ablaufen, verstärkt sich dieser Prozess noch; an Heiligabend ist das Kind wieder Kind, das Familienoberhaupt wieder
Oberhaupt. Egal, wie die Wirklichkeit aussieht.

Das kann angenehm sein, aber auch schrecklich nerven.
Je nachdem. Auf jeden Fall ein eigenartiges Gefühl: Irgendwann hatten wir unser Elternhaus verlassen, um ein anderer,
erwachsenerer Mensch zu werden. Kaum sind wir wieder zu
Hause zu Besuch, sind wir wieder das kleine Mädchen, der
kleine Junge, der Problemfall, der Superstar, wie auch immer.
Grundsätzlich sei es sehr schwierig, sich von seinen Eltern oder
seiner Erziehung wirklich zu lösen, schreibt der Psychotherapeut
Howard M. Halpern in seinem Buch *Abschied von den Eltern:*
„Wir sind wie eine Aktiengesellschaft, in der andere Leute die
meisten Anteile und damit das Sagen haben. Und für viele von
uns sind die größten Anteilseigner unsere Eltern."

Bleiben wir mal bei diesem Bild der Aktiengesellschaft.
Wenn im Verhältnis zwischen Kind und Eltern alles in Ordnung
ist, ist auch die Verteilung der Aktienpakete kein Problem. Alle
Aktionäre verfolgen dasselbe Ziel, Mehrheitsverhältnisse und
Verantwortlichkeiten sind geklärt, die Rendite misst sich am
Lebensglück der Beteiligten und alle sind zufrieden.

Einen plötzlichen Kurssturz der „Aktie Kind" gibt es
häufig durch den Prozess der „Individuation". Eltern müssen
damit klarkommen, dass sich die Beziehung zu ihren Kindern
im Lauf der Zeit grundlegend umstrukturiert, weg vom Rollen-
verhalten „Eltern-Kind" hin zu einer Beziehung auf Augenhöhe, auf der sich zwei erwachsene Menschen begegnen. Die
Schwierigkeit: ein Gleichgewicht zu halten zwischen der Unabhängigkeit des Kindes und dem Aufrechterhalten der Beziehung zueinander. Im Umgang mit den Eltern gehen Planer
ganz anders vor als Treibenlasser – und beide Wege bergen
Chancen und Gefahren.

Wenn mir mein Vater jetzt nicht mehr zu sagen hat, was ich tun soll und was nicht ...

„... was ist er dann für mich? Mein Kumpel wollte er nie sein, seine Autorität ist ihm immer wichtig gewesen." Marie schaut uns ratlos an. Hier im Zug fing sie irgendwann an zu kichern, weil wir alle sechs in diesem voll besetzten Abteil so ähnlich aussehen (so viel zum Thema Individualität), weil wir ganz offensichtlich auch alle das gleiche Ziel haben – nach Hause –, weil wir vielleicht sogar gerade auch ähnliche Sachen denken, weil wir fast alle schon mit Freunden am Mobiltelefon über die kommenden Tage gesprochen haben, ohne dass es uns groß kümmerte, dass Fremde mithören können.

„Statt aneinander vorbeizuglotzen, könnten wir uns auch was erzählen", schlug Marie also vor. Und auch wenn eine Unterhaltung mit Fremden im Zug normalerweise so viel Reiz hat wie samstagmorgens von der GEZ aus dem Bett geklingelt zu werden, schauten wir sie alle irgendwie erleichtert an. Vielleicht weil Weihnachten ist (und Marie ganz gut aussieht, unter ihrer roten Wollmütze trägt sie ihre langen dunklen Haare offen). Jedenfalls erzählte Marie bald von Zuhause, einer Kleinstadt im Schwarzwald, in der der Bäcker dich mit Namen begrüßt und schon weiß, was du bestellst, noch ehe du einen Ton gesagt hast – und alle nickten, weil sie das wohl selbst kennen. Und sie erzählte, wie seltsam der Moment war, in dem sie vor zwei Jahren endgültig ihre Sachen gepackt hat und ausgezogen ist, zum Studieren. Und wie ihre Eltern kaum wissen, wie sie ihr begegnen sollen, obwohl sie früher nie ein Problem im Umgang miteinander hatten.

Egal, ob dabei Freude vorherrscht oder Furcht oder Drang oder Zwang – der Moment des Auszugs eines Kindes aus dem Elternhaus zählt zu den entscheidenden Augenblicken im Leben aller Beteiligten. Die einen lassen diejenigen zurück, von denen sie großgezogen, geprägt, umsorgt und gepflegt wurden – die anderen müssen ziehen lassen, was ihnen oft genug das Wichtigste im Leben ist. „Die Leere nach dem Sturm" betitelte der *stern* eine Geschichte über die schwierige Zeit für Lebens-partner, wenn die eigenen Kinder aus dem Haus sind. „Die eheliche Zufriedenheit sinkt in dieser Phase häufig auf einen bedenklichen Nullpunkt", sagt der Hamburger Paartherapeut Wolfgang Hantel-Quitmann. „Empty Nest Syndrome" nennen Soziologen eine Form von Depression, unter der vor allem Mütter leiden. Es ist eine relativ junge Krankheit: Früher wur-den Eltern selten alt genug, um den Auszug des Jüngsten noch zu erleben. Heute steht vielen bei guter Gesundheit mindes-tens nochmal so viel Zeit in Aussicht, wie sie mit der Er-ziehung ihrer Kinder zuge-bracht haben. Den Vater er-wischt der Auszug der Kinder oft ähnlich hart: Gerade wollte er weniger arbeiten, sich end-lich mehr um die Kinder kümmern ... jetzt gehen sie fort. Psy-chologen nennen diesen Lebensabschnitt „Time-Shift". Bis gerade eben ging es bergauf. Jetzt, auf dem Gipfel, übersieht der Vater seine Zukunft: Beruflich wird nicht mehr viel passie-ren, die Verhältnisse sind geordnet, das Kind ist aus dem Haus. Jetzt geht's wohl bergab. Die Statistiker haben ermittelt, dass genau in dieser Zeit die Scheidungsrate noch einmal deutlich ansteigt.

MIT DEM AUSZUG DER KINDER STEIGT DIE SCHEIDUNGSRATE DER ELTERN DEUTLICH AN.

„Aber muss mein Papa mich deshalb behandeln, als wäre ich eine Außerirdische?", fragt Marie. Und schließt an: „Na ja, ko-misch, dass mir das überhaupt so wichtig ist ..."

Niemand im Abteil hat auf ihre Frage eine Antwort.

Was Marie betrifft, formuliert der Psychotherapeut Howard M. Halpern in seinem Buch einen interessanten Ge-danken: „Je größer wir werden, desto weniger hängt unser phy-sisches Überleben von unseren Eltern ab. In zunehmendem Maße lernen wir, uns selbst zu versorgen; unsere Abhängigkeit vom Wohlwollen unserer Eltern nimmt jedoch wesentlich lang-samer ab." Halpern nennt das die „emotionale Nabelschnur".

Halperns Buch *Abschied von den Eltern* trägt die Unterzeile „Eine Anleitung für Erwachsene, die Beziehung zu den Eltern zu normalisieren". Paul sollte es vielleicht mal lesen, er ist derjenige im Abteil, der vorhin so deutlich am Telefon erklärt hat, dass er auf Weihnachten mit seinen geschiedenen Eltern eigentlich überhaupt keine Lust hat. Als Marie anfing zu erzählen, verdrehte er die Augen, und in die Stille des Augenblicks sagt er jetzt nur: „Hängt da draußen an der Abteiltür ein Schild, das ich nicht gesehen hab? Therapiestunde, oder was?" Später fängt er doch an zu reden, ein bisschen zumindest.

Paul ist 24, seine Eltern haben sich scheiden lassen, als er 13 war. Irgendein Liebesbetrug, dem ein großes Drama folgte. Und die Frage an Paul, bei wem er bleiben wolle. Er habe seinen Eltern auf diese Frage bis heute keine Antwort gegeben, sagt er. Er wisse aber sicher, dass er nie heiraten werde und keine Kinder will.

„Ach Scheiße", sagt er dann, mitten in einem Satz. Dann sagt er nichts mehr.

Sich gegen seine Eltern aufzulehnen oder mit Bitterkeit über ihre Fehler herzuziehen sei nur ein Anzeichen dafür, dass sie immer noch im Mittelpunkt sehr mächtiger Gefühle stünden, schreibt Halpern. „Dabei spielt es keine große Rolle, ob wir Tausende von Kilometern von unseren Eltern getrennt leben oder mit ihnen unter demselben Dach wohnen, ob wir sie sehr selten sehen oder jeden Tag. Im Grunde spielt es nicht einmal eine Rolle, ob sie tot oder lebendig sind. Der springende Punkt ist, dass wir in einer Wechselbeziehung mit ihnen verstrickt sind, die unsere Entfaltung behindert und unsere Selbstständigkeit einschränkt." Und weiter: „Wir sind nicht frei und können nicht frei sein, solange wir mehr Rücksicht auf die Gefühle unserer Eltern als auf unsere eigenen Gefühle nehmen."

Die Frage ist, ob Heiligabend der richtige Zeitpunkt ist, um große Streitfragen zu klären. Anderseits: Gibt es überhaupt einen idealen Zeitpunkt, um sich bei großen Konflikten mit seinen Eltern auseinanderzusetzen? Sollte man nicht einfach sein

ELTERN

„*Eine traumatische Erfahrung wie der
frühe Verlust meines Vaters ist wie ein Sprung in
eisiges Wasser, ohne schwimmen zu können. Man
hält sich über Wasser oder geht unter.
Ich habe sehr schnell schwimmen gelernt.*"

CHARLIZE THERON
Schauspielerin

„*Manchmal ist es gut, sich von den
schweren Dingen zu trennen, die deine Eltern
dir in den Koffer gelegt haben. Brauchst
du ihre Vorsicht, ihre Angst?*"

ROBBIE WILLIAMS
Musiker

„*Du bist ein Leben lang mit deinem Vater auf
einer einsamen Insel. Je mehr du
kämpfst, desto kleiner wird die Insel. Und zu weit
hinausschwimmen macht auch keinen
Sinn. Je früher du das einsiehst,
desto glücklicher kannst du werden.*"

ROBBIE WILLIAMS
Musiker

„*Dinge, die einen selbst erschrecken,
sollte man seinen Eltern erst erzählen,
wenn sie überstanden sind.*"

SANDRA MAISCHBERGER
Moderatorin

Leben leben? „Mon dieu!", sagt dazu die französische Psychotherapeutin Isabelle Filliozat, „Mein Gott! Eine Trennung von den Eltern ist psychologisch kaum möglich." Sie rät allen „Treibenlassern", die sich nicht weiter darum kümmern wollen, ungeklärte Probleme zu besprechen, unbedingt dazu, das Verhältnis mit den Eltern zu klären. Schon allein, um sich nicht in den „Fallstricken des Unbewussten" zu verheddern und irgendwann die gleichen Fehler bei den eigenen Kindern zu begehen. Und: „Diese Prägung durch die Eltern verschwindet auch nicht mit deren Tod. Wenn Frustrationen unsere Beziehung belastet haben, haben Vater und Mutter noch aus dem Grab heraus Macht über uns. Solange die Differenzen nicht ausgeräumt wurden, verfolgen uns ihre Gespenster." Auch wenn's leicht esoterisch klingt – das ist sinnvoll.

Also Klartext reden mit den Eltern? Aber wann? Das kommt natürlich erstmal auf das Problem an, auf die Eltern, auf die Lust, die man auf dieses Gespräch hat, auf die Dringlichkeit, mit der man reden muss. Isabelle Filliozat empfiehlt, erstmal ein paar Gefühle aufzuarbeiten und einige Grundregeln zu beachten. Zum Beispiel folgende:

1. **WUT IST GUT.** „Wut ist eine Emotion, sie ist eine physiologische Reaktion des menschlichen Organismus auf eine Verletzung, Frustration und Ungerechtigkeit. Sie ist keine Reaktion, die man um jeden Preis abschütteln müsste. Sie ist keine „Bosheit". Die (gesunde) Wut regeneriert das Individuum und hilft dabei, wieder Harmonie in die Beziehung zu bringen. Gewalt zerstört, Wut heilt."

2. **IDEALISIERUNG BEENDEN.** „Wir überwinden die Idealisierung unserer Eltern in dem Maß, in dem wir uns die Realität unserer Erlebnisse in der Kindheit bewusst machen. Oft verläuft dieser Prozess aber umgekehrt, das heißt, wir stürzen Vater und Mutter vom Sockel und erlauben so unseren Emotionen, sich zu äußern. Die Idealisierung ist ein unbewusster Abwehrmechanismus, der uns ein Überleben in unserer Familie ohne über-

große Leiden ermöglicht hat. Je mehr die Idealisierung schwindet, desto näher kommen wir in Kontakt mit unseren Emotionen als Kinder."

3. WEG MIT DER PFLICHT ZUR DANKBARKEIT! „Wenn die Erinnerung an Unrecht zurückkehrt, gewinnt die Wut Konturen. Die Äußerung von Wut beginnt heilend auf erlittene Verletzungen zu wirken. Die Auflehnung hat ein Ziel bekommen. Während dieser Etappe geht es darum, die Dynamik des ‚Ich danke dir, dass du dies zu meinem Besten getan hast' umzukehren in ein ‚Ich bin wütend. Das hättest du mir nicht antun dürfen.' Es geht darum, aus der Unterwürfigkeit herauszukommen.'"

Das sind nur einige Hinweise der Psychotherapeutin, vieles davon steht in ihrem Buch *Elternliebe – Elternhass*. Die Tipps sollen zeigen, dass ein klärendes Gespräch mit den Eltern fast immer helfen kann, je nach der Größe des Konflikts aber auch gute Vorbereitung und manchmal professionelle Unterstützung nötig sein können – auch deshalb, weil die Therapeutin dringend empfiehlt, sich bei einem Gespräch an die „Regeln der Kommunikation" zu halten und auf „Verurteilungen, Anklagen und Schuldzuweisung" zu verzichten, ebenso auf Werturteile („Ich nehm dir deine Macken übel"), auf gedankenlesende Deutungen, Laienpsychologie („Geh doch mal zum Psychologen") oder Befehle. Das alles ohne einen genauen Plan zu berücksichtigen ist schon sehr schwer.

Spannend ist, dass Isabelle Filliozat den Satz „Das kann ich meinen Eltern nicht antun, die sind doch schon so alt, die halten so einen Konflikt nicht aus" als Selbstschutz ablehnt. „Meine Erfahrungen sagen etwas anderes: Auch wenn Eltern zuerst beunruhigt sind, sind sie glücklich über die Begegnung mit ihrem Kind und über die neue Nähe. Und sie sind zudem froh, dass sie ihre Aufgabe als Eltern erfüllen können. Denn alle gesunden Eltern wünschen sich, dass ihre Kinder glücklicher werden, als sie selbst es waren. Die Rolle von Eltern besteht darin, ihre Kinder zu schützen."

Der beste Zeitpunkt für ein großes klärendes Gespräch hängt auch von den eigenen Lebensumständen ab. Isabelle Filliozat empfiehlt zu warten, bis man auf eigenen Beinen steht – finanziell, emotional. Mit 28 Jahren sei das im Schnitt der Fall, sagt sie in einem *NEON*-Interview. „Die meisten Menschen haben zu diesem Zeitpunkt ein eigenes Leben aufgebaut. Sie stehen nicht mehr unter dem direkten Einfluss ihrer Eltern. Und sie haben nicht mehr das Bedürfnis, anders sein zu müssen. Zum ersten

DIE GROSSE AUSSPRACHE MIT DEN ELTERN? PUH, UNANGENEHMES THEMA. WOZU EIGENTLICH?

Mal können sie ihre Eltern nicht nur als Eltern, sondern auch als gleichwertige Erwachsene betrachten. Sie können ihre Eltern mit sich vergleichen."

Die Vorstellung, sich mit seinen Eltern zu einer großen, offiziellen Aussprache in einem Restaurant zu treffen oder bei einem Waldspaziergang Tacheles zu reden über die Konflikte, die es untereinander gibt, die alle kennen, über die aber noch nie gesprochen wurde … allein die Vorstellung ist unfassbar unangenehm. Warum sollte man das noch gleich auf sich nehmen?

Weil unsere Familienverhältnisse eine maßgebliche Rolle für unsere emotionale Stabilität und psychische Gesundheit spielen – übrigens auch dann, wenn Eltern selbst glauben, dass sie längst keinen Draht mehr zu ihren Kindern haben. Eine soziologische Studie der University of Minnesota hat genau das festgestellt. „Es herrscht der Eindruck, dass Eltern nach dem Beginn der Pubertät den Einfluss auf ihre Kinder verlieren und diese Kinder sich vor allem an Gleichaltrigen orientieren", erklärt Michael Resnick, Leiter des Forschungsteams. „Aber alles in unserer Studie weist auf das Gegenteil hin."

„Es ist gewöhnlich besser, unsere Beziehung zu den Eltern aufrechtzuerhalten, als sie abbrechen zu lassen", erklärt auch Howard M. Halpern noch einmal geduldig. „Die Beziehung zu unseren Eltern ist die wichtigste Quelle dessen, was wir heute sind. Die frühen Erfahrungen mit unseren Eltern sind in unseren Gehirnzellen gespeichert und bilden einen Teil des allgegenwärtigen Kindes in uns. Unser inneres Kind, das nie völlig ausgelöscht werden kann, sucht immer nach jener besonderen Kombination von Liebe, Fürsorge und Anleitung, die das Kennzeichen guter Eltern ist."

„Und was, wenn dieses große Superduper-Gespräch schon geführt worden ist und eine Katastrophe war?" Katja fragt das, die blonde und sehr stille Person in unserem Zugabteil. Sie hat ihren Eltern nie verziehen, dass sie nach ihrem guten Abitur nicht BWL studieren durfte – ihr Vater, ein schwäbischer Handwerker, zwang seine Tochter in eine dreijährige Ausbildung zur Bürokauffrau … mit diesem alten blöden Satz von alten blöden Männern: „Lern erst mal was Rechtes." Für Katja liegt die Sache inzwischen klar: „Er wollte nicht, dass seine Tochter schlauer wird als er. Und er wollte die Kontrolle über mich behalten, schließlich musste ich zu Hause wohnen bleiben. Fürs Studium hätte er keinen Cent zugegeben."

Sie hat sich gefügt, ist geblieben, hat die Ausbildung gemacht, stoisch durchgehalten. Am Tag der Abschlussprüfung ist sie ausgezogen und zum Studieren gegangen. Das Geld dafür verdient sie selbst. Ein Jahr lang sprach ihr Vater kein Wort mit ihr, bis sie nach Hause kam und um ein klärendes Gespräch bat. Sie sprachen. Es war eine Katastrophe.

Das ist zwei Jahre her. Jetzt fährt sie wieder heim, ihre Mutter hat so lange gebettelt, bis Katja nachgegeben hat.

„Rechtlich hätte man vielleicht einen Anspruch auf Unterhalt von deinen Eltern für dich durchsetzen können", sagt Magnus, der Rollkoffer-Jurist, in die Runde. „Magnus, was ist denn das für ein Name?", fragt Marie und grinst, aber Magnus grinst nur zurück. „Ach, das blöde Geld", antwortet Katja. „Wer will schon seine Eltern verklagen?" Magnus fällt der Fall „Henne gegen Henne" aus dem Jahr 2004 ein, wo eine Tochter ihren Millionärsvater auf Zahlung von Kindesunterhalt für ihr Studium verklagt hat. Man einigte sich schließlich in einem Vergleich vor dem Oberlandesgericht. „Ich glaub, die Vorinstanz hatte ihr 4000 Euro monatlich zugesprochen", erinnnert sich Magnus. „Aber wenn du's genau wissen willst, müsste ich das nochmal nachlesen ..."

„4000 Euro!", stöhnt Katja. „Man braucht halt reiche Eltern", sagt Paul.

Oder man zieht einfach nicht aus. Das „Forum Familie stark machen" veröffentlichte 2006 eine Umfrage des Allensbach-Instituts, das herausfand, dass junge Erwachsene zwischen 16 und 29 Jahren heute noch viel häufiger bei ihren Eltern wohnen als früher. Von den 18- bis 19-Jährigen leben noch 89 Prozent im Elternhaus – in der Vorgängergeneration lag dieser Anteil mit 71 Prozent deutlich niedriger. Von den Mittzwanzigern (24 bis 25 Jahre) wohnt noch jeder Dritte bei Mutter und Vater – fast doppelt so viele wie bei früheren Generationen. Alles in allem hat sich innerhalb der vergangenen 30 Jahre das durchschnittliche Auszugsalter – definiert als das Alter, zu dem die Hälfte der gleichaltrigen Personen ausgezogen ist – um etwa zwei Jahre nach hinten verlagert. Es liegt bei 21 Jahren bei Frauen und 23 Jahren bei Männern. Fast die Hälfte der Nesthocker arbeitet schon Vollzeit und könnte sich eine eigene Bleibe leisten. Doch offenbar verlassen viele junge Leute das Elternhaus erst, wenn sie einen Partner gefunden haben: Von den Daheimgebliebenen sind zwei Drittel Single. Kurz zu den Vorteilen des Lebens in einer eigenen Wohnung:

1. EIGENE REGELN. Wann es Zeit ist aufzustehen oder ins Bett zu gehen, wie sauber das Bad zu sein hat, wie lange du telefonieren darfst, wann der Fernseher läuft, welche Musik wie laut zu hören ist, was es zu essen gibt (und wann und wie viel), wo überall schmutzige Wäsche rumliegen und wie viel Alkohol man trinken darf ... all das ist dir endlich selbst überlassen.

2. WENIGER PEINLICHKEITEN. Mit wem du wann nach Hause kommst und wie lange deine Gäste bleiben? Deine Entscheidung. Und Gott sei Dank fällt auch die Notwendigkeit weg, den Nachtgast am nächsten Morgen der Familie vorzustellen.

ELTERN

Welche Gründe halten dich von einem Urlaub mit deinen Eltern ab?

Weißt du, wie und wo deine Eltern bestattet werden wollen?

**Welche unangenehme Charaktereigenschaft
deiner Eltern entdeckst du an dir?**

**Welche angenehme Charaktereigenschaft
deiner Eltern entdeckst du an dir?**

**Die Mehrheit der Befragten einer Studie wertete die Bedeutung
der Menschen in ihrem Leben in folgender Reihenfolge:
1. Lebenspartner 2. Freunde 3. Familie
Welche Reihenfolge gilt bei dir?**

**Was nimmst du deinen Eltern übel, obgleich du weißt,
dass sie nichts dafürkönnen?**

**Welche ist die erste Erziehungsmaßnahme
deiner Eltern, an die du dich erinnerst?**

Wärst du gern mit deinen Eltern befreundet?
ja *nein*

**Muss man sich bei seinen Eltern irgendwann mal bedanken,
dass sie einem das Leben geschenkt haben?**

3. EIGENE PFLICHTEN. Doch, das steht bei den Vorteilen. Du glaubst schließlich schon lange, dass du dich selbst versorgen kannst ... jetzt kannst du es beweisen. Mietvertrag aushandeln? Küche einrichten („Woher zur Hölle krieg ich einen gebrauchten Herd?")? WG-Zimmer streichen? Das schaffst du.

Jetzt die Nachteile: Du musst alles alleine machen. Und du bist für dich selbst verantwortlich. Es ist interessant zu beobachten, wie viele junge Erwachsene auf ihre Unabhängigkeit pochen – und gleichzeitig versuchen, möglichst viele der Vorteile zu behalten, die eine Bindung an das Elternhaus hat. Kurzer Unabhängigkeits-Check? Also los. *1. Wo wäscht du deine Wäsche? 2. Auf wen ist dein Auto zugelassen – wer zahlt die Versicherung und die Steuer? 3. Was ist zu tun, wenn das Finanzamt dringend eine Steuererklärung einfordert? 4. Ein Blick in deinen Kühlschrank, was ist da drin zu sehen? 5. Wozu braucht man eine Sozialversicherung? Was verraten die Antworten über dich?*

Auch wenn Kinder ausziehen, bleiben sie den Eltern oft irgendwie erhalten: Bei 90 Prozent leben die erwachsenen Kinder weniger als zwei Stunden entfernt, 85 Prozent aller Eltern, deren Kinder ausgezogen sind, sehen oder sprechen diese mindestens einmal pro Woche, 40 Prozent sogar täglich. Die 68er konnten vielleicht den Staat nicht völlig umkrempeln – nicht einmal, als ihre Repräsentanten selbst in höchste Staatsämter aufstiegen. Aber wenn man die Kindererziehung von Heute mit den 50er- und 60er-Jahren vergleicht, dann hatten die 68er zumindest Erfolg mit der Direktive, das Private zum Politischen zu erklären. Erziehung hieß früher: Erziehung zum Gehorsam. Heute heißt es eher: Erziehung zur Gemeinsamkeit.

Katja, der stillen Blonden mit dem autoritären Vater, helfen schöne Zahlen und gesellschaftliche Fortschritte wenig. Sie hat trotzdem eine Riesenangst davor, nach Hause zu kommen. „Ich hab mir eine Frage ausgedacht, auf die ich wirklich gern eine Antwort von ihm hätte: Warum wolltest du mich nicht erwachsen werden lassen?" Nach einer Pause fragt sie in die Runde: „Nur mal theoretisch: Was passiert, wenn alle Stricke reißen? Wenn mein Vater mich nicht mehr sehen will – und ich ihn auch nicht? Ich hab das starke Gefühl, dass das passieren könnte …" Gemurmel im Abteil. Ja, das kann passieren.

Was schreibt der Fachmann, Howard M. Halpern? „In der Vertrautheit zu unseren Eltern liegt etwas Wertvolles, das man nicht leichtfertig aufgeben sollte. Aber es gibt Zeiten, in denen der Preis für die Fortführung der Beziehung zu unseren Eltern unter Umständen zu hoch ist. Uns ihre Zustimmung und Anteilnahme mit ständigen Kompromissen zu erkaufen kann unsere Unabhängigkeit untergraben und unsere Fähigkeit, zu erkennen, wer wir sind und was wir wollen."

Es gibt keine Pflicht, das Verhältnis zu den Eltern aufrechtzuhalten. Aber so ziemlich alle Experten sind sich einig: Solange es irgendwie geht, sollte man's versuchen. Vielleicht nimmt man auch erstmal Urlaub voneinander. Oder behilft sich, statt explosive Begegnungen zu bewältigen, mit gelegentlichen Telefonaten, die man zum Beispiel mit einem höflichen Dreisprung aus drei kurzen Gesprächsteilen absolvieren kann (ja, sogar dafür gibt es einen psychologischen Leitfaden):

1. *Was ist heute Schönes passiert?*
2. *Wie geht es euch sonst?*
3. *Freundlich „Auf Wiedersehen" sagen.*

Irgendein Halt, an irgendeinem Bahnhof. Magnus steigt als Erster aus, grüßt freundlich, seinen Rollkoffer hinter sich. Bald darauf geht auch Marie, dann verabschieden sich Paul und Katja. Je offener sie in diesem Abteil gesprochen haben, desto eiliger laufen sie die Treppen hinab in die Unterführungen, kaum jemand dreht sich um, wir haben auch keine Nummern getauscht. Als der Zug wieder Fahrt aufnimmt, verschwimmen die Wohnhäuser vor dem Fenster, jeder der Menschen aus diesem Abteil könnte irgendwo da draußen wohnen.

02 WEIT REISEN

Soll ich endlich mal eine Welt-reise machen – oder darauf vertrauen, dass ich im Leben auch so noch genug herumkommen werde?

Warum jedes Jahr 200 000 Deutsche ihre Heimat verlassen —
Gute Frage: Geht's bei deinen Reiseplänen vor allem darum, weg zu sein … oder darum, nicht mehr hier zu sein? —
Warum es für die Karriere oft besser ist, keine Auslandserfahrung zu sammeln — Was zur Hölle ist ein „Lebensarbeitszeitkonto"? —
Mit welchen Argumenten man seinen Chef dazu überreden kann, ein Jahr Urlaub zu genehmigen

Zu unseren größten Schwächen gehört nicht nur, immer das zu wollen, was wir nicht haben – sondern leider auch, immer dort sein zu wollen, wo wir gerade nicht sind. „Das ganze Unglück der Menschen rührt aus einem einzigen Umstand her", schrieb irgendwann im 17. Jahrhundert der französische Philosoph Blaise Pascal, „nämlich, dass sie nicht ruhig in einem Zimmer bleiben können."

Heute ist es noch schwerer geworden, entspannt zu Hause zu sitzen. Schon ein kurzer Blick in die Freundesliste bei Facebook oder studiVZ genügt nämlich, um zu erkennen: Mist, alle anderen sind unterwegs!

Matthias hat gerade noch ein paar Bilder online gestellt, es gab wohl wieder eine Party im Studentenwohnheim. Und wie Partys von Erasmus-Studenten so sind: Auf jedem der Fotos ist Matthias in den Armen entrückt lachender Frauen und Männer zu sehen, deren Namen man nicht kennt (er wahrscheinlich auch nicht), es sind Franzosen, Engländer, Italiener, Mexikaner und natürlich Portugiesen. Matthias hat Spaß in Lissabon, man glaubt es ihm. Olivia dagegen schreibt in ihrem Profil, sie habe „die Schnauze voll", sie und Tobi sind nämlich in Bangkok gestrandet, die Anhänger von König Bhumibol halten den internationalen Flughafen besetzt, weil sie Ministerpräsident Sundaravej zum Rücktritt zwingen wollen, was wirklich ungünstig ist, weil Olivia und Tobi längst nach Peking weiterfliegen wollten. „Ich kann dieses Hostel nicht mehr sehen", schreibt Olivia online, „ich bin es nicht mehr gewohnt, so lange an einem Ort zu bleiben!" Immerhin haben Tobi und sie schon acht Länder be-

TOLL, WIR SIND DIE FLEXIBELSTE GENERATION ALLER ZEITEN. WAS DAS BEDEUTET? FERNBEZIEHUNG!

reist, seitdem sie vor sieben Monaten im Stadtpark zum Abschied gegrillt hatten. Weltreise. Ein Jahr lang. Die übliche Tour: USA, Mittelamerika, Asien, zum Abschluss noch Australien. So ein Zufall – in Australien, diesem Freiheitstraum jedes Abiturienten, bleibt der gemeinsame Bekannte Simon jetzt „for ever!", so verkündet es jedenfalls seine Facebook-Statusleiste. Nach der Schule war er auf den fünften Kontinent geflogen, um endlich mal auf sich alleine gestellt zu sein. Simon war so begeistert von der Arbeit auf der Olivenfarm, vom schlechtem Bier, der Wüste und den braungebrannten Körpern, dass er die Behörden überzeugte, sein Visum zu verlängern, er lernte Amy kennen und verlängerte seinen Aufenthalt abermals. Jetzt arbeitet er in einer Grafikagentur in Sydney.

Judit wiederum, die Frau mit den 784 Facebook-Freunden, hat das mit dem Ausland und dem Arbeiten gewissenhaft geplant. Für ein Jahr ist sie nun in Singapur, ihr Arbeitgeber hat sie an eine Tochterfirma abgegeben. Große Chance, schreibt Judit in einer Mail, Karriereschritt und so. Der Kulturschock sei zwar groß und die Leute sehr zurückhaltend, aber im Supermarkt gäbe es immerhin Philadelphia-Frischkäse.

Na dann, bis bald!

Wenn soziale Netzwerke im Internet tatsächlich für etwas gut sind, dann wohl dafür, in der ganz persönlichen Globalisierung den Überblick nicht zu verlieren. Seine Freunde nicht irgendwo zwischen dem freiwilligen sozialen Jahr in Mali und dem Praktikum in Brüssel zu verlieren. Um das gute Gefühl zu behalten, man wisse, wie es ihnen da draußen in der weiten Welt geht. Unsere Generation, das ist längst eine Binsenweisheit, ist flexibler und mobiler als alle vor ihr. Wer seine Zeit sonntagabends nicht im Internet verschwenden will, kann sich davon auch am nächstbesten Hauptbahnhof überzeugen. Er wird an Gleis eins und zwei kurz vor Abfahrt des Intercity in irgendeine andere mittelgroße Stadt oder Metropole fast nur eng umschlungene Paare sehen. Fernbeziehungen. Sie oder er hat eine kleine Reisetasche neben sich stehen, und die getauschten Blicke sind verliebt, aber ernst. Die Blicke sagen: Ich vermisse dich jetzt schon. Das schaffen wir. Irgendwann ist das vorbei. Bis nächstes Wochenende. Gute Fahrt, Liebste.

Was bedeutet schon die Entfernung Hannover – München (488 Kilometer) für eine Liebe, wenn man es doch seit

dem Auszug von zu Hause gewohnt ist, die Hälfte des spär-
lichen Budgets für Bahntickets auszugeben, und man die letzten Jahre ohnehin nur aus einem kleinen Rollkoffer gelebt hat.

Ein paar Zahlen: Jedes Jahr verbringen rund 17 000
deutsche Schüler sechs bis zwölf Monate im Ausland. Jährlich
erhalten 10 000 junge Deutsche ein Working-Holiday-Visum
für Australien. Die Zahl der deutschen Studenten im Ausland
hat sich seit 1980 auf über 50 000 nahezu verdreifacht. Dank
des neuen Freiwilligendienstes „Weltwärts" können bis zu
10 000 Menschen zwischen 18 und 28 Jahren kostenfrei als
Helfer in Entwicklungsländer entsandt werden. Die Star Alliance, der größte Verbund internationaler Fluglinien, verkauft
jedes Jahr zahllose sogenannte Around-The-World-Tickets. Jeder dritte Unter-30-Jährige spielt mit dem Gedanken, Deutschland zu verlassen. Und ein attraktiver Job im Ausland ist den
Deutschen mittlerweile wichtiger als die große Liebe. Solchen
Worten folgen Taten: Pro Jahr verlassen über 200 000 Deutsche
die Heimat, um vorübergehend als „Expats" im Ausland zu arbeiten, darunter sind Handwerker, Unternehmer, Akademiker.

Okay, alle mal durchatmen. Wir sind also auf der
Flucht. Aber wer jagt uns? Einerseits scheint sich in Deutsch-
land die Ansicht durchgesetzt zu haben, in der Ferne würden
sich hiesige Probleme (Arbeitslosigkeit, Nachbarn, Johannes B.
Kerner) in Luft auflösen. Unzählige erfolgreiche Fernsehsen-
dungen (die Namen wie *Goodbye Deutschland, Mein neues Leben
XXL* oder *Umzug in ein neues Leben* tragen) propagieren den
Auswanderertraum.

Andererseits, und das betrifft uns wohl mehr, scheint
es, als hätten wir verlernt, zwischen der Reise und der Karriere
zu unterscheiden. Wir planen unsere Routen nicht mehr nach
dem *Lonely Planet*. Viel schlimmer: Wir planen sie passend für
unseren Lebenslauf.

Die Anthropologin Jana Binder hat im Jahr 2007 ihre
Doktorarbeit über Backpacker geschrieben. Sie folgte den Ruck-
sacktouristen, traf sie an den Strandbars, in den Schlafsälen und

REISETIPPS

LONDON VON OBEN

Nicht: LONDON EYE	*Besser:* PRIMROSE HILL

Statt Stunden darauf zu warten, in ein hässliches Riesenrad zu steigen und dafür den Preis eines Kurzstreckenflugs zu zahlen: mit Picknickkorb auf den Primrose Hill steigen (gegenüber dem London Zoo im Regent's Park). Von den Bänken sieht man alles …

NEW YORK LEBENDIGER

Nicht: TIMES SQUARE	*Besser:* CONEY ISLAND

Der Times Square ist ein totes Stück Metropole. Der Vergnügungspark auf Coney Island ist auch tot – aber hier gibt es viel zu erleben. Am besten: sich hinter der tollen „Ruby's Bar" über „Shoot The Freak" wundern …

ROM MIT KONTRAST

Nicht: SPANISCHE TREPPE	*Besser:* MUSEO CENTRALE

Die Spanische Treppe ist tatsächlich nur: eine Treppe voller Touristen. Schneller voran geht's im Museo Centrale Montemartini; in einem alten Kraftwerk stehen römische Statuen. Guter Kontrast.

BANGKOK PHALLISCH

Nicht: GROSSER KÖNIGSPALAST	*Besser:* TUPTIM-SCHREIN

Da man mit Shorts und Flipflops ohnehin nicht in den Palast kommt: den Schrein hinter dem Nai Lert Park Hotel suchen, wo es große Penise in allen Formen und Farben zu sehen gibt.

an den Souvenirständen Thailands, Vietnams und Kambodschas. Binder stellte fest: Backpacker sind im Grunde wahnsinnig erfolgsorientiert – und kokettieren nur mit Hippieklischees. Binder spricht von „Qualifizierungstourismus" und „Globalisierungstourismus", sie sagt: „Uni-Abschluss, Auslandssemester, Praktika – das haben sie alle. Also wollen sie noch eins draufsetzen. Mit Backpacker-Erfahrung erfüllt man für Unternehmen die Kriterien des idealen Mitarbeiters: Man soll flexibel sein, ungebunden, sich schnell auf ungewohnte Situationen einlassen und sprachkompetent sein."

Wer heute auf Weltreise geht, will nicht langfristig aus dem Leben aussteigen, nur etwa zehn Prozent ziehen los, ohne zu wissen, ob sie wiederkehren. Mit dem Hippie-Trail haben Backpacker-Reisen daher nichts mehr zu tun, der Kulturwissenschaftler John Hutnyk schuf den viel treffenderen Begriff vom „banana pancake trail". Hutnyks Beobachtung: In den meisten Ländern der Erde gibt es eigentlich nichts Süßes zum Frühstück, aber in den gängigen Backpacker-Hostels werden Bananenpfannkuchen angeboten, damit sich die Besucher nicht allzu sehr umstellen

AUSLANDSAUFENTHALTE SIND OFT KEIN ROMANTISCHER AKT MEHR – SONDERN STREBERTUM.

müssen. Hutnyks provokante Schlussfolgerung: Backpacker halten sich für bessere Menschen, reisen aber eigentlich nur Pfannkuchen nach und sind beleidigt, wenn sie keine bekommen. Und auch Jana Binder hat schließlich einen großen Widerspruch in der eingeschworenen Globetrottergemeinde festgestellt: Es sieht zwar so aus, als würden die vielen Menschen mit dem Holzschmuck und der betont staubigen Travellerkleidung in Bangkok, auf Ko Phangan oder in Guadalajara bloß abhängen – aber sie handeln in Wirklichkeit berufsorientiert, bewusst oder unbewusst. Die allermeisten von ihnen werden jedenfalls das Jahr Nichtstun später dick in ihren Lebenslauf schreiben. Die Pflichterfüllung kommt so unter dem Deckmantel der Persönlichkeitsentfaltung daher. „Alles zählt, jeder noch so banale Akt gewinnt an Bedeutung, wenn das Leben zur individuellen Erfolgsstory werden soll", schreibt der Autor Holger Friedrich in seinem Buch *Die Herausforderung Zukunft,* in dem er einer ganzen Generation vorwirft, zu „Biografiebastlern" geworden zu sein. Beispiel gefällig? Vor einiger Zeit wurde das Bewerbungsschreiben eines Studenten für den Posten des Semestersprechers an einer deutschen Universität zur tausendfach weitergeleiteten Witz-Mail. In seinem Lebenslauf hatte der ehrgeizige junge Mann unter anderem aus einem Trip durch den Dschungel von Malaysia ein „Survivaltraining in einer 21-köpfigen islamischen Familie fernab jeder Zivilisation" gemacht, das seine „Sozialkompetenz" geschult und seine „Teamarbeits- und Integrationsfähigkeit verfeinert" habe.

Was haben wir darüber gelacht. Aber so lustig ist das gar nicht. Auslandsaufenthalte sind kein romantischer Akt mehr – sondern das neue Strebertum. Offenbar gilt für Arbeitgeber: „Soft Skills", also soziale Kompetenzen, können Jobbewerber am besten weit weg von zu Hause erlernen. Je weiter weg, desto besser.

Das Problem: Es ist schwer geworden, einem Personalchef überhaupt noch aufzufallen. 96,5 Prozent aller deutschen Studenten etwa sprechen Englisch. Perfekte Sprachkenntnisse in Wort und Schrift (und überdurchschnittliche Noten natürlich) sind demnach selbstverständliche Voraussetzung für fast jeden Job. Wer nie im Ausland war, keine weiteren Sprachen spricht und auch nicht mit sozialem Engagement punkten kann, hat schnell das Nachsehen: Bei großen Arbeitgebern landen solche Bewerbungen direkt im Papierkorb. Bei der Unternehmensberatung McKinsey (zugegeben eine der anspruchsvollsten Adressen) heißt es, die „Internationalität" der Kandidaten um freie Jobs stünde ganz oben auf der Anforderungsliste. Jedes Jahr bewerben sich 15 000 Menschen bei McKinsey, nur 300 werden genommen. „Polyglotte Mitarbeiter" bevorzugt man, und das nicht nur bei McKinsey, weil sie im Ausland einsetzbar seien und die Vielfalt weltoffener Persönlichkeiten ein „großer Erfolgsfaktor bei der Teamarbeit" sei.

Die absonderlichste These zum Nutzen der Auslandserfahrung, die man von Karriereberater zu hören bekommt,
lautet: Sie bereitet auf eine mögliche Kündigung vor. Treffe den
Arbeitnehmer einmal ein erzwungener Ortswechsel, beispielsweise nach einer Werksschließung, komme er damit leichter
zurecht. Der Kriterienkatalog von McKinsey und Co. produziert aber leider nicht nur Zynismus, sondern auch genau das,
was die Recruiter vorgeblich nicht wollen: immer ähnlichere
Bewerberprofile. Es ist gar nicht lange her, da war ein Studien-
jahr in New York, Oxford oder selbst in Aix-en-Provence ein
echtes Distinktionsmerkmal. Doch je mehr Leute ins Ausland
gehen, desto aufregender müssen die Ziele sein. Die Generation der Lebenslaufoptimierer muss immer schneller, höher,
weiter springen: ein Hilfsprojekt in der Südsahara anleiern, ein
Praktikum bei der US-Notenbank machen, ein Tutorium an
einer südkoreanischen Uni geben. So toll das Auslandsjahr für
jeden einzelnen Studenten sein mag, für alle zusammen wird
der Arbeitsmarkt unentspannter. Wirklich wahr: Selbst
vermeintlich bodenständige Agrarwissenschaftler müssen sich
heute für den globalen Wettbewerb im Ausland wappnen.

Eine Studie der Universität Bern zeigt nun aber, dass
Hochschulabsolventen, die während des Studiums ins Ausland
gehen, später nur geringfügig mehr verdienen als Graduierte
ohne internationale Erfahrung. Und selbst dieser kleine Unterschied, so die Wissenschaftler, sei nicht auf den Auslandsfaktor
zurückzuführen. Vielmehr sei es so, dass es sich nur die finanziell
besser dastehenden Studenten leisten können, ihr Studium für
ein Auslandssemester zu unterbrechen – und die haben im
Schnitt auch die besseren Noten und damit bessere Arbeitsmarkt-
chancen. Ein Zusammenhang zwischen Auslandsaufenthalt
während des Studiums und Einstiegsgehalt, so die Studie, lasse
sich jedenfalls nicht beweisen. Trotzdem preist die Europäische
Union auf ihrer Homepage das Erasmus-Programm, das seit
1987 bereits 1,5 Millionen Studenten Semesteraufenthalte in
Nachbarländern ermöglicht hat, als „Schlüsselfaktor bei der

Arbeitsplatzsuche". Bundesbildungsministerin Annette Schavan freute sich anlässlich des 20. Erasmus-Jubiläums: „Hier wächst eine Generation Erasmus heran, die fit ist für den globalen Wettbewerb und die ich als zukunftsweisend für die europäische Wissensgesellschaft betrachte."

Darüber kann jeder ehemalige Erasmus-Student freilich nur lachen. Es sei denn, Annette Schavan spricht von einer Generation, die beim Wodkatrinken die europäische Zukunft plant. Es ist doch so: Eine gute Zeit wird das Auslandssemester bestimmt. Missen will es niemand, der es gemacht hat. Nur: Scheine und Kurse wird man an der fremden Uni nicht besonders viele machen. „Ich kenne Beispiele, bei denen Studenten ihr Studium eigentlich abgeschlossen haben und trotzdem über Erasmus ins Ausland gehen", empört sich der Bildungsexperte Stefan Wolter von der Universität Bern, „da frage ich mich, was sie dort machen." Das sei fast so, als ob die EU mit dem Stipendium ein Feriensemester bezahle. Mit dem eigentlichen Erasmus-Ziel, das akademische System eines anderen EU-Landes kennenzulernen und dort zu studieren, habe dies wenig zu tun. In Deutschland wird bereits ein leichter Rückgang bei der Zahl der Erasmus-Studenten verzeichnet. Der Grund: die Bachelor- und Masterstudiengänge. Die Studienzeit ist so knapp bemessen, die Lehrpläne so ambitioniert, dass es immer schwerer wird, ein Auslandsjahr zu nehmen. Man könnte sagen: Die neuen Studiengänge sollen die Studenten so flexibel machen, dass sie gar keine Zeit mehr haben, mobil zu sein.

Eine weitere Studie, diesmal von der Universität Mainz, räumt mit einem anderen Mythos der modernen Arbeitswelt auf; mit dem vom Auslandsjahr im Berufsleben. Sogenannte Expatriates, meist top ausgebildete Fachkräfte, werden von ihrem Arbeitgeber zu Zweigstellen in aller Welt geschickt. Lange galt so eine Entsendung als Karriereturbo. Aber die Mainzer Studie zeigt: Auslandsjahre werden überschätzt. 70 Prozent aller „Expats" erhoffen sich vor ihrem Umzug einen Schub für ihre Karriere. Aber nur für ein Drittel der Auslandsarbeiter erfüllt sich dieser Wunsch nach der Rückkehr. Der Grund: In der Zwischenzeit gibt es vielleicht einen neuen Abteilungsleiter, der einen gar nicht kennt, oder auf dem Platz von früher sitzt eine viel besser eingearbeitete Kollegin. Außerdem, so sagen Experten, machen sich Auslandsentsendete nach ihrer Rückkehr im Büro oft unbeliebt, weil sie missionarisch zeigen wollen, dass die Sitten ihres Gastlandes auch in deutschen Firmen alles verbessern würden. Vielleicht liegt es auch daran, dass die „Expats" falsch ausgewählt werden: Mit Ende 20 wollen fast alle Arbeitnehmer gerne weg, entsendet werden aber meist Leute mit langjähriger Erfahrung aus dem mittleren Management, die dann 35 oder 45 Jahre alt sind, oft Familie haben – und eigentlich sesshaft werden wollen.

„Man sollte Mobilität nicht per se feiern", sagt der Soziologe Norbert F. Schneider von der Universität Mainz. 67 Prozent aller beruflich mobilen Menschen fühlen sich psychisch und körperlich stark belastet. Bei denen, die fest an einem Standort leben, sind es nur 20 Prozent. „Auch das Gegenteil von Mobilität kann im Berufsleben ein Soft Skill sein", sagt Schneider, „die Beständigkeit. Kontakte aufrechtzuerhalten, etwas mit aufzubauen, verlässlich zu sein." Klar: Wer schon in der Nachbarstadt Heimweh bekommt und auf Geschäftsreisen ins Hotelkissen weint, sollte sich nicht zwingen, wegzugehen, solange er nicht – was ja sehr verwunderlich wäre – einen Beruf anstrebt, bei dem man im Ausland einsetzbar sein muss. Und andersherum: Wer am liebsten nur unterwegs wäre, aber im Alter mehr erreicht haben will als eine Bambushütte für den Muschelverkauf gebaut zu haben, kann zum Beispiel in Freiburg den Master-Studiengang „Global Studies" wählen und nach vier Monaten im Breisgau je fünf Monate in Durban oder Buenos Aires und Neu-Delhi oder Bangkok studieren.

Wenn man es sich nun genau überlegt, kann der Auslandswahn in der Arbeitswelt auch ein großes Glück sein. Wenn Personaler meinen, aus jedem beliebigen Spaßurlaub einen wichtigen Lebensschritt machen zu müssen – ihr Problem.

Immerhin fanden sie früher auf die Frage „Was ist Ihre größte Schwäche?" auch die Antwort „Schokolade" saukomisch und schlagfertig. Für die Bewerber bedeutet dieser Glauben an die „Internationalität" lediglich: Jede nicht zu ausgedehnte Lücke im Lebenslauf kann irgendwie begründet werden. Eigentlich muss niemand mehr Angst haben, vor lauter Studieren und Arbeiten nichts mehr von der Welt zu sehen. War das nicht immer die Angst junger Berufstätiger: Wegen des Jobdrucks auf eine große Reise zu verzichten – und diese später nie nachzuholen? Heute gibt es in jedem Lebensabschnitt die Möglichkeit, den Schritt ins Ausland zu wagen.

DIE ZEIT IM AUSLAND WIRD NICHT UNBEDINGT DIE KARRIERE BESCHLEUNIGEN. IST DAS SCHLIMM?

Man sollte sich bloß vorher klarmachen: Die Zeit im Ausland wird nicht zwangsläufig die Karriere beschleunigen. Aber das ist egal. Denn sie wird vor allem der persönlichen Entwicklung dienen, und davon werden zunächst wir selbst etwas haben, nicht die Arbeitgeber. Was Personalmenschen als „Soft Skills" bezeichnen, könnte man auch „Herzensbildung" nennen. Wichtiger, als mal „weg" zu sein, ist es vielleicht, mal „nicht da" zu sein, nicht nur die Heimatstadt zu verlassen, sondern gleich das Land. Mit Freunden und Familie nur noch per Skype verbunden zu sein. Der erste Tag im Auslandsjahr wird immer schlimm sein: Das eigene Französisch ist so schlecht, dass die Verkäuferin nicht versteht, dass man ein Vollkornbrot will. In der Wohnheimkammer riecht es nach Mottenkugeln. Auf dem kleinen Stadtplan ist die Universität nicht eingezeichnet. Dann läuft auch noch Coldplay im Radio. Die Weinflasche lässt sich nicht öffnen, der Korkenzieher ist verschwunden, dafür liegt im Koffer die Abschiedskarte der engsten Freunde – „Lass es dir gutgehen", steht da, sehr lustig: Draußen auf dem Gang schreien irgendwelche Psychopathen unverständliches Zeug, und in der Brust ist ein ganz schweres Stechen zu spüren. Diese Sache geht überhaupt nicht gut los. Bei einem Auslandsaufenthalt wird man vor allem sich selbst neu kennenlernen, nicht unbedingt die Welt. Die sieht zwar überall ein bisschen anders aus, aber sie fühlt sich meist gleich an. Nein, man selber fängt bei null an. Man ist gezwungen, sich etwas aufzubauen. Man wird innerhalb weniger Wochen einen neuen Freundeskreis, einen neuen Alltag, vielleicht eine neue Beziehung begründen. Das bringt Selbstvertrauen, Selbstsicherheit. Ein Auslandsjahr wird uns nicht zu besseren Menschen machen, aber es kann uns ein besseres Gefühl geben: nämlich zu wissen, dass man es auch alleine schaffen kann.

Aber gibt es für den Schritt ins Ausland einen besten Zeitpunkt? Es gibt auf jeden Fall Phasen, die sich anbieten.

1. NACH DER SCHULE — *Vorteile:* So viel Zeit hat man nie wieder. So viele Angebote (Zivildienst im Ausland, Work & Travel, Au-Pair-Aufenthalte, Sprachreisen) auch nicht. Außerdem: Man weiß noch nicht, was man mal machen will, und findet es unterwegs vielleicht raus. Man lernt früh, selbstständig zu werden. *Nachteile:* Man ist so jung, dass man vieles noch gar nicht genießen und verstehen kann. Man wird auch nach dem Auslandsaufenthalt nicht wissen, was man mal machen will.

2. WÄHREND DES STUDIUMS — *Vorteile:* Billiger wird man nie wieder eine so tolle Zeit haben. (Für Erasmus-Studenten gibt es eine Unterstützung in Höhe von etwa 100 Euro pro Semester, eventuell Auslands-BAföG. Für jede Fachrichtung gibt es diverse Stipendien für weltweite Auslandssemester.) So viele Leute aus allen Ländern auf so engem Raum, das gibt es sonst nur bei einer Fußballweltmeisterschaft. Man muss nicht mal viel tun, um sie kennenzulernen; die Uni-Infrastruktur erledigt fast alles, die Erasmus-Partys den Rest. *Nachteile:* Man merkt rasch, dass deutsche Unis im europäischen Vergleich oft luxuriös sind. Leistungen an der Gast-Uni werden später nicht immer anerkannt. Man bleibt oft unter seinesgleichen (Erasmus-Studenten). Man verlängert wahrscheinlich seine Studienzeit. Und gelegentlich bringt man ein Alkoholproblem mit nach Hause.

3. NACH DEN ERSTEN JAHREN IM BERUF — *Vorteile:* Man verhindert Langeweile am Arbeitsplatz. Man weiß, was man will. *Nachteile:* Die Trennungsraten sind unter „Expats" sehr hoch. Und wenn Auslandsarbeiter ihre Kinder mitnehmen (Third Culture Kids), dann werden diese zwar mehrsprachig und weltoffen aufwachsen, aber Befragungen zeigen: Sie werden auch ein Leben lang ein Gefühl der Wurzellosigkeit mit sich tragen. Für die Expats selber wird nach dem Jahr die Rückkehr ins Büro schwierig und frustrierend – wenn nicht schon die Arbeit im Ausland schwierig und frustrierend war.

In dem ziemlich tollen Hollywoodklassiker „Holiday" von 1938 haben Cary Grant und Katharine Hepburn folgenden Dialog:

GRANT: „*Ich werde Urlaub nehmen, solang ich brauche.*"
HEPBURN: „*Nur um Spaß zu haben?*"
GRANT: „*Nein, ich will herausfinden, warum ich arbeite. Die Antwort kann doch nicht sein, nur Rechnungen zu bezahlen und mehr Geld anzuhäufen. Ich werde es nicht herausfinden, während ich hinter irgendeinem Schreibtisch in einem Büro sitze. Also haue ich für eine Weile ab, sobald ich genug Geld zusammenhabe. Komme zurück und arbeite, wenn ich weiß, wofür ich arbeite. Ergibt das einen Sinn?*"

Wer hat eigentlich gesagt, dass es aus dem Berufsleben keinen Ausstieg gibt, wenn man einmal drinsteckt? In Australien gibt es nach zehn Jahren im öffentlichen Dienst einen Anspruch auf drei Monate bezahlten „Long Service Leave" – auf eine Auszeit also. In Dänemark kann man nach drei Jahren Berufstätigkeit für sechs Monate mit einem Arbeitslosen tauschen und bekommt weiterhin 80 Prozent seines Lohnes. Jedem französischen Bürger steht per Gesetz nach sechs Arbeitsjahren – davon drei im selben Betrieb – ein sechs- bis elfmonatiges unbezahltes „congé sabbatique" zu. Die Zeit soll genutzt werden für Weiterbildungen, Umschulungen, Reisen, zur Neuorientierung oder für soziales Engagement. In Deutschland aber hat sich das Prinzip „Sabbatical" noch nicht durchgesetzt. Der Begriff stammt aus den USA, wo die Uni-Professoren sich seit langem für ein Jahr statt dem Lehrbetrieb nur der Forschung widmen, und ist abgeleitet vom Sabbatjahr, das in der Bibel ein Ruhejahr für den Acker bezeichnet. Nach sechs Jahren Bewirtschaftung wird das Feld ein Jahr lang brach liegen gelassen. Orthodoxe Juden beachten das Gebot noch heute. Und auch wenn viele das nicht wissen: Auch in Deutschland gibt es mittlerweile Möglichkeiten, das ... äh ... Feld mal Feld sein zu lassen.

Beamte können zwei bis sechs Jahre für nur zwei Drittel bis sechs Siebtel des normalen Gehalts arbeiten. Und sich dann dafür anschließend ein Jahr lang freistellen lassen – für zwei Drittel bis sechs Siebtel der Bezüge. Für Nichtbeamte gibt es seit 2001 das Teilzeit- und Befristungsgesetz (TzBfG), das eine flexible Gestaltung der Arbeitszeit vorsieht. Voraussetzung ist allerdings eine Betriebsgröße von mehr als 15 Mitarbeitern und eine bisherige Beschäftigungsdauer von mehr als sechs Monaten. Durch das TzBfG ergibt sich aber kein gesetzlicher Anspruch auf ein Sabbatical. Vorgesetzte können aus betrieblichen Gründen immer die Zustimmung verweigern.

Laut einer Forsa-Umfrage träumen 38 Prozent aller deutschen Arbeitnehmer von einem Sabbatical – und würden dafür auf Gehalt verzichten. Aber nur etwa drei Prozent der Arbeitnehmer machen ihren Traum wahr. Was vielleicht daran liegt, dass 56 Prozent der Befragten durch ein Sabbatical berufliche Nachteile befürchten. Dabei braucht, wer wirklich eine lange Auszeit nehmen will, bloß gute Gründe – und ein Modell, das er seinem Chef vorschlagen kann, möglichst lange im Voraus.

LEBENSARBEITSZEITKONTO: Überstunden oder gesparte Urlaubstage werden auf einem Arbeitszeitkonto angespart.

TEILZEIT: Es werden zum Beispiel drei Jahre 40 Stunden pro Woche gearbeitet, aber nur 30 Stunden bezahlt. Das vierte Jahr ist dann frei.

KÜNDIGUNG DER ARBEITSSTELLE: Nach einer längeren unbezahlten Pause steigt man in eine neue Anstellung ein. Allerdings zahlt der Arbeitgeber bei Kündigung oder unbezahltem Urlaub nicht die Sozialversicherungsbeiträge weiter – man muss sich selber darum kümmern.

So makaber es klingt: In Krisenzeiten steigt die Chance, ein Sabbatical nehmen zu können. Immerhin haben große Konzerne aus Spargründen bereits auf Kurzarbeit umgestellt. Ein Sabbatical spart Personalkosten. Außerdem kommt bei Vorgesetzten langsam an: Das Arbeitsleben ist dynamischer denn je, also braucht es auch Ruhephasen. Und erholte Mitarbeiter sind bessere Mitarbeiter. Das Beste an einer vorübergehenden Auszeit vom Berufsalltag ist aber: Man hat wirklich Zeit für sich. Man reist nicht zweckmäßig, nicht, weil man irgendwo ankommen will wie in jungen Jahren. Sondern nur, um wegzukommen. Vielleicht kann man nur so zum eigentlichen Sinn einer großen Reise zurückfinden.

Denn die Sehnsucht nach einem Sabbatjahr ist vor allem ein weiterer Beleg dafür, dass die Weltreise der vielleicht kollektivste Traum der Wohlstandsgesellschaft ist. Wer sich vor dem Berufsleben nicht schon auf Rucksacktour gemacht hat, aber immer davon geträumt hat, mal aus seinem Alltag rauszukommen, einen tieferen Sinn zu finden irgendwo zwischen Palmen oder Bergen, der wird es immer bereuen. Das Sabbatical bietet die vielleicht letzte Chance vor dem Ruhestand. Endlich kann man selbst all das erleben, was man aus so vielen Erzählungen der Weltgereisten kennt. Es nervt schließlich, sich von anderen den eigenen Traum berichten zu lassen.

Nun könnte man sagen, eine Reise ist nichts anderes als ein sehr langer Urlaub. Aber: Reisen hat nichts mit Urlaub zu tun. Der Urlaub ist ein sehr langes Wochenende. Strand statt Büro. Sex statt Streit. Buch statt Fernsehen. 71 Prozent der Deutschen sagen, sie fahren in den Urlaub, um sich zu entspannen und sich vom Alltagsstress zu erholen. Nur sieben

Prozent wollen Land und Kultur kennenlernen. Klar, der Urlaub soll unseren Akku aufladen, soll uns möglichst schnell wieder auf Vordermann bringen. Das ganze Jahr über freut man sich auf das Postkartenidyll – nur um schon nach fünf Tagen auf dem Balkon des niedlichen Hotels zu sitzen und sich zu fragen: Und jetzt?

Der Schweizer Philosoph Alain de Botton, der in London lebt und sich ausführlich mit der *Kunst des Reisens* beschäftigt hat, schreibt: „Wir sind offenbar am ehesten irgendwo ganz da, wenn es uns erspart bleibt, außerdem leibhaftig an diesem Ort anwesend zu sein." Er meint: Wir nehmen leider nicht nur unsere Badehose mit auf die Urlaubsinsel, sondern immer auch uns selbst. Unsere Gedanken, unsere Sorgen, unsere Ängste und Probleme. Ein Urlaub wird nie so ungetrübt sein, wie es die Prospekte versprechen.

Eine Weltreise verspricht erst gar keine Idylle. Stattdessen völlige Unberechenbarkeit – und deswegen verspricht sie auch nichts Falsches. Eine Weltreise wird immer anstrengend werden. Zwar ist sie eine Auszeit vom Leben, wie man es kennt – aber das Leben, das man unterwegs kennenlernen wird, ist auf keinen Fall leichter, gemütlicher, es riecht auch nicht besser und ist nicht immer sauber. Die Weltreise, das darf man verraten, wird erst dann am schönsten sein, wenn sie vorbei ist. Und sie wird schon nerven, bevor sie angefangen hat, denn wer davon träumt, sich ein Jahr lang nur treiben zu lassen, der muss genau das gut planen.

Es fängt mit der größten Hürde an. Was kostet so eine Weltreise? Schnelle Antwort: ziemlich viel Geld. So viel wie ein Kleinwagen vielleicht. Zwischen 12 000 und 25 000 Euro, je nach Dauer und Standard natürlich. Die Lebenshaltungskosten, das lässt sich schon mal sagen, werden auf jeden Fall unter denen bleiben, die im gleichen Zeitraum zu Hause anfallen würden.

Das Weltreisebudget kommt am besten auf ein Tagesgeldkonto, wo es noch ein paar Zinsen bringt, oder man über-

REISEN

„Man benötigt auf Reisen zwei Hosen. Eine für
tagsüber. Und eine für die Nacht. "
JAMES HETFIELD
„Metallica "-Sänger

„Meine erste Reise nach Hollywood begann mit
einer Panikattacke. Auf dem Flugticket stand ‚Los
Angeles'! Wie soll ein Mädchen von einer Farm in
Südafrika wissen, dass das Zentrum der weltwei-
ten Filmindustrie nur ein Stadtteil ist?"
CHARLIZE THERON
Schauspielerin

„Hätte ich doch ein Auslandssemester gemacht!"
KLAUS WOWEREIT
Bürgermeister von Berlin

„Das Glück ist da, wo man nicht ist. Daheim
träume ich von der Ferne. Unterwegs träume ich
von meiner Frau. Das entspricht dem Krankheitsbild des romantischen Menschen. "
REINHOLD MESSNER
Bergsteiger

„Die Ureinwohner Amerikas halten Wolkenkratzer
für ‚negativen Raum'. Himmel und Land dagegen
für ‚positiven Raum'. Ich mag diese Denkweise. "
JIM JARMUSCH
Regisseur

weist per Dauerauftrag oder Telebanking regelmäßig Geld auf ein Girokonto und hebt dann mit Kredit- oder EC-Karte ab.

Die goldene Regel: realistisch kalkulieren. Entscheidend ist nicht, was man unmittelbar für die Reise ausgibt, sondern die Summe, die man verfügbar haben muss, um die Reise durchführen zu können. Mit Australien, Neuseeland und Japan hat Deutschland bilaterale Abkommen über „Working Holiday"-Visa abgeschlossen. Diese ermöglichen einen Aufenthalt von bis zu zwölf Monaten und eine Erwerbstätigkeit von 90 Tagen. Wer sich rechtzeitig darum kümmert, kann also unterwegs seine Reise finanzieren. Aber auch dann gilt: Man muss den Überblick behalten, sich ein Tagesbudget setzen, nach jedem Länderwechsel einen Kassensturz machen – und die Ausgaben unterscheiden. Es entstehen:

ENTFERNUNGSABHÄNGIGE KOSTEN: Flugtickets, Überlandtransporte, Taxi- oder Busfahrten vom Flughafen etc.

EINMALIGE KOSTEN: Papiere (in einigen Ländern müssen Pässe maschinenlesbar sein, biometrische Daten enthalten und/oder bei Einreise noch mindestens sechs Monate gültig sein), Visakosten (Visa braucht man für rund 100 Länder, für welche steht unter auswaertiges-amt.de. Wer gute Nerven hat, kann sich die Visa unterwegs besorgen, wer Geld übrig hat und sich nicht kümmern mag, kann kommerzielle Visadienste wie visum.de, visaexpress.de oder visadienst.com den ganzen Papierkram übernehmen lassen), Reiseausrüstung, Impfungen, Aktivitäten unterwegs (Tauchkurs, Sprachschule, Touren), Abschiedsparty.

LAUFENDE KOSTEN: Unterkunft, Essen und Trinken.

NEGATIVE KOSTEN (JA, WIRKLICH): Steuerjahresausgleich für Jahre, in denen nur teilweise gearbeitet wurde, Untervermietung der Wohnung, Arbeit unterwegs.

Die wichtigste Regel, die echte Reiseprofis aufgestellt haben, kommt jetzt: Die EIN-VIERTEL-REGEL. In fast allen Ländern geht das Tagesbudget zu gleichen Teilen für vier Dinge drauf:

1. *Unterkunft*
2. *Essen und Trinken*
3. *Sightseeing und Transport*
4. *Sonstiges (Wäscherei, Internet, Friseur, Bücher)*

Logische Schlussfolgerung: Bei einem Tagesbudget von 30 Euro darf die Unterkunft nicht mehr als 7,50 Euro kosten. Einzige Ausnahme: Strände. Hier sind die Unterkünfte teurer, dafür entfallen Transportkosten. Apropos gute Hotels. Die werden einen auf der Weltreise spätestens dann reizen, wenn man die indischen Linsen nicht mehr bei sich behalten kann – aber gute Hotels sind überall auf der Welt einsam. Am meisten passiert dort, wo es keinen Service gibt, wo die Einheimischen verkehren ... und natürlich die Backpacker. Wer alleine reist (was immer teurer ist), wird an diesen Orten schnell Leute kennenlernen, aber auch schneller in unangenehme Situationen kommen als in einem standardisierten Vier-Sterne-Zimmer, in dem Klimaanlage und Satellitenfernsehen vergessen lassen, wo man ist. Sowieso: nicht zu viele Kommunikationsmittel nutzen! Kein Handy mitnehmen!

Laufend aktualisiert finden sich im Internet Preisindizes für alle Länder dieser Welt. So kostet ein Tag in Argentinien etwa 25 Euro, in Australien schon 50 und in Japan gar 70 bis 100 und auf Französisch-Polynesien stolze 100 bis 200 Euro. Das billigste Land der Welt? Wahrscheinlich Indien (10 bis 15 Euro). Ähnlich aussagekräftig ist der „Big-Mac-Index", der auflistet, wie teuer ein Big Mac im jeweiligen Land ist. Europa liegt da mit 4,54 US-Dollar weit vorne, im Herkunftsland USA kostet der Fleischklops 3,57 US-Dollar – und in der Ukraine zahlt man nur 1,32 US-Dollar. Wem solche Beträge völlig egal sind, weil er viel Geld, aber wenig Zeit hat, der sollte spätestens jetzt aufhören zu lesen und sich gleich eine straff organisierte Luxusweltreise buchen, von der Jules Vernes nicht mal zu träumen gewagt hätte. Es gibt da wirklich sehr schöne Angebote im Bereich zwischen 100 000 und 200 000 Euro ...

Alle anderen, also wohl die allermeisten von uns, müssen ihre Route individuell planen. Und sich erstmal fragen: Was will ich mit dieser Reise erreichen? Fremde Kulturen kennenlernen? Sprachen lernen? Sehenswürdigkeiten besuchen? Abstand bekommen? Menschen treffen? Gut, dann der zweite Gedanke: Welche Länder will ich dafür besuchen? Es gibt einfache Länder (USA, Kanada, Australien, Neuseeland, Singapur, Malaysia) und schwierige Länder (China, Russland, Ägypten, Bangladesh), sehr sichere (Japan, Singapur, Vatikan, Neuseeland, Nordeuropa, Dubai) und sehr gefährliche (Irak, Somalia, Nigeria, Afghanistan, Kolumbien, Haiti, Jemen, Kongo). Ein paar Ziele, die man immer schon sehen wollte, werden einem gleich in den Sinn kommen, das könnten die Eckpfeiler für die Planung sein. Alle Länder wird man nicht besuchen können. Das Reisetempo sollte nie der Anzahl der Länder angepasst werden – nur umgekehrt.

Entscheidend für die Routenplanung ist auch das Klima. Regionen mit klassischem Klima können am besten während der dortigen Sommermonate besucht werden. In der Nähe des Äquators hingegen, wo Trocken- und Regenzeiten herrschen, sind die Sommermonate heiß und feucht, der Winter ist trocken und warm (kein Monsun, keine Hurrikan). Experten empfehlen außerdem, mit der Sonne zu reisen, weil der Jetlag dann weniger schlimm ist. Und sich für eine Erdhalbkugel zu entscheiden, weil ein Wechsel zwischen Nord und Süd zeitfressend und teuer wird.

Wer weiß, wo er hin will auf seiner Reise, sollte überprüfen, ob es überhaupt möglich ist, diese Orte sinnvoll in einen Reiseplan zu packen. Der klassische Weg um die Erde ist das Around-The-World-Ticket. Es gibt einen großen Unterschied zwischen den flexiblen Tickets, die zum Beispiel Star Alliance, SkyTeam oder One-World anbieten, und Paketen von Einzeltickets, die manche Reisebüros zusammenstellen. Die Pakete sind oft billiger, aber zeitlich starr. Bei den flexiblen Tickets muss man die Route meistens vorher grob bestimmen, doch die Flüge bleiben oft umbuchbar. Je nach Gesamtstrecke kosten solche Tickets 1700 bis 3000 Euro, die Grundregeln sind ähnlich: Man darf maximal ein Jahr unterwegs sein, muss sowohl Atlantik als auch Pazifik überqueren, darf nicht die Richtung ändern und muss am Ende wieder im Ausgangsland ankommen. Around-The-World-Tickets haben aber auch Nachteile: Der Preis hängt neben der Route meistens vom Datum des ersten Flugs ab, was bei vielen typischen Konstellationen mit Abflug im Winter dazu führt, dass man Hochsaisonpreise zahlt. Man ist außerdem auf das Streckennetz der jeweiligen Airline-Allianzen beschränkt.

GUTER RAT VON WELTREISE-EXPERTEN: LASS AUF JEDEN FALL DEIN HANDY ZU HAUSE!

Regionen komplett ohne Allianzpartner sind Indien, Zentralamerika und der größte Teil von Afrika (mit Ausnahme von Südafrika). Auch das Umbuchen kann sich in der Praxis als schwierig erweisen. Routenänderungen scheitern oft an der Inkompetenz der Ansprechpartner vor Ort. Außerdem wird häufiges Umbuchen schnell teuer. Die Around-The-World-Tarife sind zudem einer niedrigen Buchungsklasse zugeordnet. Auf stark nachgefragten Strecken sind manchmal nur wenige Sitze pro Flug für diese Buchungsklasse frei gegeben. Dadurch kann es passieren, dass man nicht zur gewünschten Zeit fliegen kann. Es kann also praktischer und lohnender sein, sich selber Einzelflüge zusammenzustellen (wenn man genau weiß, wann man wo sein will), Gabelflüge zu buchen (wenn man in einer Region viel über Land reisen will) oder vor Ort jedes neue Ticket zu besorgen (wenn man in Bangkok ohnehin schon als Verhandlungsprofi gilt).

Nee, es geht leider immer noch nicht los. Bevor es ein Jahr lang gar keine Verpflichtungen mehr gibt, warten vor der Abreise noch einige Dinge:

SICH SCHÜTZEN: Zum Zahnarzt gehen, damit nicht die Beduinen in der Wüste den Weisheitszahn ziehen müssen, Impfungen (unbedingt: Tetanus, Polio, Diphtherie, empfehlenswert: Hepatitis A und B, eventuell wichtig: Gelbfieber, Tollwut, Typhus) und je nach Reisegebiet eine Malariaprophylaxe oder Malariamittel. Eine Prophylaxe, also die vorbeugende Einnahme der recht starken Medikamente, ist zwar ein besserer Schutz, aber die Nebenwirkungen sind nicht zu unterschätzen. Alternative: Die Mitnahme eines Standby-Mittels, das im Fall einer Erkrankung schnellstmöglich eingenommen werden muss. Malariamedikamente sind teuer. In Deutschland jedenfalls. In Asien bekommt man die gleichen Produkte viel billiger – muss aber den Tabletten blind vertrauen, ein Beipackzettel ist meistens nicht dabei.

SICH VERSICHERN: Ohne Versicherung auf Weltreise zu gehen ist grob fahrlässig. Die Kosten einer Krankenhausbehandlung im Ausland für Unversicherte können schnell Hunderttausende Euro betragen. Leider ist aber auch eine Auslandsversicherung nicht billig, die Kosten dafür können bei einer Weltreise bis zu 50 Prozent der Gesamtausgaben erreichen. Gesetzliche Krankenkassen versichern meistens nur im europäischen Ausland, die privaten Zusatzpolicen gelten oft bloß bis zu sechs Wochen. Für gesonderte Auslandsversicherungen empfiehlt der *Lonely Planet* zum Beispiel den Anbieter „World Nomads": Der Versicherungsschutz lässt sich auch von unterwegs verlängern und umfasst Extravaganzen wie Bungeejumping und Elefantenritte, die sonst häufig ausgenommen sind. Obendrein bietet sich eine Rechtsschutzversicherung ebenso an wie eine Haftpflichtversicherung. Das Reisegepäck extra zu versichern ist dagegen unverhältnismäßig teuer.

ZU HAUSE ALLES REGELN: Nachsendeantrag? Steuererklärung? Gibt es Freunde, die sich um eventuell wichtige Post kümmern können und ab und an die Kreditkartenrechnung auf Missbrauch kontrollieren? Oder auf Übermut?

Sich vorbereiten: Reiseführer lesen, passende Musik („Around the World") auf den iPod spielen, um Stress zu vermeiden auch schon mal ein erstes Hotel in der Ankunftsmetropole buchen.

PACKEN (KEIN ZU GROSSER RUCKSACK!): Eine gute Packliste findet man im Internet unter onebag.com.

LETZTE MASSNAHMEN: Nicht mehr verlieben, Zeitung abbestellen. Und die Notfallnummer des Auswärtigen Amts notieren: +49 30 5000 2000.

Irgendwann wird dann der Tag der Abreise kommen. Die Lust ist einem eigentlich schon vergangen. Es macht keinen Spaß, eine Weltreise zu planen. Außerdem kommt jetzt die Angst vor der Überforderung. Aber: Eine Weltreise ist auch kein Spaß. Es macht keinen Spaß, in El Salvador überfallen zu werden, es macht keinen Spaß zu schwitzen, von Moskitos zerstochen zu werden, thailändische Ladyboys für Frauen zu halten, eine Schlange in der Reisetasche zu entdecken. Man muss sich auf einer Weltreise viele Glücksmomente erarbeiten, man wird den Freunden stolz von all den Abenteuern erzählen. Wie bei einem Fallschirmsprung wird man sich später denken: Gut, dass ich mich dazu gezwungen habe. Und man wird beim Geschichtenerzählen merken: Es gibt ihn wirklich, diesen Ort. Heimat. Das ist nicht das sichere Wohnzimmer. Sondern das Gefühl, im vergangenen Jahr vermisst worden zu sein. Sich auf Anhieb wieder zu verstehen. Nach einer Weltreise kann man das Zuhause wieder lieben. Man wird in ein tiefes Loch fallen, klar, man wird erschreckt sein, wie schnell einen die Hast wieder befällt. Die Routine.

Klar ist: Man kann die Welt heute auch sehen und verstehen, ohne zu reisen. Google Maps und wagemutigen Vorreisern sei Dank. Klar ist auch: Viele Orte unseres Planeten sehen faszinierend aus, überwältigend, schön, ungewohnt, aber man sollte nicht denken, dort den Dingen zu entkommen, vor denen man geflohen ist. Juan Moreno, Autor und Journalist, war ein Jahr lang unterwegs, in 18 Ländern. Er schrieb darüber: „Ich glaube, dass nach diesem Jahr die Qualität meiner Zweifel besser ist." Was Moreno meint: Er wollte unterwegs das Leben der Menschen kennenlernen, aber er wollte nie versuchen, es nachzuleben. Viele Backpacker halten sich gerade deshalb für Helden, weil sie sich nicht wie Touristen verhalten. Aber man wird unterwegs immer Tourist sein. Andere Touristen werden immer vor einem da gewesen sein. Und man wird immer Zuschauer bleiben, egal wie tief man im Schlamm steht. Man ist keiner von diesen Einwohnern. Und man tut den Leuten keinen Gefallen, wenn man möglichst wenig Geld in ihren Ländern lässt.

Die Backpacker-Forscherin Jana Binder hatte einige Weltreisende gebeten, ihr regelmäßig von unterwegs Bilder zu schicken. Binder wunderte sich. Denn alle Backpacker fotografierten das Gleiche: viele exotische Motive, Altare, traditionell gekleidete Menschen, schmutzige Kinder – und dann ganz viel Strandromantik, lachende Mädchen, braungebrannte Typen, eine feiernde Backpacker-Gemeinde, die sich in der Fremde kennenlernt. Binder erkannte in diesen Gegensätzen: Die Weltreisenden reduzieren die Gastländer meist auf die Exotik, kommen den

MAN TUT ÄRMEREN LÄNDERN KEINEN GEFALLEN, WENN MAN MÖGLICHST WENIG GELD AUSGIBT.

Menschen dort weniger nah, als sie denken, sich dagegen umso mehr. So bildet sich auf der Welt eine Parallelgesellschaft von Weltreisenden aus, die sich immer besser verstehen, aber die Gastländer kaum.

Vielleicht ist das aber auch gar nicht schlimm. Vielleicht versteht man auf einer Weltreise gerade deshalb was wahre Armut bedeutet, weil man erkennt, dass man nie davon betroffen sein wird. Juan Moreno schreibt: „Der Unterschied zwischen den armen Menschen, mit denen ich gesprochen habe, und mir ist die Auswahl die ich habe und die sie nicht haben. Ich habe die Wahl, vier Monate jeden Tag Reis mit Bohnen zu essen. Ich habe die Wahl, über meine Zufriedenheit mit meinem Leben nachzudenken. Ich habe die Wahl, den Fahrer zu bitten, den Bus anzuhalten. Die anderen Menschen hatten diese Wahl nicht."

Die vielleicht wichtigste Erkenntnis einer Weltreise wird vor allem Menschen beruhigen, die an der Auswahl an Möglichkeiten, für die Karriere ins Ausland zu gehen, verzweifeln. Die Erkenntnis lautet: Es gibt Schlimmeres als die Multi-Options-Gesellschaft.

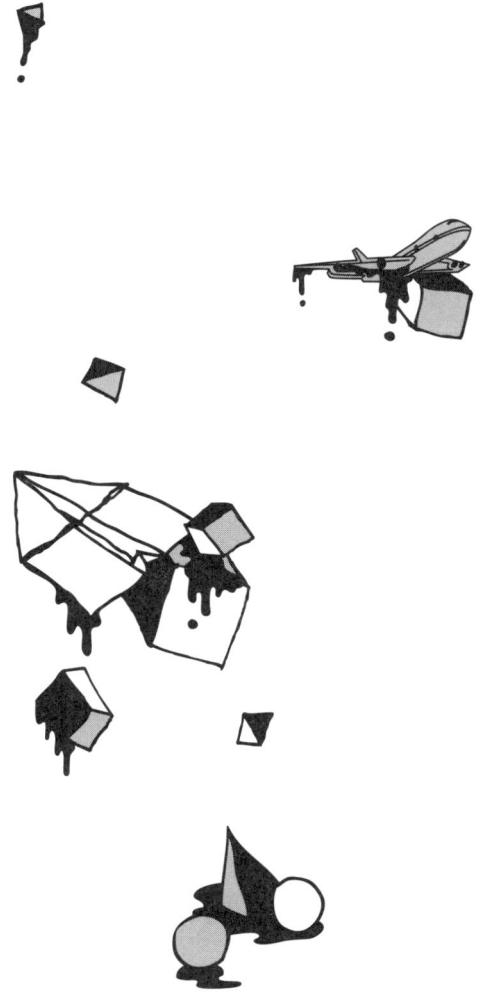

03 LIEBE FINDEN

Soll ich im Internet nach der großen Liebe suchen – oder auf den romantischen Zufall im echten Leben vertrauen?

Warum Singles oft behandelt werden, als hätten sie eine schwere Krankheit — Wieso das Internet nicht einfach nur ein neues Medium ist, sondern die Partnersuche revolutioniert — Wie viel Geld in Zukunft damit verdient wird — Warum „das gewisse Etwas" in keinem Suchfeld einen Treffer ergibt — Und warum am Ende doch der richtige Körpergeruch wichtiger ist als die schnelle DSL-Leitung

Nie gab es mehr Möglichkeiten, die Liebe zu finden. Fast Dating, Speed Dating, Blind Dating, Singlepartys, Zeitungsanzeigen, Kuppelshows im Radio und Fernsehen – und, allen voran, das Internet mit seinen unzähligen Chats und Singlebörsen. Trotzdem sind wir in Deutschland von der Vollbeziehung noch weiter entfernt als von der Vollbeschäftigung: 16 Millionen Singles leben in diesem Land. Rechnet man aus der Zahl aller Einwohner die Kinder heraus, ist das jeder Vierte bis Fünfte. Man stelle sich vor, die Arbeitslosenquote wäre so hoch.

Ob das auch so schlimm ist, lässt sich schlecht beantworten. Zum einen sind in der Singlestatistik nicht bloß alte Jungfern erfasst, sondern ebenso all jene, die sich zum Zeitpunkt der Befragung zwischen zwei Beziehungen befanden – ein Zustand, der früher weit unüblicher war als heute. Und man darf wohl davon ausgehen, dass es unter den fest Vergebenen heute weniger innere Singles gibt als vor einigen Jahrzehnten: Menschen, die ihre Beziehung längst gekündigt hätten, wenn sie könnten oder dürften.

Single zu sein ist also ein natürlicher, oft unausweichlicher und manchmal erstrebenswerter Zustand, keineswegs mehr Ausdruck der Schwervermittelbarkeit. Die große Industrie der Partnersuche aber trichtert uns das Gegenteil ein: „Über 28 Mio. Singles in ganz Europa warten auf Sie!" – „Finden Sie jetzt den Partner, der wirklich zu Ihnen passt!" – „Liebe ist kein Zufall."– „So verliebt man sich heute." Man bekommt den Eindruck (das soll man auch), dass Partnerlosigkeit eine veraltete, leicht zu behebende Mangelerscheinung sei, vielleicht so etwas wie Skorbut. Man muss nur ein bisschen Obst oder Gemüse essen – hier: sich ein bisschen im Internet registrieren –, schon ist der Mangel

PARTNERSUCHE IM INTERNET: BILLIG UND BEQUEM. VOR ALLEM ABER GUT FÜR SCHÜCHTERNE.

beseitigt. Die Wahrheit ist natürlich komplizierter. Wenn man überhaupt von einer Mangelerscheinung sprechen will, dann fühlt sich ein Single eher wie ein Kahlköpfiger: Er weiß nicht

recht, woher der Mangel kommt, wie er ihn beheben kann ...
und ob er es nicht vielleicht sogar dauerhaft so lassen sollte.

Aber gehen wir mal von einem Single aus, der keiner sein will. Tut er gut daran, nach alter Väter Sitte einfach abzu-warten, bis das Glück hereinschneit?

Das ist natürlich der auf den ersten Blick viel lockerere und somit sympathischere Ansatz: unverkrampft auf den ro-mantischen Blitz aus heiterem Himmel warten, die Old-school-Liebe, gefunden beim Ausgehen, Reisen, den Freund von Freunden von Freunden kennenlernen. Und wie selbstverständ-lich den Partner fürs Leben. Wer sagt, dass dies doch nicht so schwer sein kann, hat zumeist auf eben diese Weise seine große Liebe gefunden, hält sie im Arm, selbstbewusst, glücklich, den sich nach Liebe Sehnenden gegenüber ein prahlerischer Tro-phäenhalter.

Ein etwas schiefer Vergleich: Aber würden auffallend schöne Menschen denn in Gegenwart brandnarbenverschan-delter Bekannter ähnlich selbstgerechte Reden schwingen, Schönheitsoperationen seien ja wohl das Letzte? Was soll man denn allen Ernstes einem einsamen Opern-Nerd raten? Geh viermal in der Woche in eine Aufführung und nutze jede Pause aus bis zum letzten Gong, um hektisch fremde Frauen an un-gemütlichen Stehtischen auf einen warmen Sekt einzuladen? Warum soll der Opernfan denn nicht lieber ins Internet, wo er viel mehr gleichgesinnte Opernfans trifft als in der Oper selbst?

Und wenn dem so ist: Wie hat das Internet die Part-nersuche verändert?

Etwa sieben der 16 Millionen deutschen Singles suchen ihr Glück – manche auch, manche ausschließlich – im Internet. Kaum denkbar, dass noch vor einer so kurzen Zeit wie 20 Jahren ein Paar freimütig herumerzählt hätte, es habe sich über eine Annonce kennengelernt. Einen Partner auf die gleiche Art zu suchen wie einen guten Handwerker, die Beziehung als Ware, für die man einen Preis entrichtet – das hatte etwas Unwür-diges, Bemitleidenswertes. Heute ist die Anekdote, man habe einander im Internet gefunden, schon so gewöhnlich, dass es keine mehr ist. Es gibt online gut 2500 Angebote für Singles, darunter mehr als 1000 Singlebörsen. Neu.de, Parship, Elite-Partner, iLove, Flirt-Fever ... allein der deutsche Branchen-primus Parship machte nach eigenen Angaben 46 Millionen Euro Umsatz im Jahr 2007, doppelt so viel wie 2006. Der Geschäftsführer von Parship, Arndt Roller, sagt voraus, dass der europäische Markt der Online-Partnersuche in fünf Jahren bei einer Milliarde Euro Umsatz liegen wird. Das wäre gut dreimal so viel wie jetzt.

Die Singles, die in den Partnerbörsen eingetragen sind, haben in der Regel ein junges Alter – zwischen 18 und 50 Jahren –, eine hohe Bildung und ein gutes Einkommen; allesamt Eigenschaften, die sich damit erklären lassen, dass es immer noch in erster Linie eben solche Menschen sind, die das Internet überhaupt nutzen. Frauen und Männer sind zumindest bei den seriösen Singlebörsen in etwa zu gleichen Anteilen vertreten. Dazu muss man allerdings wissen, dass Frauen oft keine Gebühren zahlen müssen. Andernfalls wären die Männer klar in der Überzahl. Hierin gleicht das Internet so gut wie allen anderen organisierten Formen der Balz.

Und warum das Internet? Das Klicken nach dem Traumpartner hat drei große Vorzüge. Erstens ist es bequem. Weder muss man vor die Tür gehen, noch, eben weil man nicht vor die Tür geht, etwas anderes anziehen als eine ausgeleierte Unterhose und das T-Shirt, in dem man auch geschlafen hat. Manche fühlen sich sowieso zu erschöpft, um nach einem Zehnstundentag im Büro noch ein charmantes Gesicht an der Bar aufzusetzen. Zumal die Bar so oder so Geld kostet, egal ob man dort jemanden kennenlernt oder nicht. Das Internet ist billiger. Zweitens ist das Internet ein Schutzraum. Es ist auch die Welt der Zaghaften und Mutlosen. Und wer es nicht wagt, den hübschen Kerl in der Kinoschlange oder die umwerfende Sitznachbarin in der Straßenbahn anzusprechen, der traut sich viel eher, eine rasche, risikolose Mail an ein Profil wie „Silverman77" zu schicken – unter einer ebenso nichtssagenden Mailadresse. Die Schüchternen können im Internet zunächst nur gewinnen, nichts verlieren. Weder ihre Anonymität noch ihr Gesicht. Und alle, die Schüchternen wie die Mutigen, setzen darauf, dass sie sich im Internet besser, authentischer, sozusagen richtiger präsentieren können als in der körperlichen Welt, in der eine ungekämmte Strähne, eine tapsige Bewegung oder ein holpriges Wort sie in eine Schublade zu stecken droht, aus der sie nie wieder herauskommen. In den Singlebörsen gibt es ja keine Sinneswahrnehmung außer dem Sehen, man kann weder schlecht riechen noch blöd klingen; was man sonst sagen würde, schreibt man, und den Satz, den man schreibt, kann man sich gut überlegen, ehe man ihn loslässt.

Nur aus Neugier: Ist da draußen irgendjemand, der je in romantischer Absicht eine fremde Person in der Kino-schlange, beim Bäcker oder im Bus angesprochen hat, wie es so oft in den Flirttipps der Frauenzeitschriften steht? Arm hoch bitte … Niemand? Okay, das ist irgendwie beruhigend.

Der dritte und wichtigste Vorzug des Internets zum Suchen und Finden der Liebe ist, dass es einem das Gefühl gibt, den Zufall zu überwinden. Als das Internet noch nicht ver-breitet und die Zeitungsanzeige noch eine heikle Sache war, musste man nehmen, was kam, und was nicht kam, konnte man auch nicht nehmen. Am Arbeitsplatz verliebten sich viele – viele aber auch nicht. Und man denke an die armen Infor-matiker, die keine Kolleginnen, oder die Erzieherinnen, die keine Kollegen haben. Auch im Sportverein entstehen oft Beziehungen – dumm nur, wenn man schon nach dem ersten Training weiß, dass man auch in dieser Statistik nicht auf-tauchen wird. Oder nehmen wir den Fluch der Entfernung. Lebte A in Köln und B in Münster, lernten sie sich vermutlich nie kennen, von Fällen größerer Entfernungen ganz zu schwei-gen. Hatten sie keine gemeinsamen Freunde, standen die Chancen ebenso schlecht. Oder wenigstens ein gemeinsames, möglichst ausgefallenes Hobby. Man konnte sich bestenfalls

Abend für Abend im Foyer der städtischen Oper herumdrücken, wenn einem die Liebe zur Oper ein wichtiges Kriterium für die Liebe zu einem Menschen war. Und dann auf das Schicksal hoffen. Je geringer die Wahrscheinlichkeit, dass sich A und B einfach so über den Weg laufen würden, desto größer musste der Zufall sein, dass sie es doch tun.

Diesen Zufall ersetzt nun das Internet. Anders gesagt: Das Internet versetzt einen in die Lage, dem Zufall die Regie zu entreißen. Im Stil eines Personalmanagers sichtet man in einer Singlebörse die Bewerbungen. Man setzt Suchfilter, die bestimmen, welche Rolle das Hobby, der Wohnort, der Beruf, das Alter, der Bildungsgrad, der Kinderwunsch, die Körpergröße, das Gewicht, die bevorzugte Raumtemperatur, das Verhältnis zum Fernsehen, die sexuellen Vorlieben, die Haarfarbe, die Familie, die Religionszugehörigkeit, das Einkommen und natürlich auch das Geschlecht spielen – der Zufall muss tatenlos zusehen. Zugleich stellt man seine eigene Bewerbung – seinen Steckbrief – ins Netz. Manche Singlebörsen lassen den Neukunden einen detaillierten Persönlichkeitstest ausfüllen. Gefällt Ihnen diese Abbildung besser? Oder diese? Und wie ist es mit dem Verhältnis zu den Eltern? Der Computer fahndet schließlich nach den Profilen mit den größten Übereinstimmungen. 100 Prozent bedeuten den perfekten Partner; ab etwa 70 Prozent empfiehlt das System, Kontakt aufzunehmen. Es sollte einen nicht überraschen, dass zumindest in einem Punkt im Internet die gleichen Gesetze gelten wie draußen: Unter den Frauen sind Ärzte und Architekten besonders begehrt, gefolgt von Unternehmern und Anwälten.

Laut Parship finden 38 Prozent der registrierten Singles innerhalb eines halben Jahres einen Partner. Das sind sicher mehr als in der Kinoschlange oder im Foyer der Oper. Allerdings war bisher kein Film so erfolgreich, dass man ein halbes Jahr lang anstehen musste. Außerdem sucht in einer Singlebörse – das ist ja der Reiz an jeder Art von Singleveranstaltung – jedes Mitglied einen Partner. Und weiß von jedem anderen Mitglied, dass es ebenfalls einen Partner sucht. Das ist in den Kinoschlangen des gewöhnlichen Lebens anders, in denen man immer erst prüfen muss: Ehering am Finger? Check. Wird ein Partner erwähnt? Check. Hinweise auf Homosexualität? Check. Hinweise auf Interesse an mir? Check. Und selbst wenn diese Geschichte so heißblütig wie nur denkbar läuft, erfährt man oft erst nach Wochen, ob der andere die Bibel wörtlich auslegt, CDU wählt, Kinder hat, Kinder will oder die Mittlere Reife geschafft hat.

Das Internet hat die Partnersuche also ohne Zweifel verändert. Sie ist schneller geworden. Eine Singlebörse ist wie ein riesiger Produktkatalog. Je breiter der Suchfilter, desto unübersichtlicher das Angebot. Profile ohne Foto werden schon kaum noch wahrgenommen, wie ein Selbstversuch bestätigt (nur eine Kontaktaufnahme – und da bittet jemand um Zusendung eines Fotos; nach erfolgter Zusendung bricht der Kontakt ab). Man muss eingrenzen, eingrenzen, eingrenzen, also schließt man Protestanten aus, Katholiken auch, dann alle Gläubigen, man verbannt jeden ohne Abitur und mit Hund, ohne Kinderwunsch und mit

DAS INTERNET KANN DEN ZUFALL BESIEGEN. DAS INTERNET IST GRÖSSER ALS DER ZUFALL.

Freude am Landleben, man filtert bewusst viel strenger, als man unbewusst auf einer Party filtern würde. Anders als auf der Party fallen übrigens auch sofort alle durchs Raster, die Rechtschreibfehler machen. Und am Ende blättert man durch Profile, die sich seltsam gleich lesen, gerade weil die Menschen, die hinter den Steckbriefen stehen, sich möglichst originell darstellen wollen. „Ich bin eine verantwortungsvolle Zicke." – „Singles wie mich gibt es viele. Aber es zählt nicht die Quantität, sondern die Qualität." – „Ich sehne mich nach so vielen Schmetterlingen im Bauch, dass ich sie nicht mehr zählen kann." Solche Anbiederungen sind im Grunde nur die Fortsetzung des „Bist du öfter hier?" in anderen Foren. Doch wer es nicht einigermaßen originell versucht, kann sich gleich zu denen ohne Foto gesellen. Er geht unter wie ein Tropfen im Ozean.

Das Internet schlägt den Zufall, indem es größer ist als er. Doch zugleich ist auch das Gegenteil wahr.

Singlebörsen verlangen von ihren Mitgliedern, sich selbst so klar zu definieren, dass sie genau denen auffallen, die zu ihnen passen. Das Gleiche gilt umgekehrt: Man muss präzise Vorstellungen angeben, wen man will und wen nicht. Nur, wer weiß das denn? Was uns anzieht, ist ja oft das, was wir nicht sind. Was wir in uns selbst nicht finden. Kann ja sein, dass man mit den meisten katzenaffinen Professorinnen in Deutschland nicht glücklich würde – aber mit dieser einen einzigen schon. Doch wie soll man den Suchfilter einer Singlebörse darauf einstellen?

Es ist auch eine Illusion, der Zufall sei besiegt. Angenommen, jemand weiß aus unerfindlichen Gründen tatsächlich genau, welchen Typ Partner er braucht, und weiter angenommen, er hat damit sogar Recht – so bleibt es doch der Zufall, der bestimmt, wer an genau diesem Tag unter den Suchergebnissen auftaucht. Vielleicht richtet der Traumpartner sein Profil dummerweise erst zehn Minuten später ein. Und was die Suchkriterien betrifft: Was, wenn man eingibt, man suche eine Frau zwischen 23 und 27 – und lernt die perfekte Partnerin nur deswegen nicht kennen, weil sie gerade heute ihren 28. Geburtstag feiert?

Aber das sind läppische Szenarien im Vergleich zu dem einen Zufall, der durch keine Methode je auszuschalten sein wird: Es gibt auch im Internet kein funktionierendes Suchkriterium namens „hat das gewisse Etwas". Liebe sei „nicht nur eine Anomalie, sondern ganz normale Unwahrscheinlichkeit", meinte Niklas Luhmann. Der Funken muss überspringen, da hilft die genaueste Kongruenz in Fragen von Politik und Haustierhaltung nichts. Warum der Funken zwischen ihnen übergesprungen ist, können glückliche Paare selbst im Nachhinein nie so recht benennen. Wissenschaftlich längst erwiesen ist, dass der Geruch eine große Rolle spielt. Claus Wedekind, Professor für Ökologie und Evolution an der Universität Lausanne, ließ männliche Probanden drei Tage und Nächte lang jeweils dasselbe T-Shirt tragen. Dusche, Deo und Parfüm waren verboten. Dann sollten Frauen an den T-Shirts riechen und angeben, ob sie den Geruch attraktiv, uninteressant oder abstoßend fanden. Das Resultat: Je stärker sich eine bestimmte Reihe von Genen beim jeweiligen T-Shirt-Träger und der schnuppernden Frau voneinander unterschied, desto anziehender erschien der Frau der Geruch. Diese Untersuchung legt die Schlussfolgerung nahe, dass die Natur auf diese Art Paare bevorzugt, die ihren Nachkommen eine größtmögliche genetische Vielfalt schenken können. Es gibt inzwischen Unternehmen (GenePartner in Zürich, ScientificMatch in Boston), die ihren Kundinnen und Kunden bei der genetischen Partnersuche helfen: Man schickt einen Abstrich der eigenen Wangenschleimhaut an das Unternehmen und bekommt nach erfolgter Genanalyse eine ID zugeteilt. Mit dieser ID kann man sich in Singlebörsen nach kompatiblen Partnern umsehen. Beziehungsweise man könnte. Bisher sind nur ein paar Hundert Abstriche eingegangen, es ist also vorerst unwahrscheinlich, jemanden passenden zu finden, der ebenfalls eine genetische ID angelegt hat. Doch wenn man es schafft, muss man sich nicht grämen, sollten sich die Gene als inkompatibel erweisen:

DAS INTERNET IST TÜCKISCH. ES FLÜSTERT DIR ZU: VIELLEICHT FINDEST DU NOCH WAS BESSERES.

Man hat ja schon mal ein ungewöhnliches gemeinsames Interesse entdeckt.

Das Beispiel vom Geruch zeigt, wie wichtig bei der Partnerwahl solche Signale sind, die wir nur unbewusst wahrnehmen – und deren Bedeutung wir dadurch stark unterschätzen. Eine E-Mail hat keine Schweißdrüsen.

Und überhaupt: Ein noch so reger, inspirierender und prickelnder Mailverkehr ist noch keine Beziehung. Auch das Internet erspart es niemandem, sich am Ende mit pochender Brust und blödem Grinsen durch die Stunden vor dem ersten Kuss zu quälen. Wer an einer Singlebörse teilnimmt, weiß das alles. Und dass er das weiß, liefert ihn dem größten Fluch der

Partnersuche im Internet aus: Nirgends sonst verfolgt einen so hartnäckig das Gefühl, es ließe sich noch was Besseres finden. Es ist wie in einem Supermarkt, der eine fast unendliche Zahl von Schokoladensorten bietet. Kaum möglich, sich da je festzulegen. Woher weiß man, dass die andere Sorte nicht besser schmeckt? Und wenn sie besser schmeckt, schmeckt sie dann auch am besten? Und was, wenn ich zwar die beste Sorte gefunden habe – aber morgen liegt eine noch bessere im Regal?

Und jetzt stelle man sich ein Dorf im Schwarzwald vor, 2000 Einwohner. Eine junge Frau lernt auf einem Schützenfest einen jungen Mann kennen. Er gefällt ihr. Sie küssen sich. Übertragen auf die Metapher vom Supermarkt, befinden wir uns in einem Kiosk, der nur Vollmilch hat. Welcher Kunde ist besser dran? Das ist keine rhetorische Frage. Es ist die Frage, die man für sich beantworten sollte, bevor man sich einloggt.

Das Internet beschleunigt, doch es revolutioniert die Suche nach der Liebe nicht. Vermutlich verändert es sie nicht einmal substanziell. Das Internet ist ein Kuppler, der viel mehr Kandidaten im Angebot hat als ein Squashverein, eine Einweihungsparty oder der Anzeigenteil einer Wochenzeitung. Doch gerade diese Größe des Angebots ist das Problem. Das Internet erhöht die Wahrscheinlichkeit einer Begegnung, aber nicht unbedingt mit den Richtigen. Und hat man einmal jemanden entdeckt, der einem wirklich gefällt, gelten die gleichen Prinzipien wie überall und immer schon: Erzählt man Quatsch, hat man Spinat am Schneidezahn, wählt man die falsche Partei, ist man zu groß oder zu klein oder zu dick oder zu dünn – dann hat man verloren. Oder genau deswegen gewonnen. Denn die Liebe schafft es, noch unergründlicher zu sein als das Internet.

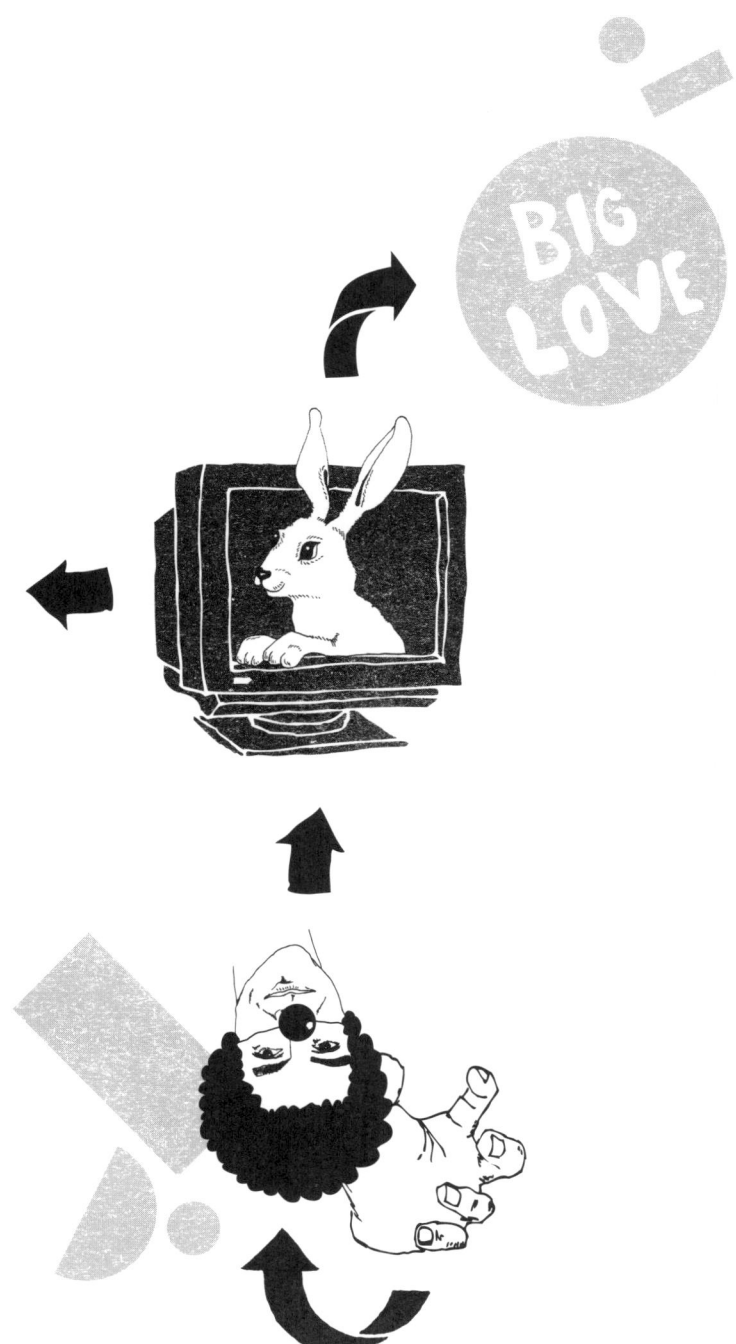

LOS, KLICK MICH!

*Ulrike Bornschein beschrieb in ‚Bei Anruf nackt' den
ersten deutschsprachig dokumentierten Selbstversuch
einer Internet-Partnersuche. Das Ergebnis nach einem
Jahr Recherche: 100 Kontakte, 50 Treffen, sechsmal Sex.*

Nach einem Jahr im Selbstversuch: Was haben Sie bei Ihrer Partnersuche im Web gelernt? — *Dass noch immer tiefgreifende Missverständnisse und Haltungsunterschiede zwischen Männern und Frauen bestehen. Viele angeblich fortschrittliche Männer verstehen in der Tiefe ihres Herzens unter Liebe noch immer: „Baby, ich zahl dir die Cartier-Uhr und die Miete, dafür organisierst du mein Leben und sorgst für meine emotionale Stabiliät." Das ist aber für viele gebildete Frauen mit einer gewissen Sehnsucht nach Freiheit und Selbstbestimmung kein attraktives Lebensmodell mehr.*

Ganz praktisch habe ich gelernt, besser mit Männern umzugehen. Das ist erlernbar wie Fahrradfahren und Tanzen – irgendwann beherrscht man es einigermaßen. Und noch etwas: Im Nachhinein ist mir aufgegangen, dass ich vor meinem Online-Selbstversuch oft viel zu zurückhaltend und undeutlich im Umgang mit Männern war. Das war ein Fehler.

Hat Ihre Online-Erfahrung auf Dauer auch Ihr Offline-Denken verändert? — *Wenn ich heute in der realen Welt einen Mann wirklich gut finde, fällt es mir jetzt viel leichter, Kontakt zu ihm herzustellen. Ich bin offensiver geworden und raus aus der alten passiven*

Frauenrolle, immer am liebsten angesprochen zu werden.

Welche Erfahrung möchten Sie nicht missen? —*Ich bin gelassener geworden. Was von vielen Frauen an Internetportalen als hochgradig bedrohlich empfunden wird und viele auch zum Aussteigen bewegt, ist Folgendes: Sie kommen nicht damit klar, weggeklickt oder gelöscht zu werden und selbst andere löschen zu müssen. Aber das Prinzip „ex und hopp" ist im Internet ganz normal, schließlich kann man nicht 4748 Männer treffen, die von ihrem Profil her zu einem passen könnten. Man darf sich aber nicht davon verletzen lassen, abgewiesen, ignoriert, aussortiert zu werden. Da musste auch ich mehr Gelassenheit entwickeln. Zugegeben: Mit etwas Abstand sagt sich das natürlich leicht. Aber es macht mir tatsächlich keine Angst und keine schweißnassen Hände mehr, mit dieser Form von Zurückweisung klarzukommen. Das war eine zunächst schmerzhafte, letztlich aber doch segensreiche Erfahrung.*

Und worauf hätten Sie, bei aller professionellen Neugierde, dennoch gerne verzichtet? — *Ich hatte einige wirklich zähe Begegnungen mit Männern. Vor allem mit leicht angestaubten Rosenkavalieren alter Schule: statusbewusste, konservative Männer. Es gibt bestimmt Frauen, die diese Sorte Mann toll finden. Ich nicht. Das Bedauerliche daran: Ausgerechnet ich passe merkwürdigerweise voll in deren Beuteschema. Aber was soll ich machen? Ich bin eine erwachsene Frau und werde mich nicht mehr umbauen.*

Ich verhalte mich nach – wie ich eigentlich finde –
ganz normalen Konventionen. Wenn das aber als
pseudokonservativ gedeutet wird, gibt das natür-
lich schon zu denken. Ich habe wohl öfter wie eine
„Trophy Wife" gewirkt, die man einfach so abgrei-
fen kann – das ist unangenehm.

Raten Sie einsamen Menschen auf der Suche nach der Liebe, den glei-
chen Weg zu beschreiten wie Sie für Ihr Buch? — *Das ist eine*
sehr individuelle Entscheidung, die jeder selbst
treffen muss. Ich bin weder Expertin noch Journa-
listin, die da mit professioneller Neugierde ins In-
ternet gegangen ist. Mein Buch ist tatsächlich aus
tiefer eigener Betroffenheit heraus entstanden. Das
war Work in progress, nicht von vornherein ge-
plant, das möchte ich hier mal klarstellen. Inso-
fern kann ich auch alle Vorwürfe von Männern, die
mir unterstellen, ich sei nur mit ihnen ins Bett ge-
gangen, um ein Buch zu schreiben, reinen Herzens
zurückweisen.

Trotzdem haben Sie ja eine Menge Erfahrungen gesammelt. Was raten
Sie mit Ihrem Wissen über die Internetdating-Kultur? — *Meine*
Empfehlung: Überstrapaziert die Portale nicht.
Nehmt sie einfach als das, was sie sind: die Er-
möglichung eines Erstkontakts. Mehr nicht. Ich
würde nicht mehr ewig lange Mailkontakte pfle-
gen. Sondern in dem Moment, in dem ich merke,
da könnte was sein, aus dem virtuellen Raum zu-
rück in die Realität wechseln. Denn selbst wenn
man ein halbes Jahr intensiv gemailt und telefo-
niert hat: so what? Wenn du jemanden zum ersten
Mal persönlich triffst, steht immer ein wildfremder

*Mensch vor dir. Schon allein aus Zeitersparnis
würde ich das Anbahnen im Internet daher eher
kurz halten.*

*Meine zweite Empfehlung: Überlegt euch vorab,
was ihr wirklich wollt. Klingt banal, die meisten
sagen aber einfach: „Ich suche einen Mann, ich suche eine Frau, ich suche einen Partner." Aber, bitte,
wofür denn eigentlich genau? Willst du jemanden
finden, mit dem du regelmäßig ins Bett gehen
kannst? Willst du die große Liebe finden? Hast du
sogar den Wunsch, eine gemeinsame Zukunft aufzubauen, willst du Kinder? Zwischen diesen Möglichkeiten liegen himmelweite Unterschiede. Und
bevor man sich ins Getümmel stürzt, sollte jeder
wirklich sehr genau überlegen, wonach er eigentlich sucht.*

ULRIKE BORNSCHEIN, *,Bei Anruf nackt ', 8,95 Euro, Heyne Verlag*

04 GELD

Soll ich mein Geld sorgsam zusammenhalten – oder übervernünftige Spar-Appelle ignorieren und erstmal das Leben genießen?

Wieso wir glauben, dass das Glück immer nur einen Einkauf entfernt ist — Der Unterschied zwischen Sparern und Geizhälsen — Der „Plan B" für alle, die über die Runden kommen wollen, ohne viel zu arbeiten (doch, es gibt ihn!) — Und außerdem: Wie gut sind die Gewinnchancen im Lotto jetzt eigentlich wirklich?

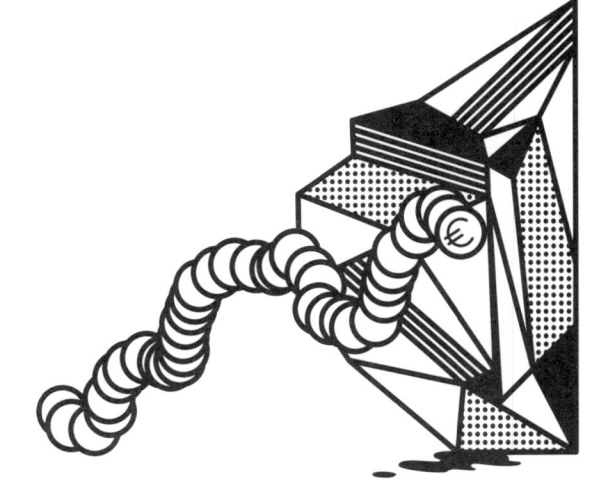

Ehe sich die weltweite Finanzkrise im Herbst 2008 abzuzeich-
nen begann, wirkte Ignoranz in keinem anderen Lebensbereich
so grundsätzlich sympathisch wie in Wirtschafts- und Finanz-
fragen. Es fällt uns schwer, Menschen ernst zu nehmen, die
sich nicht für Kultur oder Politik interessieren. Wir finden Menschen suspekt, denen Kino egal ist, Sport gar nichts gibt oder
die „zu Hause eigentlich nie Musik hören". Aber seltsamer-
weise galt es gerade unter jungen Erwachsenen als gesellschaft-
lich völlig akzeptabel, den Wirtschaftsteil einer Tageszeitung
ungelesen auszusortieren oder
auch nur treudoof zu grinsen
und die Schultern zu zucken,
wenn irgendwer einen Vortrag
hielt über Baisse, Hausse, Deri-

GEBEN WIR'S ZU: UNSER VERHÄLTNIS ZUM GELD IST HOFFNUNGSLOS VERKORKST.

vate, Hedgefonds, Anleihen oder den Dax. Das waren nicht nur
Worte, die viele von uns nicht verstanden – es war eine ganz
andere Sprache. Und zwar keine, die wir lernen wollten.

56 Prozent aller Deutschen gaben noch im Jahr 2008
nach einer Umfrage des Mannheimer Instituts für praxisorien-
tierte Sozialforschung (Ipos) zu, dass die Aussage: „Vom Börsen-
geschehen habe ich keine Ahnung" auf sie eher oder voll zu-
treffe. Besonders gleichgültig standen dem Aktienmarkt laut
der Umfrage Frauen zwischen 18 und 34 Jahren gegenüber: 72
Prozent erklärten, von der Börse keine Ahnung zu haben.

Dann begann sich die Finanzkrise wie ein gewaltiger
Tsunami einmal quer über die Erde zu schieben, langsam, aber
unaufhaltbar, und dabei Hunderttausende Jobs, zahllose Ei-
genheime und Existenzen, manchmal – wie in Island – auch die
Liquidität ganzer Länder zu vernichten. Was die Situation so
besonders machte: Diese alles bedrohende Welle gefährdete uns
nicht nur alle miteinander. Wir waren alle miteinander auch
Teil der Welle. Denn was anderes sollte eine weltweite Wirtschafts-
krise sein als die Summe einzelner ökonomischer Handlungen
von Milliarden Menschen? Menschen, die sich dafür oder dagegen entscheiden, etwas zu kaufen; die sich Geld borgen oder

es sein lassen; die sparen oder prassen; die umziehen oder vor Ort bleiben; die einstellen oder entlassen; die studieren oder sich einen Job suchen; die pessimistisch oder optimistisch sind.

Das Problem kam auf uns zu. Und wir waren zugleich Teil des Problems. Und spätestens jetzt hätte doch eine Art kollektiver Erkenntniswunsch erwachen müssen, spätestens jetzt hätte man sich mal hinsetzen müssen, um diesen ganzen Irrsinn aus zehnfach überzeichnetem Geld und dem Weiterverkauf eines weiterverkauften, wiederum weiterverkauften Schuldscheins zu verstehen. Und tatsächlich berichteten Zeitungen und Zeitschriften in groß angelegten Serien über die Krise und ihre Hintergründe, nicht zuletzt deshalb, weil täglich neue Horrorszenarien gezeichnet werden sollten. Aber was machten wir?

Feierten erstmal Weihnachten. Der Einzelhandel war mit dem Ergebnis vor den Feiertagen zufrieden. Es gibt doch diese lustigen Umfragen, die Stimmungen unter Konsumenten darstellen sollen: „Wie zuversichtlich blicken Sie in die Zukunft?" Die Antwort war ganz einfach: „Ich bin zuversichtlich, wenn es die anderen auch sind. Sind es die anderen auch?" Der Konsument blickt auf die anderen Konsumenten. Die Mehrheit kaufte weniger Autos (ehe die „Abwrackprämie" eingeführt wurde). Aber sie kaufte Geschenke. Also kaufte der Konsument auch Geschenke. Und wenn das Interesse an der Weltwirtschaft überhaupt erwachte, dann erstmal mit Vorwürfen.

Keine Frage, wer Schuld an der Misere trägt: Die geldgeilen Idioten bei Banken und Investmentbanken, die mit unserem Finanzsystem gespielt haben. Und die ahnungslosen oder korrupten Politiker, die das Geschwurbel der sogenannten Finanzexperten geglaubt hatten und vielleicht insgeheim hofften, dafür später einmal einen ähnlich gut bezahlten Job zu erhalten. Dann die Marketinggenies, die uns immer wieder aufs Neue davon überzeugt hatten, dass wir uns nur einen Einkauf entfernt vom Glück unseres Lebens befänden und dass Ratenzahlung selbstverständlich kein Problem sei. Und dann ... wir. Weil wir den Marketinggenies geglaubt hatten.

Vermutlich gibt es Millionen Menschen auf der Welt, die guten Gewissens behaupten können: „Meine Schuld ist der ganze Mist nicht." Die einen Job haben, Steuern und Rechnungen zahlen, nicht mehr ausgeben, als sie verdienen, keine verrückten Zockereien an der Börse veranstalten – und die jetzt trotzdem auf Kurzarbeit wechseln müssen oder deren Arbeitsplatz in Gefahr ist, weil Deutschland zwar vergleichsweise gut dasteht (jedenfalls im Vergleich zu den USA oder Großbritannien), aber eben Dinge produziert, die sich Menschen anderswo leisten können müssen. Der Exportweltmeister Deutschland steht ziemlich blöd da, wenn andere Länder seine Produkte nicht mehr importieren wollen.

Und durch diese Erkenntnis, dass wir – ob wir wollen oder nicht – allesamt Teil des Systems sind, erwacht nun wenigstens das allgemeine Interesse an der Finanzwelt, endlich wächst das Verständnis für die weltweite Wirtschaftssituation, endlich ...

Oder?

Nee? Immer noch nicht?

Noch seltsamer: Es ist nicht nur so, dass sich junge Deutsche immer noch kaum für die Welt der Hochfinanz interessieren – auch die alltagsnäheren Themen aus dem Bereich der Wirtschaftswelt kümmern die Mehrzahl einfach nicht. Eine Studie des Deutschen Bankenverbandes meldete, dass nur jeder zweite Befragte erklären konnte, was „soziale Marktwirtschaft" eigentlich genau bedeutet. Und ... los, sag mal: Was genau beziffert das Bruttosozialprodukt eines Landes? Warum wurde noch gleich die Eigenheimzulage abgeschafft? Wie hoch ist der Höchststeuersatz in Deutschland? Was versteht man unter einer kapitalbildenden Lebensversicherung? Tja. Eben. Viele von uns sind noch immer ökonomische Analphabeten.

Und fühlen sich offensichtlich okay dabei. Denn das Desinteresse und die Ignoranz für Weltwirtschaftsfragen und für ökonomische Grundlagen unseres Gesellschaftssystems setzen sich auf der ganz persönlichen Ebene fort. Auch wenn wir Deutschen „Spar-Weltmeister" sind, auch wenn der Bundes-

GELD

„Harald Schmidt hat mir den guten
Rat gegeben: Hör zu, was die Banken sagen,
und mach das Gegenteil. Denn was die Bank
macht, machen alle."

HERBERT FEUERSTEIN
Fernsehunterhalter

„Wenn du Geld hast, sorge erst für dich selbst
und teile es dann mit anderen. Hilf nur
denen, denen du helfen kannst."

GRANDMASTER FLASH
Musiker

„Es ist lohnender, sich mit armen Menschen
zu umgeben als mit reichen.
Sie sind prinzipiell liebenswerter."

IGGY POP
Musiker

„Nichts, das Geld kostet, hat mich
jemals glücklich gemacht."

JANE BIRKIN
Sängerin

„Mit dem Trinkgeldgeben ist es wie mit dem
Leben überhaupt: Man muss das richtige Maß
finden. Leute, die viel zu viel geben, wollen nur
geliebt werden. Knauserern ist eh alles egal."

BERND EICHINGER
Filmproduzent

verband Deutscher Banken ein Geldvermögen der Deutschen in Höhe von unvorstellbaren 4,5 Billionen Euro zählt – Sparsamkeit gilt uns Deutschen nicht als Tugend, zumindest nicht öffentlich. „Über Geld spricht man nicht" ist ein sehr deutsches Sprichwort, das wir scheinbar tief verinnerlicht haben. Warum eigentlich nicht?

Hand hoch, wer die Traute hat, sich vor Freunden oder Kollegen als Sparer zu bekennen. Zu sparen ist eher Ausdruck von Unlust und Langweiligkeit als von Vernunft. Zu sparen ist das Gegenteil von Spaß. Und außerdem ist es vom „Sparer" zum „Geizhals" nur ein kleiner Schritt, und das will keiner sein. Abends in der Kneipe kein Geld zu haben ist kein Problem, zahlt eben ein Freund für dich mit. Aber sein Geld nicht ausgeben zu wollen, selbst wenn man es sich leisten könnte, gilt als unsympathischer Charakterzug. Ein kurzer, unmöglicher Dialog:

„Noch ein Bierchen? Nein? Wieso? Knapp bei Kasse?"
„Nö. Ich will nur einfach mein Geld zusammenhalten."
„Du willst ... was?"

Die Weltwirtschaft ist uns suspekt, der Nationalsport „Geldsparen" wird nur heimlich ausgeübt, über unser monatliches Einkommen reden wir nicht mal mit engen Freunden ... geben wir's zu: Unser Verhältnis zum Geld ist hoffnungslos verkorkst. „Wir können heute besser über Sex reden als über Geld. Und weil wir nie über Geld reden, haben wir auch kein Vokabular dafür und sind schrecklich gehemmt", erklärt die Finanzpsychologin Monika Müller.

Es wird noch absurder. Es ist gar nicht so, dass die nachdrücklichen Hinweise der Finanzpolitiker auf den Zustand der gesetzlichen Rente bei den jungen Erwachsenen in Deutschland nicht ankämen. Neun von zehn Befragten einer repräsentativen Umfrage des Bankenverbandes sind sich sicher, dass die meisten deutschen Rentner in Zukunft nur „schlecht oder sehr schlecht" von ihrer gesetzlichen Rente werden leben können. 67 Prozent der Befragten haben in die eigene Zukunft geschaut und erkannt, dass sie zu denjenigen gehören, auf die da möglicherweise ein Problem wartet – weil sie entweder noch gar keine Ahnung haben, wie sie sich versorgen wollen, oder schon ahnen, dass es ihnen im Alter finanziell nicht gutgehen wird. Und ...

HALT! *Verlierst du gerade in diesem Moment die Lust, weiterzulesen? Liegt es wirklich an den unverdaulichen Prozentzahlen? Oder doch an der unangenehmen Nachricht? Falls dich dein schlechtes Gewissen gerade überreden wollte, zum nächsten Kapitel weiterzublättern, dann ist dieses Kapitel wahrscheinlich genau für dich bestimmt. Das nur so nebenbei.*

... Wo waren wir? Ah ja: Ziemlich viele Menschen verstehen, dass sie in Zukunft möglicherweise ein Geldproblem haben werden. Und was tun sie?

Sie tun nichts. Oder zumindest zu wenig: Von den Befragten unter 39 Jahren geben 52 Prozent an, in nächster Zeit nichts mehr für ihre Altersvorsorge tun zu wollen.

Das ist ungefähr so, als würde man am Samstagnachmittag in den leeren Kühlschrank schauen und feststellen: „Ich sollte noch was einkaufen, denn morgen haben die Geschäfte zu. Und wenn ich dann nichts zu essen gekauft habe, werde ich Hunger kriegen." Um daraufhin die Kühlschranktür wieder zu schließen und an was Lustigeres zu denken. Blöderweise ist am nächsten Tag tatsächlich Sonntag.

Es ist ein interessanter Gedankenmechanismus in vielen von uns, dass wir über Geld nicht nachdenken und schon gar nicht reden wollen. Kann sein, dass uns unsere 68er-Eltern das Gefühl eingeimpft haben, dass Geld was Schmuddeliges sei. Kann sein, dass wir uns das selbst beigebracht haben. Dass wir mit den grauen Banker-Typen mit zurückgegelten Haaren nichts zu tun haben wollen (außer einen möglichst weiten Dispokredit). Oder es kann sein, dass wir so ausgefuchst sind, dass wir nur so tun, als würde uns Geld nicht interessieren … und im Geheimen schon an unseren Welteroberungsplänen sitzen. Kann sein, dass wir kleine Träumer sind, die ein wenig naiv darauf vertrauen, dass die Kohle schon irgendwann irgendwie reinkommen wird (schließlich wurde die Generation vor uns ja auch mit Dotcom-Millionen überschüttet; so schlau wie die sind wir doch allemal, oder?). Das müsste man zumindest mal untersuchen. Es ist ja schließlich auch nicht so, dass man diese nervtötenden ökonomischen Zwänge nicht auch umgehen könnte. Eine kleine Auswahl von (legalen) Möglichkeiten samt Vor- und Nachteilen, um sich Geldsorgen im Leben zu sparen:

1. „ES LIEGT IN DER FAMILIE": REICHE ELTERN

Was muss ich tun? — Nichts! Das ist die gute Nachricht. Außer vielleicht immer mal wieder bei Opa und Oma vorbeischauen. Denn diese angesprochenen 4,5 Billionen Euro Geldvermögen, von denen vorhin die Rede war? Tja, die müssen irgendwo sein. Die Kriegs- und Nachkriegsgenerationen haben ihr Geld fleißig zusammengehalten und gemehrt, und sie hinterlassen gewaltige Summen: Die Forschungsgruppe „Altern und Lebenslauf" der FU Berlin hat für 2007 eine Erb- und Schenkungssumme von 50 Milliarden Euro berechnet. Bis in drei Jahren sollen es jährlich 200 Milliarden Euro sein. Wer wohlhabende Großeltern hat oder reiche Eltern, kann davon ausgehen, dieses Vermögen irgendwann zu erhalten. Etwa die Hälfte aller Deutschen erbt, im Schnitt derzeit 71 000 Euro im Westen und 16 000 Euro im Osten. Und auch wenn das Durchschnittserbe noch nicht ausreicht, um sich dauerhaft einen Lenz zu machen – gerade Akademikerkinder in Deutschland können so sorgenfrei in die Zukunft schauen wie keine Generation vor ihnen, denn höhere Bildungsschichten erben wesentlich häufiger als niedrige, Hochschulabsolventen fast doppelt so viel wie Hauptschulabgänger.

Wo ist der Haken? — Tja, da gibt es leider einige. Zum einen: Ein Erbe geht in der Regel Hand in Hand mit dem Tod eines nahen Verwandten, und das ist oft ein geliebter Mensch. Mit der Tatsache, dass man von diesem traurigen Ereignis nun profitieren darf, muss man erstmal klarkommen. Dann sind da noch die großen gesellschaftlichen Themen: Ist es gerecht, dass es die Erben reicher Familien leichter haben als die Kinder ärmerer Menschen? Der englische Philosoph John Stuart Mill wollte schon im 19. Jahrhundert mehr soziale Chancengleichheit erreichen, eine von unverhältnismäßig großem Reichtum korrumpierte bürgerliche Jugend in ihre Schranken weisen und einen Idealzustand erreichen, in dem „keiner arm ist, niemand reicher zu sein wünscht und niemand Grund zu der Furcht hat, dass er durch die Anstrengungen anderer, die sich selbst vorwärtsdrängen, zurückgestoßen werde". Mills Wunsch blieb bis heute eine Utopie.

An welchen Vorbildern kann ich mich orientieren? — Kommt drauf an, über wie viel Geld wir reden. Und was man damit anfangen will. Wer sich mit einem Erbe einfach ein möglichst schönes Leben machen will, sollte zur Inspiration noch mal Nick Hornbys Buch *About A Boy* lesen. Die Hauptfigur Will hat sich wunderbar eingerichtet in einem Leben aus viel Freizeit, viel Sex und wenig Stress, das er dem Vermögen seines Vaters verdankt. Und als ihm eine Freundin erklärt, dass ihm seine egoistische Haltung ein Leben bescheren wird, in dem er irgendwann „kinderlos und allein" aufwachen wird, antwortet Will: „Tja, genau, drück mir die Daumen!"

Wer anders als der relativ zurückhaltende Will künftig im ganz großen Stil mit Geld angeben will, sollte sich von seinem Butler die Dokumentations-DVD *Born Rich* besorgen lassen, in der der junge US-amerikanische Regisseur Jamie Johnson (selbst steinreicher Erbe des Johnson-&-Johnson-Imperiums) aus dem Alltagsleben junger Milliardäre erzählt – unter anderem, wie die Millionärstochter Stephanie Ercklentz beim Investmentbroker Merill Lynch schon nach wenigen Tagen wieder ihre Sachen packt, weil „meine Freunde schon bei Cipriani sitzen und Bellinis trinken".

Wer in Zukunft mit dem geerbten Geld viel Gutes tun will, könnte sich zum Beispiel bei der „Bewegungsstiftung" melden, einem Zusammenschluss junger Erben, die sich im Umfeld von Attac getroffen haben und Globalisierungsprojekte unterstützen. Oder spendet einfach im großen Stil. Der Soziologe Thomas Druyen erklärt in seinem Buch *Goldkinder. Die Welt des Vermögens*, dass man sich sowieso erst dann als „richtig reich" bezeichnen kann, wenn man ausreichend Mittel zur Verfügung hat, um davon abzugeben.

Ehe man das ganze Erbe vorzeitig verplant, sollte man allerdings prüfen, ob man bei seinen Eltern nicht an Typen wie Andrew Carnegie geraten ist. Der Stahlunternehmer war Ende des 19. Jahrhunderts der reichste Mann der Welt, vermachte aber einen großen Teil seines Vermögens gemeinnützigen Einrichtungen. Seine Begründung: „Die Erfahrung lehrt, dass es für die Kinder nicht gut ist, mit dem Erbe belastet zu werden. Das lähmt ihre Leistungsbereitschaft." Ungefähr dasselbe hat auch Bill Gates vor, der unfassbar reiche Microsoft-Gründer: Er will seinen Kindern nur je zehn Millionen Dollar hinterlassen. Der Rest seines Milliardenvermögens wird in seine Stiftung fließen (na gut, bleiben zehn Millionen, immerhin).

2. „GAS GEBEN": SCHNELLES GELD DURCH HARTE ARBEIT

Was muss ich tun? — Dich zusammenreißen. Allein durch Arbeit in einem Angestelltenverhältnis reich zu werden ist nämlich ziemlich schwierig, so der Soziologe und Elitenforscher Michael Hartmann von der Universität Darmstadt. Wenn du es trotzdem probieren willst: Beschränke dein Privatleben auf das, was der Karriere nützlich sein könnte. Also: schnelles, sehr gutes Abitur, Turbo-Studium (BWL, Jura), Auslandsstudium einplanen, Anstellung bei einer Unternehmensberatung und dann … ackern. So könnte es gehen, auch wenn's sehr mühsam wird. Als „reich" gilt man in Deutschland als Alleinlebender übrigens ab einem monatlichen Nettoeinkommen von 3418 Euro. Aber dein Ziel sollte woanders liegen.

GELD

Wie sehr interessiert es dich, was deine Kollegen verdienen?

Bestimme deinen eigenen Wert. Beginne mit Körperteilen, die du verkaufen könntest. Errechne den Wert deiner derzeitigen Arbeit und deiner Dienstleistungen für andere. Welche Summe ergibt sich?
Euro

Warst du schon einmal Pleite? Wenn nein, warum nicht?

Fast jeder weiß von wenigstens einem Lebensbereich, in dem er unnötig viel Geld ausgibt. Welcher Lebensbereich ist das bei dir? Hältst du das Geld für „sinnlos ausgegeben"?

Wie arm ist der ärmste Mensch, den du kennst?
Euro

Stellst du dir dich selbst ohne notwendige berufliche Beschäftigung als glücklicheren Menschen vor?
ja   *nein*

Vergleiche den Anteil, den die Bundesregierung in ihrem aktuellen Haushalt für Entwicklungshilfe bereitstellt, mit dem Verhältnis deines Jahreseinkommens zu deinen Spenden. Wer steht besser da?
Ich   *Bundesregierung*

Wenn Geld nicht glücklich macht, wie reiche Menschen oft sagen – was dann?

Wie schwer würde es dir fallen, dich in einen mittellosen Menschen zu verlieben?

Ab welchem Kontostand gerätst du in Panik?
Euro

Wo ist der Haken? — Der genervte Seitenblick deines Partners, weil du den gemeinsamen Samstagsspaziergang über den Markt „zeitlich optimieren" willst und vorrechnest, dass „der Spaß hier jetzt immerhin drei Mannstunden" kostet. Dass man sich mit einem Job auch für einen Charakter entscheidet, wird vielen Menschen erst spät klar. Aber damit musst du umgehen können.

An welchen Vorbildern kann ich mich orientieren? — *Scarface* mit Al Pacino und *Wall Street* von Oliver Stone sind deine Filme. „Gier ist gut", sagt Michael Douglas als Gordon Gekko in *Wall Street* (er sagt dummerweise aber auch den ungemütlichen Satz: „Nur Verlierer essen zu Mittag").

3. „O MANN, PURES GLÜCK": DER LOTTOGEWINN

Was muss ich tun? — Wenig. Geh in eine Lottostelle oder mach deine Kreuzchen im Internet. Die größte Gewinnchance hat übrigens die Zahl 32: Sie kam bislang 405-mal vor. Es folgt die Kugel mit der 49 (402 Treffer), dann die 38 (389-mal), 25 (389-mal), 26 (388-mal) und 48 (385-mal). Bezahl ein paar Euro dafür. Verlier den Schein nicht. Warte bis Samstagabend.

Wo ist der Haken? — Weil große Zahlen so abstrakt sind, ist es ein lustiges Spiel geworden, die Chance auf einen maximalen Lottogewinn in Gleichnisse zu verpacken. Die Wahrscheinlichkeit, in Deutschland vom Blitz getroffen zu werden, liegt bei etwa 1 zu 20 Millionen. Nach der sogenannten Drake-Gleichung (des US-amerikanischen Kosmologen Frank Drake) liegt die Wahrscheinlichkeit, dass die Menschheit Kontakt mit einer außerirdischen Lebensform aufnimmt, bei 0,00008 Prozent. Und tatsächlich tritt beides eher ein als ein „Jackpot"-Gewinn (sechs Richtige plus richtiger Zusatzzahl), dessen Wahrscheinlichkeit liegt bei 1 zu 139 836 160 (oder 0,0000007 Prozent). Kurz gesagt: Man kann hoffen. Aber man kann sich nicht drauf verlassen, dass es klappt.

An welchen Vorbildern kann ich mich orientieren? — Gleich noch ein Haken. Die Quote unglücklicher Lottogewinner ist überraschend hoch. Der berühmteste Fall ist natürlich der des Sozialhilfeempfängers Lothar K., der als „Lotto-Lothar" zu kurzem Ruhm in der *BILD*-Zeitung kam und mit 53 Jahren mittellos verstarb.

4. „ICH LIEBE DICH ... UND DEIN GELD": REICH HEIRATEN

Was muss ich tun? — Für alle Menschen ohne reiche Eltern ist das natürlich der Königsweg, um ein sorgenfreies Leben samt First-Class-Tickets und Reitpferden genießen zu können: einfach das Angenehme mit dem Nützlichen verbinden und sich in einen Partner verlieben, der stinkreich ist. Dann schnell auf einem Landgut in der Toskana heiraten, Hochzeitsreise auf die Seychellen und alle Sorgen los sein.

Wo ist der Haken? — Diesen reichen Heiratskandidaten muss man erstmal finden. Und bei dieser Suche ist man nicht allein: etwa 7 Millionen Bundesbürger suchen zurzeit in Onlinebörsen nach einem Partner, fast alle sind jünger als 40 Jahre. Und selbst wenn man einen Kandidaten oder eine Kandidatin gefunden hat – jetzt muss man sich auch noch in ihn oder sie verlieben können ... und umgekehrt. Wenn man selbst nicht besonders wohlhabend ist, stehen die Chancen dafür aber leider schlecht. Denn Deutsche suchen sich ihre Lebenspartner mittlerweile am liebsten in ihrem eigenen sozialen Milieu. Früher war das anders: da hat jeder zweite Mann „nach unten" geheiratet und jede zweite Frau „nach oben" – die dadurch entstehende Durchmischung von Gesellschaftsschichten nennen Wissenschaftler den „Aschenputtel-Effekt": Der Prinz ehelicht die arme Magd, und gemeinsam werden sie Königin und König. Heute heiratet nur noch jeder fünfte Mann nach unten, hat der Bamberger Soziologe Hans-Peter Blossfeld herausgefunden. Warum? Es gibt immer weniger Aschenputtel – Frauen machen selbst Karriere und suchen sich einen Partner auf Augenhöhe. So blöd es klingt: Wer einen reichen Lebenspartner finden will, sollte besser selbst schon reich sein. Sonst wird's schwierig.

An welchen Vorbildern kann ich mich orientieren? — An Aschenputtel. Viel Glück!

Wer nicht davon ausgehen kann, als Tennisprofi große Erfolge zu feiern, wer sich nicht ganz sicher ist, beim Poker oder Roulette Millionen zu verdienen, wer nicht des Geldes wegen heiraten will oder ein ausreichend großes Erbe in Aussicht hat, und wer nicht vor lauter Arbeit das Leben vergessen will, der muss sich irgendwann überlegen, wie er an genügend Geld kommt, um möglichst zufrieden zu leben. So nüchtern, so einfach und so traurig ist das. Kein Ausweg? Kein Ausweg. Kein Plan B? Kein Plan B.

Fassen wir mal kurz zusammen: Einerseits besitzt die große Mehrheit von uns nicht genug Vermögen, um sich keine Gedanken um Geld machen zu müssen. Andererseits verdrängen viele von uns wider besseres Wissen die Notwendigkeiten von Vorsorge und Sparplänen. Aufgrund unseres seltsamen Verhältnisses zum Geld sprechen wir dieses Problem nur ungern bei Freunden oder in der Familie an, was die Sache nicht leichter macht. Die Möglichkeiten, um aus diesem Dilemma durch eine glückliche Fügung befreit zu werden, sind da – aber sie sind spärlich.

Was würde ein ökonomischer Musterknabe jetzt unternehmen? Ganz einfach: Er würde auf sein zukünftiges Leben blicken und sich für einen Job in einem vielversprechenden Berufsfeld entscheiden. Dann würde er berechnen, wie viel Geld er in seinem Berufsleben verdienen wird, was er sich davon leisten mag und was er sich davon leisten muss, Eventualitäten und Notfälle einkalkulieren und anschließend bis zur Rente gerade genug sparen, um bis zu seinem Tod sorgenfrei leben zu können.

Diese Theorie klingt großartig, lässt aber zwei große Probleme außer Acht: Zum einen geht sie davon aus, dass Menschen in der Lage sind, komplexe mathematische Berechnungen bezüglich ihrer zukünftigen Einkünfte anzustellen, und außerdem ausreichend hellseherische Fähigkeiten besitzen, um ihr

Lebensalter und die Ereignisse der kommenden Jahre voraus-
zusehen. Und selbst wenn wir in der Lage wären, diesen großen
„Masterplan" aufzusetzen, geht die Theorie des ökonomischen
Musterknabens davon aus, dass wir ausreichend Willensstärke
besitzen, um den einmal gefassten Plan auch umzusetzen. Das
ist das zweite Problem – und das größere. Den die Verlockun-
gen unserer Konsumwelt sind unendlich vielfältig und schrecklich reizvoll: ein schicker Sportwagen, eine größere Wohnung in
besserer Lage, eine sehnlich gewünschte Reise … all diese Wünsche können jederzeit auftauchen und den sorgsam berechneten
Masterplan des ökonomischen Musterknabens ruinieren (genau
hier setzen die Marketinggenies an, um uns auszunehmen).

Die Wahrheit ist: Wir sind keine theoretischen Wesen,
und das Leben des ökonomischen Musterknabens wäre möglicherweise finanziell abgesichert, aber sehr wahrscheinlich auch
todlangweilig.

Aber so wenig man das Leben dieses ökonomischen
Musterknabens leben möchte und so krumm die Berechnung
eines Gesamtlebenseinkommens und eines Gesamtlebensbe-
darfs sein würde – zusammen werfen diese Umstände natürlich
eine ziemlich spannende Frage auf: Wie viel Geld braucht man
eigentlich zum Leben?

Diese Frage kann nur jeder für sich selbst beantworten.
Für die einen ist es klar, dass sie später mal in einem eigenen
Haus leben wollen, mit zwei Autos und Garten und Hund und
so weiter. Andere schreckt der
Gedanke an ein Eigenheim
ab, sie wollen die Beweglich-
keit des Mieters behalten, sich
nicht an einen Ort binden. Der
eine geht in seinem Beruf auf und will bis zur Rente in derselben Anstellung bleiben, der andere spart „Fuck-You-Money"
(toller Begriff), um die Freiheit zu haben, einem unangenehmen Chef jederzeit kündigen und sich in Ruhe einen neuen Job
suchen zu können. Aber wie auch immer, für beide gilt dieselbe

**SPANNENDE FRAGE, WENN MAN
ÜBER GELD NACHDENKT: WIE VIEL
BRAUCHE ICH ÜBERHAUPT?**

Wahrheit, die der Wirtschaftswissenschaftler Richard H. Thaler und der Jurist Cass R. Sunstein in ihrem Buch *Nudge* ganz nüchtern definieren: Die Konsequenzen, die daraus entstehen können, zu wenig gespart zu haben, sind definitiv unangenehmer als die Konsequenzen, die daraus entstehen können, zu viel gespart zu haben.

Klingt dir zu unromantisch? Na gut, dann gibt es, nur für dich, doch noch einen Plan B. Man kann auch damit zu leben lernen, wenig zu besitzen. Der englische Schriftsteller Tom Hodgkinson plädiert in seinem Buch *Anleitung zum Müßiggang* dafür, dass wir uns frei machen von der Notwendigkeit, mehr Geld als unbedingt nötig zu verdienen. „Man braucht nicht viel Geld zum Leben", erklärt Hodgkinson in einem *NEON*-Interview. „Aber es wird einem immer suggeriert, man brauche es, um den ganzen unnötigen Krimskrams zu haben. Freunde von mir leben von weniger als 5000 Pfund im Jahr. Sie zahlen nicht einmal Steuern, weil sie unter der Grenze liegen."

Steckt hinter seiner Lebenseinstellung irgendeine seltsame Hippie-Lebenssicht? „Quatsch. Ich hatte einfach keine Lust mehr zu arbeiten. Wenn man nach Alternativen sucht, wird man schnell politisch, findet aber weder rechts noch links eine Heimat. Die Linken hängen der Idee der Vollbeschäftigung nach, in deren idealer Welt arbeiten alle und sind glücklich. Bei den Konservativen mit ihrem reinen Kapitalismus geht es auch nur um die Arbeit: Menschen möglichst billig anstellen und dann deren Arbeitsleistung möglichst teuer verkaufen. Lohnarbeit leistet aber nicht, was sie verspricht. Sie verschafft einem zu selten Befriedigung." Nichts für Hodgkinson. „Die Menschen wollen ja nicht alle arbeiten. Sie wollen nicht arm sein. Niemand scheint auf die Idee zu kommen, dass es zwischen den Extremen Arbeitslosigkeit und Vollzeitbeschäftigung noch andere Lösungen gibt. Das führt auch dazu, dass die Menschen verlernen, sich selbst Arbeit zu suchen – oder zu erfinden. Vor der industriellen Revolution hat Arbeit anders funktioniert. Da haben sich die Menschen ihre Jobs selbst geschaffen. Sie haben einen großen Teil ihres Essens selbst angebaut, also waren sie auch nicht so abhängig von Löhnen. Heute verwandelt die Gesellschaft die Menschen in Roboter, und wenn es keine Robotertätigkeiten mehr für sie gibt, wissen sie nicht, was sie tun sollen. Je knapper die Zeit, desto mehr Geld gibt man aus, um ja nicht enttäuscht zu werden. Und dann ist es natürlich nicht so erholsam, wie man sich erhofft hatte. Während eines Wochenendes in Paris. Oder beim Familientag mit deinen Kindern in einem Freizeitpark. Ein Alptraum! Da bleibe ich lieber zu Hause. Die Freizeit ist in den Händen der Erholungsindustrie. Den ganzen Tag fütterst du deine Zeit ins System. Und abends stopfst du dann dein Geld hinterher." Dann muss er sich erst mal von seiner langen Rede ausruhen. Zum Schluss rät er zum Kauf einer Ukulele und bittet darum, Faulheit und Müßiggang nicht zu verwechseln. Es gehe ihm nicht darum, zum Nichtstun aufzurufen! „Faulheit galt unter den mittelalterlichen Mönchen als eine Sünde. Müßiggang bedeutet letztlich genau das Gegenteil: Verantwortung für sich selbst zu übernehmen. So viele Leute beschweren sich: Ich hasse meinen Job. Wir schreiben: Dann kündige!" Das wäre der Plan B. Nicht der schlechteste Plan, wenn man sich drauf einlässt.

Alle anderen müssen sparen, es hilft nichts. In ihrem Buch *Nudge* zitieren Thaler und Sunstein die lustige Anekdote der beiden Schauspieler Gene Hackman und Dustin Hoffman, die Hackman im Bonusmaterial einer DVD erzählt (sie sagen nicht, zu welchem Film das Bonusmaterial auf die DVD gepackt wurde, aber es wird wohl *Das Urteil – jeder ist käuflich* sein, der einzige Film, bei dem Hackman und Hoffman zusammen gespielt haben). Na, jedenfalls erzählt Gene Hackman aus der Zeit, als beide schon befreundet waren, aber noch keinen Erfolg als Schauspieler hatten. Eines Tages habe Hoffman ihn um ein Darlehen gebeten, Hackman war einverstanden. Um die Details zu besprechen, gingen die Freunde in Hoffmans Küche, in der eine ganze Reihe Einmachgläser aufgestellt war. In jedem der Einmachgläser befanden sich Geldscheine. Die

Gläser waren beschriftet, auf einem stand „Miete", auf einem anderen „Werkzeuge" und so weiter. Hackman fragte, wieso um Gottes willen Hoffman ihn anpumpe, er hätte hier doch mehr als genug – woraufhin Hoffman auf das Einmachglas mit der Beschriftung „Nahrungsmittel" zeigte. Das war leer.

Möglicherweise hat er es etwas weit getrieben, aber Dustin Hoffman hat mit seinen Einmachgläsern ein Prinzip angewendet, das auch viele große Unternehmen nutzen: die Budgetierung in verschiedenen Töpfen. Warum? Um Ausgaben besser kontrollieren zu können. Genauso kann jeder von uns, auch diejenigen mit geringem Einkommen, Einmachgläser (oder besser: echte Konten bei einer Bank) anlegen, um seine Finanzen besser im Griff zu behalten. Komischerweise denken alle immer nur daran, ein sakrosanktes Sparkonto anzulegen, das im besten Fall unangetastet bleibt. Die Experten raten allerdings auch dazu, ein Spaßkonto zu führen, auf dem ein Betrag liegt, den man verpulvern kann. Und ein Notfallkonto und so weiter.

LEIDER VERMEHRT SICH GELD NICHT ALLEIN DURCH SCHLAUE KONTOFÜHRUNG.

Das Modell der unterschiedlichen Konten ist nur einer von unzähligen Tricks, die uns dabei helfen können, besser mit unseren Finanzen umzugehen. Leider vermehrt sich Geld nicht allein dadurch, dass man es auf verschiedene Konten verteilt (oder zumindest kaum), dafür braucht es dann schon andere Mittel: Sparpläne, Aktien, Riesterrenten, Bausparen, Lebensversicherungen ... die Möglichkeiten sind vielfältig, und was die richtige Wahl ist, hängt zu sehr von den Lebensumständen und der Risikobereitschaft jedes Einzelnen ab, als dass wir hier zuverlässige Tipps geben könnten. Wer etwas Geld übrig hat, sollte sich an seine Bank wenden (wenn man der vertraut und sich klar darüber ist, dass Banken mit Sparplänen jeder Art Geld verdienen wollen). Die Alternative zum Gespräch bei der Hausbank ist ein unabhängiger Finanzberater. Der kostet zwar Geld, optimiert aber die denkbaren Sparmöglichkeiten ohne

Eigeninteresse. Wer gerade knapsen muss, sollte sich genau durchrechnen, ob er nicht dennoch wenigstens ein paar Euro auf einem Sparkonto zurücklegen kann. Und auch richtig: Die Geldinstitute haben wenig dafür getan, dass wir ihnen unser Geld bedenkenlos anvertrauen sollten. Die Alternativen sind trotzdem rar. Gold kaufen und im Garten verbuddeln? Der eine Haken: Da bringt das Gold keine Zinsen. Im Übrigen schwankt der Preis für Gold stark: Eine Feinunze kostete vor 1998 rund 300 Dollar und 2008 gelegentlich bis zu 1000 Dollar, aber der Preis fällt auch schnell wieder. Neben der unberechenbaren Preisentwicklung ist für Euro-Anleger auch die Handelswährung ein Risiko – das ist nämlich immer noch der unstete Dollar. Und auf Dollarbasis stieg der Goldpreis in den vergangenen zehn Jahren deutlich stärker als in Euro. Auch solche Effekte muss man einkalkulieren, wenn man Geld anlegt.

Schon richtig, am tollsten wäre es, sich vor diesen Schwierigkeiten mit dem Geld drücken zu können, schließlich hat ja schon John Lennon gesungen „Imagine no possessions". Andererseits hatte er leicht reden, damals war Lennon längst Millionär.

„OFFENER ÜBER GELD REDEN!"

*Die Finanzpsychologin Monika Müller erklärt, warum es
uns so schwerfällt, über Geld zu sprechen.*

Frau Müller, warum fällt es uns so schwer, über Geld zu reden? — *Über Geld zu reden berührt in unserer Gesellschaft leider ein Tabu. Rufen Sie mal in eine Partyrunde: „Jetzt sagt jeder mal, was er verdient!" Es wird Funkstille herrschen. Woher das kommt? Als Baby lernen wir, dass wir so ziemlich alles bekommen, was wir benötigen – ohne Gegenleistung. Irgendwann machen wir aber eine einschneidende Erfahrung: Wir stehen im Supermarkt und greifen nach einer Süßigkeit im Regal – und hinter uns ruft unsere Mutter: „Finger weg! Das müssen wir bezahlen!" Plötzlich tritt das Konzept von Geld in unser Leben. Bald darauf folgt eine weitere Erkenntnis: Geld gibt es nur gegen Arbeit. Wir verstehen schnell, dass Geld eine einzigartige Bedeutung hat, scheinbar ist es wichtiger als fast alles andere. Wir denken, das ist normal, und projizieren auf Geld unsere wichtigsten Bedürfnisse: Geld steht dann für Freiheit. Oder für Sicherheit. Manchmal auch für Macht und Grenzen. In jedem Fall für intime Wünsche. Darüber reden viele nicht gern.*

Stattdessen sparen wir im Stillen. — *Oder kämpfen alleine mit unseren Schulden, statt einfach um Hilfe zu bitten. Oder geben vor, dass uns Geld nicht interessieren würde. Dabei ist Desinteresse meistens nur eine Abwehrhaltung: Da gibt es eine Sache, der wir* *nicht näher kommen wollen. Warum eigentlich nicht? Geld ist weder schlecht noch gut. Unangenehm ist nur die Erkenntnis, dem Irrtum aufgesessen zu sein, dass Geld Freiheit bedeutet. Oft ist genau das Gegenteil der Fall: Für den Karrieresprung samt Gehaltserhöhung bezahlt man häufig mit der Freiheit, tun und lassen zu können, was man will. Das führt zu einer Unzufriedenheit, die man mit teuren Schuhen oder einer tollen Uhr zu kompensieren versucht. Dafür braucht man dann wiederum noch mehr Geld. Der Kreislauf beginnt.*

Was soll man stattdessen tun? Runter vom Gas bei der Karriereplanung? *— Nicht unbedingt. Dass finanzielle Unabhängigkeit mit der Höhe des Bankkontos wächst, ist ein Missverständnis. Die bittere Wahrheit ist: Wer glaubt, seine Existenz durch Geld sichern zu können, ist in einem Mechanismus gefangen, der es unmöglich macht, jemals genug zu haben. Es geht vielmehr darum, sich auch unabhängig zu fühlen. Um diesem Gefühl auf die Spur zu kommen, rate ich jedem, sich zu hinterfragen: „Wer bin ich – mit und ohne Geld?" Eine spannende Aufgabe, wenn man aufrichtig zu sich selbst ist. Eine weitere wichtige Frage lautet: „Was bedeutet Geld für mich?" Was steht da ganz oben? „Freiheit?" „Sicherheit?" Wer es schafft, seine antrainierten Projektionen vom Geld zu lösen, erlebt oft ein emotionales Erdbeben. Meine Grundforderung: Wir sollten alle offener über Geld sprechen.*

MONIKA MÜLLER, DIPLOMPSYCHOLOGIN *— FCM Finanz Coaching, Wiesbaden; monika-mueller.de.*

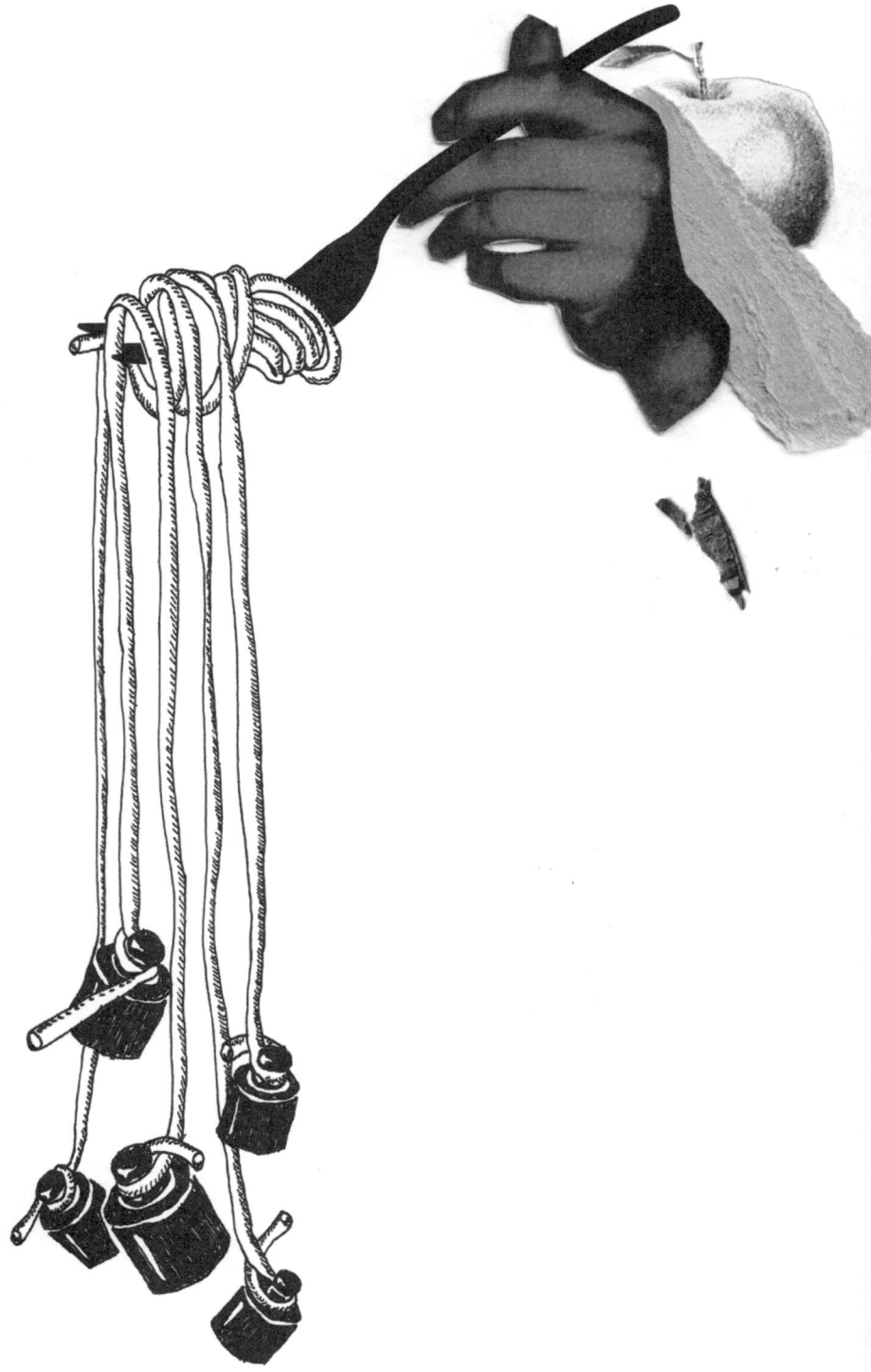

05 ESSEN

Soll ich mit Hilfe eines Ernährungsplans auf mein Gewicht achten – oder einfach essen, was mir schmeckt?

Warum es immer weniger Spaß macht, Freunde zum Essen einzuladen — Wie verdient Pizza Hut eigentlich immer noch Geld mit mir, wenn ich bei „All You Can Eat" reinhaue? — Der beste und unkomplizierteste Diätplan der Welt (besteht nur aus zwei Sätzen!) — Schriftsteller John Irving weiß, wo es das beste Wiener Schnitzel in ganz Wien gibt

Ein Abendessen für Freunde war früher eine unkomplizierte Angelegenheit. Bei der Sitzordnung hatte man darauf zu achten, Expartner nicht nebeneinanderzusetzen, ansonsten musste nur das Essen fertig und der Weißwein kalt gestellt werden.

Die Sache ist komplizierter geworden. Sarah ruft an und bedankt sich für die Einladung, erinnert aber daran, dass sie kein rotes Fleisch isst. Turo und Katja sind schon seit Jahren Vegetarier, okay, aber Turo gibt telefonisch durch, dass er seit vier Monaten sogar vegan lebt („Ich fühl mich ganz gut, aber es ist schon hart …"). Er will aber keine Umstände machen und zur Not sein eigenes Essen mitbringen. Oli findet, dass ein echter Kerl grundsätzlich große Mengen Fleisch essen muss und dass außerdem zu einem richtigen Abendessen mindestens drei Gänge gehören (bei ihm ist das irgendeine Status- und Männersache). Seine Freundin Linda isst dagegen sehr wenig, um genau zu sein: zurzeit sogar gar nichts, zweimal im Jahr fastet sie für zehn Tage. Sie kommt trotzdem gern, sagt sie. Jan hat vorige Woche überraschend aufgehört, Brot zu essen. „Kohlehydrate sind Gift, Mann!", sagt er, „was gibt's eigentlich?"

Ja. Was gibt's eigentlich? Was zur Hölle ist eigentlich mit uns allen los? Für die einen ist Essen eine leidige Notwendigkeit, andere zählen jede Kalorie und führen dadurch einen dauernden Kampf gegen ihre Gelüste, für wieder andere ist jedes Mahl ein potenzieller Gefahrenherd, mal moralisch, mal gesundheitlich. Isst denn niemand mehr normal?

Kaum. Schon allein das Tempo, in dem wir im Alltag unser Essen verdrücken! Wir essen im Gehen, wir essen „zwischendurch", wir essen vor dem Fernseher, wir essen schnelles Essen – „Fast Food" – und funktionelles Essen – „Functional Food". Aus der „Mahlzeit" ist die „Keinezeit" geworden. Wir holen uns Burger oder Mittagspausen-Sushi, die wir aus der Hand runterschlingen, spätestens der Dickmilch-Macchiato hinterher macht uns dann satt. Auch Fernsehköche wie Tim Mälzer oder Jamie Oliver setzen auf Geschwindigkeit und kochen sich in irrsinnigem Tempo durch „total schnell zubereitete" Gerichte.

Und obwohl sie Spitzenquoten melden und ihre Kochbücher Bestseller werden, kochen ihre Zuschauer immer seltener selbst. Wissenschaftler der Uni Göttingen berechneten nach einer Befragung zu Kochgewohnheiten der Deutschen: Die selbst geschmorte Rinderroulade wird zum letzten Mal im Jahr 2020 in einer deutschen Küche zubereitet werden.

Stattdessen steigt der Marktanteil des „Convenience Food" – des „bequemen Lebensmittels", das fast oder ganz verzehrfertig verkauft wird. Etwa 600 Euro pro Kopf und Jahr geben die Deutschen derzeit für weiterverarbeitete Lebensmittel aus – Essen, das auf dem Weg von der Natur in den Supermarkt mindestens maschinell bearbeitet wurde. Das sind 41 Prozent unserer Gesamtausgaben für Lebensmittel. Die Beliebtesten: Eintöpfe aus der Dose. Tütensuppen. Tiefkühlpizza. Die Erschreckendsten: kleingeschnittene, abgepackte Ananas. Pfannkuchenteig in Tuben. Gekochte Salzkartoffeln in Dosen.

Es wäre schade, wenn durch die stetige Beschleunigung von Zubereitung und Verzehr irgendwann die Kulturtechnik des Kochens verlorengehen würde – aber viel übler ist, dass wir durch das Tempoessen auch immer dicker und damit kränker werden. Zwischen 1999 und 2003 legten deutsche Männer im Schnitt ein Kilo Gewicht zu, Frauen rund 600 Gramm. Allein natürlich keine Katastrophe – aber die Rechnung ist einfach: Wer jeden Tag nur 100 Kalorien mehr zu sich nimmt, als er verbraucht, wiegt schon nach einem Jahr sieben Kilogramm mehr. Irgendwann wird der Rücken wehtun, der Blutdruck steigen, die Gelenke schmerzen, es drohen Fettleber, Gallensteine und Diabetes. Und so weiter und so weiter.

Wenn Übergewicht extrem wird, sprechen Ärzte von Adipositas, und seit 1997 ist die starke Fettleibigkeit von der Weltgesundheitsorganisation (WHO) als Krankheit anerkannt. Schon im Jahr 2000 warnte das Worldwatch Institute, dass zum ersten Mal in der Geschichte der Menschheit ebenso viele Menschen auf der Welt von den tödlichen Folgen der Völlerei bedroht seien wie von Hunger: 1,1 Milliarden.

Wer zu viel isst und sich der Tatsache bewusst wird, dass übermäßiger Konsum von Lebensmitteln krank machen kann, setzt sich oft auf Diät. Isst nur noch die Hälfte („FdH"), schwört auf „Atkins" und verzichtet auf Kohlehydrate. Oder isst für ein paar Tage gar nichts mehr. Die Zeitschriften- und Bücheregale sind voll von Abnehmratgebern. Blöd nur: Keine Diät hält, was sie verspricht ... schon gar nicht auf lange Sicht. „Schon wer fünf Prozent abnimmt und den Erfolg auf Dauer hält, übertrifft den Abspeckdurchschnitt", rechnet Christiana Einig vom Deutschen Institut für Ernährungsforschung vor.

Stattdessen führen die andauernde Beschäftigung mit Diäten, das Scheitern an ihnen und der andauernde Verzicht zu dramatischen Folgen: schwere Störungen der natürlichen Sättigungsregulation, Heißhungeranfälle, sogar Depressionen. Und selbst, wenn noch kein Krankheitsbild droht: Vielen vergeht einfach der Spaß am Essen. Für Ernährungswissenschaftler sind die „gezügelten Esser", die sich ständig zusammenreißen wollen und trotz Appetit verzichten, eine der problematischsten Gruppen. „Die versuchen zwar, ihr Essverhalten rigide zu kontrollieren", erklärt der Ernährungspsychologe Volker Pudel, „doch schon bei kleinen ,Fehltritten', etwa dem Verzehr eines Schokoriegels, setzen sie ihr Kontrollsystem außer Kraft – ,Jetzt ist's eh schon egal' – und greifen richtig zu."

Eigentlich ist die Sache ganz einfach. Achtung, hier kommt der beste und gesündeste Ernährungsplan der Welt, und er besteht nur aus zwei Sätzen:

Wenn du Hunger spürst: Iss, was dir schmeckt.
Und hör auf zu essen, wenn du satt bist.

Würden wir nach diesem Ernährungsplan leben, hätten die wenigsten von uns ein Problem mit dem Essen oder unserem Körpergewicht. Aber mal abgesehen von der ernsten Frage, ab wann man nicht mehr einfach nur zu dick oder zu dünn, sondern krank ist – schon der Gedanke daran, ob man jetzt „zu dicke

Schenkel" oder „zu dünne Arme" hat, ob man „zu viel" oder „zu wenig" gegessen hat, ob man sich „richtig" ernährt oder „ganz falsch", ist zu einem beherrschenden Thema des Alltags geworden: Google meldete im Herbst 2008 zum Thema „Geld verdienen" 9 320 000 Treffer, zum Thema „Abnehmen" 13 700 000 Treffer.

Die spannende Frage ist: Wenn es mit einem Ernährungsplan wie oben so einfach ist, Probleme mit dem Essen zu vermeiden – warum tun sich dann so viele Menschen so schrecklich schwer damit? Die Antwort klingt wie die Verschwörungstheorie eines Hollywoodkrimis, aber es ist wohl die Wahrheit: Was wir essen, wann wir essen und wie viel wir essen, ist kaum noch unsere eigene Entscheidung.

Stattdessen will uns die Werbung beibringen, dass wir besser gelaunte Freunde haben, wenn wir zu Hause immer Chio-Chips vorrätig halten (wobei, mal im Ernst: Wer will die Nervensägen aus diesem Werbefilm bei sich zu Hause auf dem Sofa rumhampeln lassen?); dass wir verführerischer werden, wenn wir den dicken Schokomantel eines Magnum-Eis durchbeißen; dass es ein besonders romantisches Ereignis sein kann,

EINST MUSSTEN MENSCHEN IHRE NAHRUNG SUCHEN – HEUTE IST ES UMGEKEHRT.

unserer Geliebten eine Tiefkühlpizza von Dr. Oetker zu servieren. Außerdem leben wir auf der schön bunten „Coke Side Of Life", wenn wir Coca-Cola trinken, segeln auf den dollsten Schiffen, sobald wir Beck's-Bier kaufen, oder sagen auf die netteste denkbare Art danke schön, wenn wir einem Helfer eine Packung Merci durch den Gartenzaun zustecken. Wenn man der Werbung glauben will, machen uns Nahrungsmittel längst nicht mehr nur satt – sie machen uns auch erfolgreicher, energiegeladener, fröhlicher, begehrenswerter, sportlicher, lustiger, beliebter … viele machen uns angeblich sogar schlanker, weil sie so „leicht" schmecken. Um Produkte besser zu verkaufen, koppeln sie Marketingstrategen an unsere Gefühle: Wer traurig ist, sollte eine bestimmte

Praline essen. Wer sich nach einem harten Job belohnen will, darf zu einem bestimmten Bier greifen. Wer seinen Kindern Gutes tun möchte, macht das am besten mit einem Kaubonbon.

Über 33 Milliarden Dollar geben allein die US-amerikanischen Lebensmittelhersteller für Werbung aus – mehr als jeder andere Industriezweig der Welt –, und zwei Drittel dieser gewaltigen Summe werden für hoch verarbeitete Fertiggerichte, Süßigkeiten, Limonaden und Alkohol eingesetzt. Den „Sirenengesang der Essanreize" nennt das der Houstoner Ernährungswissenschaftler Ken Goodrick. All die Werbebotschaften führen zum selben Ergebnis: Sie sollen uns dazu bringen, nicht mehr nur dann zu essen, wenn wir Hunger haben – sondern auch dann, wenn wir traurig sind, einsam oder verliebt. Leider funktioniert das ziemlich gut, auch weil der Mensch zwar nicht auf Nahrung verzichten kann – aber umgekehrt problemlos mehr essen kann, als er unbedingt benötigt. Die Taktik der Werbeindustrie funktioniert: Laut einer Forsa-Umfrage im Auftrag des *stern* „belohnen" sich 37 Prozent der übergewichtigen Menschen in Deutschland oft mit „etwas Leckerem".

Was um uns herum tobt, ist ein Wirbelsturm aus Werbebotschaften, die uns davon überzeugen wollen, dass es genau jetzt allerhöchste Zeit sei, um zuzugreifen und zuzubeißen ... ganz gleichgültig, ob wir gerade Hunger verspüren oder nicht. „Einst mussten die Menschen die Nahrung suchen", analysiert Ken Goodrick, „jetzt sucht die Nahrung uns."

KURZE FRAGE: *Erinnert sich jemand an einen Werbespot für eine Karotte? Eine Kartoffel?*

Gleichzeitig werden die Menschen scheinbar immer größer und immer verfressener. Anders ist es auf den ersten Blick kaum zu erklären, dass es im Supermarkt Snickers, Hanuta, Mars und Bounty nur noch im Doppel- oder Dreifachpack zu kaufen gibt, dass zahllose Pizzaläden „All You Can Eat"-Orgien anbieten, dass sich an den Super-Size-Fritten bei McDonald's und Burger King selbst Zehnkämpfer nach einem

ERNÄHRUNG

„Ernährungsberater verschönern
das Leben nicht."

GARRI KASPAROW
Ehemaliger Schachweltmeister

„Wer beim Gemüsekauf spart, ist ein Idiot."

MARTINA GEDECK
Schauspielerin

„Knoblauchschwaden duften köstlicher
als eine ganze Wolke Chanel."

SENTA BERGER
Schauspielerin

„Mit der 38er-Bahn von der Wiener Ringstraße
nach Hietzing: Bei der Endhaltestelle ist ein
Wirtshaus, das die besten Schnitzel serviert."

JOHN IRVING
Schriftsteller

„Bestell bei McDonald's nur Burger mit Extra-
käse. Die werden dann frisch zubereitet."

ROBBIE WILLIAMS
Musiker

„Tintenfisch in eigener Tinte ist auf den ersten
Blick sehr unansehnlich. Schmeckt aber super."

JOSCHKA FISCHER
Ehemaliger Außenminister

Wettkampf überfressen würden. Ein Beispiel? Nehmen wir ein extremes: das „Riesen-Menü" eines amerikanischen McDonald's-Restaurants. Ein „Double Quarter Pounder mit Käse", eine Super-Size-Portion Pommes frites, ein Nachtisch-Monstrum namens „Chocolate Triple Thick Shake" liefern zusammen mächtige 2530 Kalorien ... und da ist noch keine Cola mitgerechnet.

Nein, es ist natürlich nicht so, dass immer größere Menschen immer verfressener werden. Stattdessen sollte uns bewusst werden, dass das Geschäft mit Lebensmitteln ein gigantischer Markt ist – und dass auf diesem Markt das Angebot die Nachfrage bestimmt, nicht umgekehrt. In seinem Buch *Fat Land* erklärt der Journalist Greg Critser, wie seine amerikanischen Landsleute „die fettesten Menschen der Welt" wurden: Er beschreibt sie als Opfer einer ewig expandierenden Lebensmittelindustrie. Die US-Landwirtschaft produziere heute 3800 Kilokalorien täglich für jeden Bürger; 500 mehr als noch vor 30 Jahren und mindestens 1000 Kilokalorien mehr, als die US-Regierung als tägliche Essensration empfiehlt. Die Ernährungswissenschaftlerin Marion Nestle schreibt in ihrem Buch *Food Politics*: „Um die Aktionäre zufriedenzustellen, müssen Lebensmittelkonzerne die Menschen überzeugen, mehr von ihren Produkten zu essen oder nicht die der Konkurrenz vorzuziehen. Das ist die Ursache vieler Ernährungsprobleme." Hinter den Doppel-Snickers-Packungen, die es auch in Deutschland in jedem Supermarkt und an jeder Tankstelle zu kaufen gibt, steckt die einfache Rechnung, dass vergrößerte Portionen zu einem mäßig erhöhten Preis dem Konsumenten das gute Gefühl geben, zu sparen – der Hersteller dabei aber auch profitiert, weil die verkaufte Menge des Nahrungsmittels nur einen kleinen Teil der Gesamtkosten ausmacht (teurer sind Verpackung, Lieferung, Personal, Marketing), und er mit größeren Portionen seinen Umsatz und seinen Marktanteil erhöhen kann.

„All You Can Eat"-Angebote lohnen sich aus den fast gleichen Gründen. Die Kunden essen vielleicht mehr – aber dafür spart der Restaurantbetreiber, indem er weniger Köche größere Portionen vorkochen lässt und seine Gäste an Warmhalteplatten schickt, statt sie von teurem Servicepersonal bedienen zu lassen (außerdem müssen die hochrentablen Getränke weiterhin zum Normalpreis gekauft werden).

Und wie lohnen sich die Riesen-Menüs bei McDonald's? Ganz einfach: Die cleveren Rechner der Imbisskette wissen genau, dass sie an einem Hamburger relativ wenig, an einer Portion Pommes relativ viel verdienen. Also kombinieren sie das ertragsreiche Produkt mit dem ertragsarmen und bieten es zusammen zu einem Menü-Preis an, der unter der Summe der Einzelpreise liegt. Kommt jetzt ein „schlechter" Kunde an die Reihe, der gegen seinen kleinen Hunger eigentlich nur einen Burger bestellen will, wird ihm an der Kasse das Menü-Angebot „Burger plus Pommes plus Cola" empfohlen. Der Kunde sieht: Ah, wenn ich das Menü nehme, kriege ich zu einem nur leicht höheren Preis mehr zu essen – und wählt das Menü. Für McDonald's wird er jetzt von einem „schlechten" zu einem „guten" Kunden, weil er mehr konsumiert. Der Kunde hat über die Freude an dem günstigen Angebot längst vergessen, dass er eigentlich nur einen Burger essen wollte. Er hat jetzt nicht nur mehr bezahlt, als ursprünglich geplant – er isst auch mehr.

KURZE FRAGE: *Wer ist in diesem Fall der schlaue Rechner – der Kunde oder der Konzern?*

Was und wie wir essen hängt auch stark davon ab, wie unsere Eltern uns erzogen haben. Kinder mögen meistens dasselbe wie ihre Eltern: Gab es zu Hause oft deftige Hausmannskost, essen die Kinder später ebenso gern deftig. Tischregeln wie „Iss viel, damit du groß und stark wirst" oder „Der Teller wird aber leergegessen" untergraben das „natürliche Sättigungsgefühl" von Kindern. Jeder dritte Befragte der Forsa-Umfrage, der als Kind mit Süßigkeiten getröstet oder belohnt wurde, hellt sich heute selbst die Laune mit Naschzeug auf. Und wir sind Gewohnheitsesser: Mit 30 Jahren haben wir im Schnitt 40 000 Mahlzeiten zu uns genommen, wir haben ein permanentes Wiederholungstraining absolviert und wissen ziemlich genau, was uns schmeckt. Leider haben wir uns dabei auch oft ein paar schlechte Gewohnheiten antrainiert: Das abendliche Knabbern von Nüssen auf der Couch, das Semi-freddo nach dem üppigen Mittagessen beim Italiener, die Extra-Pommes bei der Fast-Food-Kette – irgendwann haben wir aufgehört, uns zu fragen, ob wir eigentlich gerade hungrig sind oder ob wir nur essen, weil's eben Zeit dafür ist und wir das schließlich immer so machen.

Das ist meistens nur Appetit, echter Hunger ist was anderes. Hunger verspüren wir, wenn die Energiereserven des Körpers nach etwa drei bis vier Stunden ohne Nahrung langsam zur Neige gehen. Dann fällt der Blutzuckerspiegel, Botenstoffe im Gehirn wecken das Verlangen zu essen.

KURZE FRAGE: *Wann hast du zuletzt echten dringlichen Hunger verspürt?*

Nee, das ist noch nicht alles. Neben der Macht der Werbeindustrie, den cleveren Marketingmaßnahmen der Nahrungsmittelverkäufer und der Prägung durch unsere Erziehung gibt es noch andere Faktoren, die unser Verhältnis zum Essen durcheinanderbringen. Einen davon nennen wir mal den „Ich mach's wie du"-Faktor: Die meisten von uns werden beeinflusst von den Essgewohnheiten unserer Mitmenschen, bewusst oder unbewusst. Kurz gesagt: Übergewicht ist ansteckend – wer dicke Freunde hat, neigt eher zu Übergewicht als andere. Wenn Tischgenossen nach dem Hauptgang noch eine Nachspeise bestellen, tun wir das oft auch – und wenn es nur aus Höflichkeit ist, den anderen seine Profiteroles nicht alleine essen zu lassen. Mit anderen zu essen ist leider ganz grundsätzlich eine besonders effektive Methode, um zuzunehmen (ja, eine schreckliche Nachricht). Wer mit einer anderen Person isst, nimmt im Schnitt 35 Prozent mehr zu sich als alleine. In einer Vierergruppe isst man etwa 75 Prozent mehr, in einer Gruppe von sieben oder mehr Menschen bis zu 96 Prozent mehr.

Einen anderen Faktor nennen wir mal den „Heidi-Klum-Faktor". Denn neben den Mechanismen, die uns dazu bringen sollen, viel zu essen, gibt es auch einige, die normalgewichtigen Menschen weismachen sollen, dass sie zu dick sind. Einer dieser Mechanismen ist die Sendung *Germany's Next Topmodel*, moderiert von dem Model Heidi Klum (die lustigerweise auch Werbung für McDonald's macht). Eine Szene aus der zweiten Staffel der Sendung, die bis zu 4,5 Millionen Zuschauer hat und vor allem bei jungen Frauen Topquoten erreicht: Da fragte der Juror Peyman Amin die Modelanwärterin Yvonne ernst:

PEYMAN: „*Hast du an deinem Gewicht schon gearbeitet?*"
Mit 1,74 Metern Körpergröße und einem Gewicht von 54 Kilo ist Yvonne für eine Laufstegkarriere angeblich zu dick.
YVONNE: „*Ja, ich esse weniger, ich trinke mehr Wasser.*"
PEYMAN: „*Das ist sehr gut.*"

Als die 17-Jährige später hinter den Kulissen und von der Jury unbeobachtet in einen Muffin beißt, quält sie sofort das schlechte Gewissen. „Wenn die das sehen würden, würden die mich rausschmeißen." Yvonne ist klar: Wenn sie nicht noch ein paar Kilos verliert, wird sie den begehrten Modeljob nicht erhalten.

Stellen wir uns eine mündige Zuschauerin vor, die *Germany's Next Topmodel* nur sieht, weil man sich da so unterhaltsam fremdschämen kann. Die sich von dem propagierten Schönheitsideal des ultradünnen Glamourgirls nicht anstecken lässt, sondern nach Lust und Laune isst. Die ebenso wenig auf die Psychotricks der Fernsehwerbung reinfällt wie auf die schlauen Kniffe der Marketingstrategen im Supermarkt. Die ihr Essen mit Bedacht zubereitet und genießt, statt gedankenlos alles Mögliche in sich reinzustopfen, weil sie ahnt, dass wir in einem Alltag leben, den Wissenschaftler ein „Obesogenic Environment" nennen – eine Umwelt, die Fettleibigkeit fördert. Diese junge Frau hat sich außerdem ausreichend weit von den Erziehungsmaßnahmen ihrer Eltern emanzipiert, um einen halbvollen Teller stehen lassen zu können, wenn sie keinen

Hunger mehr hat. Die mit Genuss isst, bis sie sich satt fühlt, die Sport treibt und Obst isst, und zwar auf Alkohol nicht verzichtet, sich aber auch nicht jeden Abend volllaufen lässt. Die also alles richtig macht. Geben wir ihr einen Namen, weil sie so sympathisch ist. Nennen wir sie Friederike.

Klingt bescheuert, aber: Obwohl Friederike alles richtig macht und sich tadellos ernährt, kann es sein, dass sie nach den gängigen Rechenmodellen deutlich übergewichtig ist. Das kann zwei Gründe haben, und für beide ist sie nicht verantwortlich.

Zum einen ist es denkbar, dass Friederike bei der genetischen Lotterie, an der wir alle bei unserer Geburt teilnehmen, einfach Riesenpech hatte. Denn in erster Linie bestimmt nicht unser Lebenswandel, sondern unsere genetische Veranlagung unseren Körperbau. In einem Forschungsprojekt Mitte der 80er-Jahre konnten dänische Wissenschaftler neben den Daten von Adoptivkindern und ihren Adoptiveltern auch die Werte der biologischen Eltern untersuchen. Die 540 erwachsenen Adoptivkinder wurden in vier Gewichtsklassen eingeteilt. Während die Gewichtsklassen der Kinder ziemlich genau mit denen ihrer biologischen Eltern übereinstimmten (davon fast exakt mit denen der Mütter), fand man überhaupt keine Übereinstimmungen mit den Gewichtsklassen der Adoptiveltern, bei denen sie aufgewachsen waren. „Die Ernährungsweise zu Hause hat keinen nennenswerten Einfluss auf die Gewichtentwicklung der Kinder, während die Abstammung diese sehr stark beeinflusst", schlossen die dänischen Forscher.

AUCH WENN MAN SICH GANZ NORMAL ERNÄHRT, GILT MAN HEUTE SCHNELL ALS ZU DICK.

Natürlich kann auch ein Dünngeborener dick werden, wenn er sich dauerhaft schlecht ernährt oder sein Körper mit Fettpolstern auf anhaltenden negativen Stress reagiert (Stress gilt überhaupt als Dickmacher). Die McDonald's- und „All You Can Eat"-Beispiele oben haben gezeigt, warum und wie das passieren kann. Aber umgekehrt haben es Menschen mit einer

Veranlagung zu Übergewicht schwerer, Fettpolster zu verlieren. Der Kinderpsychiater Johannes Hebebrand von der Universität Duisburg-Essen formuliert es so: „Zu selten wird zur Kenntnis genommen, dass stark Übergewichtige es wegen ihrer genetischen Veranlagung zum Teil kaum schaffen können, langfristig wesentlich dünner zu werden." Der Arzt Gunter Frank sekundiert in seinem Buch *Lizenz zum Essen*: „Fest steht, dass jemand, der stark übergewichtig ist, in allererster Linie nicht durch eigenes Handeln so ist, wie er ist, sondern durch die genetische Mitgift seiner Eltern."

Der zweite Grund, weswegen Friederike als dick gilt, obwohl sie sich ganz normal ernährt, ist noch vertrackter: Schuld ist vor allem ein Rechenmodell, nach dem wir üblicherweise in (Über-)Gewichtsklassen eingeteilt werden: der sogennante Body-Mass-Index (BMI). Berechnet wird er, indem man sein Körpergewicht in Kilogramm dividiert durch die Körpergröße in Metern zum Quadrat. Trost für Friederike: So ziemlich alle ernsthaften Forscher sind sich einig, dass dieses Modell eigentlich nichts taugt. Der BMI beschreibt reine Körpermasse, er unterscheidet nicht zwischen Fett-, Knochen- und Muskelmasse, er vernachlässigt den Körperbau und ethnische Unterschiede und er sagt nichts darüber aus, an welcher Körperstelle sich Fett konzentriert. Der Autor Paul Campos lästert in seinem Buch *The Obesity Myth*: „Gemessen an seinem BMI wäre Mädchenschwarm Brad Pitt übergewichtig und Russell Crowe in *Gladiator* sogar fettleibig."

Dasselbe gilt für die umherwabernden Begriffe des „Normal- und Idealgewichts". Im besten Fall sind das Faustregeln – aber es ist interessant zu wissen, dass es die amerikanische Versicherungsgesellschaft Metropolitan Life war, die 1959 mit einer eigenwilligen Berechnungsgrundlage das „Idealgewicht" erfand und außerdem pauschal feststellte, dass schlanke Menschen auch länger leben. Warum? Um von da an höhere Beiträge von allen Mitgliedern zu verlangen, die über der willkürlich gesetzten Norm lagen.

Wenn Friederike genau wissen wollte, ob sie zu dick oder zu dünn ist, müsste sie sich schon bei einem Ernährungswissenschaftler vermessen lassen. Das klingt dann so, wie es der Arzt Gunter Frank in seinem Buch *Lizenz zum Essen* formuliert: „In der westlichen Medizin werden Menschen in unterschiedliche Körpergruppen eingeteilt, darunter sind leptosome (lang, hager, fettarm) und pyknosome (kompakt, mollig, fettreich). Vereinfachte Unterscheidung: Der Leptosome braucht tendenziell Wärme, dem Pykniker ist in der Regel eher heiß. Die Körperform eines Menschen wird hauptsächlich von seinen Fettpolstern und seiner Muskulatur bestimmt. Wenn ich den Körperbau eines Menschen beurteilen möchte, muss ich als Erstes abschätzen, an welchem Punkt der Körperfettskala – also wo zwischen den Polen „pyknisch" und „leptosom" – er sich befindet. Dann überlege ich, wo er auf der Muskulaturskala zwischen den Polen „hyperelastisch" (athletisch) und hypoplastisch" (schmächtig) einzuordnen ist. Die erste Position sagt mir als Arzt, wie viel Wärme oder Kälte ein Patient verträgt, wie sein Gewicht auf Stress reagiert oder wie belastbar seine Verdauung ist. Die Ausprägung seiner Muskulatur gibt mir hingegen Hinweise, wie viel Sport der Betreffende braucht."

Aber selbst wenn Friederike vom Fachmann für normalgewichtig erklärt wird, kann es sein, dass sie sich zu dick fühlt. Möglicherweise, weil sie einem bestimmten modischen Ideal nacheifert, dass ihr auch jenseits von *Germany's Next Topmodel* eingetrichtert wird. Nicht unwahrscheinlich, dass die Diätindustrie ihr diesen Floh mit einer gezielten Werbebotschaft ins Ohr gesetzt hat – denn wie die Lebensmittelindustrie ist auch sie ein Milliardengeschäft. Den Ernährungswissenschaftler Udo Pollmer macht diese Erkenntnis immer wieder wütend: „Jede erfolgreiche Branche weiß, wie ihr Geschäft läuft. Schaut her, heißt es, ihr seid dick, hässlich und krank. Mit unseren Produkten, Geheimtipps und Dienstleistungen werdet ihr schön, jung und fit. Seit Jahrhunderten der gleiche Schmäh! Dabei läuft es so: Mit Kalorien wird das Gehirn mit Energie versorgt, Bewegung ermöglicht und Körperwärme bereitgestellt. Wenn Nahrung knapp wird, weil wir Diät halten, verbessert unser Körper die Isolation: Er legt sich eine dickere Fettschicht zu und verhindert damit Wärmeverluste. Gegen diese Überlebensstrategie sind wir machtlos."

Auch mit den gängigen Schönheitsidealen kann Pollmer nichts anfangen: „Mein Körper ist meine Natur, ich kann ihn nicht designen! Staksige Models gelten gerade als schön – aber ich habe nicht vor, auf einem Laufsteg zu enden. Was glauben Sie, wie in der Modebranche Gewicht kontrolliert wird? Durch Magersucht, Erbrechen und Kokain."

Alle möglichen Kräfte aus allen möglichen Richtungen drängen uns dazu, das Falsche zu essen – und davon immer mehr. Die große Frage ist, ob die sympathische Strategie vieler Ernährungswissenschaftler – „Kümmer dich nicht und iss, was dir schmeckt!" – dagegen ein probates Mittel sein kann. Oder ob wir nicht doch lernen müssen, mit Augenmaß zu essen. Nicht um abzunehmen – aber um der regelmäßigen milliardenteuren Gehirnwäsche der Lebensmittel-, Mode- und Diätindustrie etwas entgegensetzen zu können: unser Bewusstsein. Der Bauch entsteht im Kopf.

Und was das Abendessen mit Freunden angeht: Auch wenn's kompliziert wird und nervt, auch wenn wir mit anderen am Tisch mehr essen als alleine – es kann doch ein schöner Abend werden: Bei einem Raclette kann sich jeder selbst was kochen.

„DAS GEHEIMNIS: REGELMÄSSIG ESSEN!"

Spitzenkoch Tim Mälzer (Kochbuch, ‚Born To Cook')
spricht über eine ganz simple Diät und die Kunst
des richtigen Supermarkt-Einkaufs.

Herr Mälzer, der Spaß am Essen und die Sorge um unser Körpergewicht stehen blöderweise in direktem Zusammenhang. Wie gehen Sie mit diesem Dilemma um? — *Erstmal lasse ich mir den Spaß am Essen nicht verderben. Der Genuss steht im Vordergrund, ich koche so, dass mir das Gericht am besten schmeckt. Es braucht Butter? Dann kriegt es Butter. Es fehlt ein Schuss Sahne? Dann eben Sahne.*

Beim Durchschnittsdeutschen führt diese Einstellung zu Gewichtsproblemen. — *Bei mir auch! Wie die meisten Leute in Deutschland schleppe auch ich hin und wieder drei, vier, fünf Kilo zu viel mit mir rum. Wenn's wieder so weit ist, muss ich meine Ernährung ein wenig umstellen und verzichte für einige Wochen auf drei Dinge: Alkohol, Weißmehl und Zucker.*

Das genügt? — *Fast. Das Geheimnis eines einigermaßen stabilen Körpergewichts lautet: regelmäßig essen. Klingt erstmal komisch, stimmt aber. Wer jeden Tag in ähnlichem Rhythmus und halbwegs vernünftiger Menge Frühstück, Mittagessen und Abendessen zu sich nimmt, wird nicht dick werden – einfach deshalb, weil sein Magen immer einigermaßen gut gefüllt ist und er sich nicht um halb vier nachmittags Schoko, Kekse oder Cola reinfeuern muss, um seinen Heißhunger zu stillen. Ich kenne*

*das von mir selbst: Wenn ich viel unterwegs bin,
komme ich tagsüber oft nicht zum Essen. Abends
hocke ich dann am Flughafen und esse eben doch
das blöde Pappsandwich und ein Snickers, auch
wenn ich weiß, dass das Mist ist.*

**Würde es helfen, ganz auf den Supermarkt zu verzichten und nur noch
frische Ware auf dem Markt einzukaufen?** — *Kann sein, dass
das helfen würde ... es ist aber eine alberne Vorstellung. Ich verzichte auf den Einkauf bei Dis-
countern, aber ein ordentlicher Supermarkt gehört
einfach zu unserem Leben, und praktisch ist er
auch. Erster Tipp: Nicht hungrig einkaufen. Wer
mit großem Appetit durch den Supermarkt läuft,
ist anfälliger für den ganzen Scheiß, den uns die
Lebensmittelindustrie mit perfiden Marketing-
tricks andrehen will. Zweiter Tipp: Mehr bei den
Leuten kaufen, weniger aus der Vitrine. Der Supermarkt sollte einen Fleischer und eine Käsetheke
haben, und meistens kriegt man da bessere und
frischere Sachen als bei der abgepackten Ware.*

**Welches Nahrungsmittel haben Sie komplett von Ihrem Speiseplan ge-
strichen?** — *Cornflakes. Gesüßte Kohlehydrate – so
ziemlich das leerste Lebensmittel, das man sich
vorstellen kann. Lustigerweise denkt alle Welt,
Cornflakes seien gesund, dabei liegt das – wenn
überhaupt – an der Milch, die man zugibt.*

TIM MÄLZER *zählt zu den beliebtesten deutschen Köchen.
Neben seiner Kochsendung in der ARD führt er ein
neues Restaurant in Hamburg – die „Bullerei".*

06 AUSBILDUNG

Soll ich mit meiner Ausbildung von Anfang an einen vielversprechenden Beruf anstreben – oder lernen, was mich am meisten interessiert?

9372 Studienmöglichkeiten an deutschen Hochschulen … kein Wunder, dass die Entscheidung so schwerfällt! — Mal nur ans Geld gedacht: Welche Ausbildung das beste Einkommen verspricht — Gute Argumente für ein scheinbar brotloses Studium — Wie unglücklich Christian Ulmen bei seinem ersten Job war (und warum er nach kurzer Zeit gekündigt wurde)

Jetzt bist du reif. Du sollst eine Entscheidung treffen, vielleicht die wichtigste deines bisherigen Lebens. Du willst die nächsten Jahre damit verbringen, etwas zu lernen. Aber was genau das sein soll, ist dir noch nicht klar.

Es gibt diese Menschen, bei denen schon sehr früh klar war, was sie später machen würden: Weil sie mit fünf Jahren ihre erste eigene Sendung im Kinderradio moderieren durften oder schon im Gymnasium eine steile politische Karriere hingelegt haben. Normal ist das nicht. Die meisten von uns haben nach dem Schulabschluss bestenfalls eine vage Ahnung davon, wer sie sind, geschweige denn, was sie werden wollen.

Vielleicht hattest du vor, das Ganze auf die leichte Schulter zu nehmen, irgendwas in Richtung Biologie zu studieren, weil du darin in der Schule gut warst. Aber je näher der Moment rückt, in dem du ein freier Mensch sein wirst, in dem weder Schule noch andere Pflichten dich binden, desto nervöser wirst du. Es ist ja auch verrückt: In dem Moment, in dem das Leben richtig anfängt, sollst du schon wissen, wie es in 20 Jahren aussehen soll. Wie, verdammt nochmal, sollst du das entscheiden?

Laut deutschem Hochschulverband gibt es in Deutschland 9372 Studienmöglichkeiten. Ein Erststudium dauert, je nach Abschluss, mindestens drei Jahre, Mediziner studieren mindestens sechs, und wenn das Studium fertig ist, fängt das Berufsleben, das ja darauf aufbaut, erst an. Erwerbstätige in Deutschland arbeiten heute

ACHTUNG, ACHTUNG: „MIT DEM BERUF ENTSCHEIDET MAN SICH AUCH FÜR EINEN CHARAKTER."

durchschnittlich acht bis zehn Stunden pro Tag. Der Druck, der auf deiner Studienwahl lastet, ist also enorm, und wahrscheinlich wird er größer, während du das hier liest und je mehr du darüber nachdenkst. Der Psychologe Heinrich Wottawa, der für die Universität Bochum einen Test für Studien- und Berufswahl entwickelt hat, hat Recht, wenn er sagt: „Mit einem Beruf entscheidet man sich auch für einen Charakter." Spätestens, wenn du dir das klarmachst, wird dir auch klarwerden: Es geht hier um dein Leben.

Willkommen in der Zwischenwelt. Hier landet jeder, der weiß, dass er studieren wird – die Wahl des Fachs aber noch vor sich hat. Das Gute an der Zwischenwelt ist, dass hier so gut wie alles möglich ist: Du kannst Archäologie studieren oder Jura, du kannst dich sofort entscheiden oder dich erst einmal für sechs Monate an einen Strand in Goa legen und das Ganze gründlich überdenken. Das Schlechte an der Zwischenwelt ist, dass es schwerer wird, sie zu verlassen, je länger du dortbleibst. Es gibt Typen, die seit 20 Jahren dort sind, die auf dem Rucksacktrip nach dem Abi in Thailand hängengeblieben sind und heute das Geld für ihre Joints damit verdienen, dass sie selbst gehäkelte Schmuckkettchen am Straßenrand verkaufen.

So willst du nicht enden? Also fängst du an, dich mit Studienführern einzudecken, gehst zur Berufsberatung, und wahrscheinlich erwischst du dich dabei, wie du im Internet ratlose Forumseinträge machst, Titel: „Hilfe! Medizin oder Politikwissenschaft?!" Irgendwann wendest du dich an die Menschen um dich herum, und auch das hilft nicht wirklich:

DEINE ELTERN FINDEN: Mach um Gottes willen etwas, mit dem du später ordentlich Geld verdienen kannst, Kind. Heutzutage kann man nicht mehr einfach so drauflosstudieren wie wir damals. Ach, und wir wollen übrigens auch noch stolz auf dich sein, also werde bloß kein Blumenkind wie dein großer Bruder.

DEIN GROSSER BRUDER SAGT: Hör nicht auf die Alten. Lebe einfach deinen Traum, was immer er ist. In unserer Landkommune in der Eifel wird übrigens demnächst ein Zimmer frei, du hättest deinen eigenen Growschrank – na?

DER BERUFSBERATER SAGT: Momentan sind Mechatroniker schwer gefragt. Ach, Sie wissen gar nicht, was das ist? Kennen Sie denn wenigstens die aktuellen Hochschulrankings?

DEIN(E) FREUND(IN) SAGT: In Österreich kann ich Psychologie zulassungsfrei studieren! Du kommst doch mit, oder?

Falls du angesichts all dessen das Bedürfnis verspüren solltest, in Schreckensstarre zu verfallen: Tu dir keinen Zwang an. Du wärst nicht der Erste. Wenn du damit fertig bist, vergiss am besten erst einmal alles, was dir Freunde, Verwandte und Geliebte zu dem Thema sagen. Vergiss auch deine Lehrer, den Berufsberater und Ratschläge aus dem Internet, schmeiß die Zeitschriften mit den Hochschulrankings weg. Was du mit dir selbst klären musst, vor allem anderen, ist eine grundsätzliche Frage. Sie lautet: Wie wichtig ist dir Geld?

Warum die Frage wichtig ist, liegt auf der Hand: Nicht jedes Studium, das spannend klingt, lässt sich später in einen Beruf übersetzen. Umgekehrt ist nicht jedes karrieretaugliche Fach geeignet, dich in den Vorlesungen wach zu halten.

Das Bundesministerium für Bildung hat Studienanfänger befragt und herausgefunden, dass die meisten Geldfragen eher zweitrangig fanden: Sie gaben an, dass ein spannendes Studium für sie wichtiger sei als die Aussicht auf dicke Gehaltsschecks im späteren Berufsleben. „Träume nicht dein Leben – lebe deinen Traum." Der Spruch steht in Universitäten auf jeder zweiten Klotür.

Seltsam also, dass die Statistik der Studienabschlüsse dem zu widersprechen scheint: In der Top Ten der beliebtesten Studienfächer liegen die Technik- und Wirtschaftsstudiengänge vorne. Während in der Hitliste der weiblichen Studenten auch die weniger spitzengehaltverdächtigen Fächer Psychologie, Pädagogik und Biologie vorkommen, konzentriert sich die Mehrzahl der Männer auf handfeste Technik- und Wirtschaftsstudien. Völlig einig sind sich Männer und Frauen aber wieder bei der absoluten Nummer eins der beliebtesten Fächer: Es ist die Betriebswirtschaftslehre – das Fach mit dem größten Geldverdiener- und dem kleinsten Spaßimage überhaupt.

Entweder, ein Großteil der deutschen Studenten hat riesigen Spaß daran, sich mit Managementtheorien und Rechnungswesen zu beschäftigen – oder viele studieren entgegen ihren eigenen Wünschen und Vorlieben. Ein Grund dafür könnte die Angst sein. Die Zeiten sind (das liest du hier nicht zum ersten Mal) unsicher. Deine Eltern haben schon Recht, wenn sie sagen, dass die Studienbedingungen sich geändert haben: Zum einen kostet das Studium dank Gebühren heute wesentlich mehr Geld, zum anderen studieren heute viel mehr Menschen als früher. Die Konkurrenz ist knallhart.

Willkommen im Haifischbecken. Es ist der Ort, der dich erwartet, wenn du mit dem Studium fertig bist. Das Haifischbecken heißt auch Arbeitsmarkt, und genau darum geht es: Du trägst das, was du hast, auf den Markt: dein Talent, dein Wissen, deine Teamfähigkeit. Anders als in der Schule reicht es hier nicht mehr, gute Noten zu haben. Du musst dein Können gut verkaufen, um einen Job zu kriegen. Und auch den wirst du übrigens aller Wahrscheinlichkeit nach nicht lange behalten. Nach Ansicht von Experten wirst du in deinem Leben wahrscheinlich drei- bis fünfmal einen grundlegenden Berufswechsel vornehmen. Haben wir schon erwähnt, dass die Konkurrenz knallhart ist?

Die positive Nachricht lautet: Ein Studium, egal welches, ist schon einmal eine gute Entscheidung. Akademiker sind am seltensten von Arbeitslosigkeit betroffen und verdienen mehr als Nichtstudierte. Manche werden dir sagen, dass es genau deswegen sowieso egal ist, was du studierst. Denn sofern du mit Begeisterung dabei bist,

EIN STUDIUM IST SCHON MAL EINE GUTE ENTSCHEIDUNG. EGAL WELCHES.

wirst du darin auch erfolgreich sein. Das meint auch der globale Jobberater-Guru Richard Nelson Bolles. Sein Buch *Durchstarten zum Traumjob*, dessen Originaltitel übersetzt übrigens „Welche Farbe hat dein Fallschirm" lautet, hat Millionen Menschen den Eindruck vermittelt, dass auch ein Karpfenfischer IBM leiten kann, wenn er es wirklich will – und solange er bei der Jobsuche Bolles' Techniken beherrscht. Schön wär's.

Einmal Realitätscheck, bitte: In Wirklichkeit gibt es leider gravierende Unterschiede, was die berufliche Perspektive

der verschiedenen Fachrichtungen betrifft. Die Unternehmensberatung McKinsey hat dazu in Zusammenarbeit mit dem
Spiegel eine umfassende Studie erstellt. Sie gibt deutliche Antworten auf die Frage, welche Fächer sich rein wirtschaftlich zu
studieren lohnen. Am besten zahlen sich demnach technische
und wirtschaftswissenschaft-
liche Studiengänge aus, auch **OFT SIND GEISTESWISSEN-**
die Naturwissenschaften loh- **SCHAFTLER AUCH SECHS MONATE**
nen sich ... mit Ausnahme der **NACH DER UNI NOCH ARBEITSLOS.**
Biologie. Studenten, die einen
Abschluss in diesen Fächern machen, finden in der Regel bald
danach einen Job, bekommen häufig unbefristete Verträge und
steigen mit einem Anfangsgehalt von satten 3000 Euro im Monat
ins Arbeitsleben ein. Laut einer Studie der Alfred-Herrhausen-
Gesellschaft der Deutschen Bank sind diese Studiengänge auch
die einzigen, die eine volkswirtschaftliche Rendite bringen.
Anders gesagt: Für den Staat lohnt es sich, Juristen zu unter-
richten, da diese später im Arbeitsleben die Wirtschaft ankur-
beln – während Germanisten bloß Geld kosten, da sie keine
Jobs finden. Angesichts der Krise auf den Weltfinanzmärkten
verkündete auch die Bundeskanzlerin im Herbst 2008 in ihrem
Video-Podcast offen, welche Studenten sie sich vor allem
wünscht: „Wir brauchen in Deutschland Ingenieure und technische Akademiker."

Ganz Unrecht hat sie nicht, die Bundeskanzlerin: Auf
dem deutschen Arbeitsmarkt sieht es für Geistes- und Kulturwissenschaftler wirklich nicht besonders rosig aus. Obwohl sie
häufig besser qualifiziert sind, mehr Sprachen sprechen und
mehr Praktika abgeleistet haben als die Absolventen anderer
Fachrichtungen, verdienen Geistes- und Kulturwissenschaftler
von Anfang ihrer Berufskarriere an jährlich 10 000 bis 15 000
Euro weniger als ihre Kollegen mit einem BWL-Abschluss.

Im Ausland sieht es damit teilweise besser aus: Während
sich Geistes- und Kulturwissenschaftler in Deutschland manchmal geradezu dafür rechtfertigen müssen, dass sie ein verkopftes

Fach gelernt haben, ist es im angelsächsischen Bereich durchaus normal, ein Bildungsstudium zu machen und anschließend als Controller zu arbeiten. In Deutschland dagegen gelten die nichtwirtschaftlich und nichttechnischen Fächer als abseitige Orchideenfächer – obwohl im letzten Jahr mehr Studenten ihren Abschluss in Germanistik gemacht haben als in Elektrotechnik. Deutsche Arbeitgeber sind gegenüber den Absolventen der Geistes- und Kulturwissenschaften kritisch. Nach der Devise: Schön, dass es Philosophen gibt – aber, mal ehrlich: Wozu sind sie außerhalb der Uni gut? Das Problem der Geistes- oder Kulturwissenschaftsstudenten besteht größtenteils darin, dass sie zwar mindestens genauso viel gelernt haben wie die Ingenieure im Fachbereich nebenan, der Wert ihres Wissens aber nur schwer in der Praxis vorstellbar ist. Anders gesagt: Jeder weiß, dass ein Elektrotechniker nützlich ist – aber was macht ein Indogermanist?

Entsprechend meldete die Agentur für Arbeit im Jahr 2007 nur 507 freie Stellen für Geisteswissenschaftler. In der Regel sind diese sechs Monate nach ihrem Studienabschluss noch arbeitslos – egal, wie gut sie abgeschnitten haben. Ganz schön bitter: Auch ein schnelles Studium, jede Menge Praktika und reichlich Auslandsaufenthalte sind noch keine Garantie für einen Job. Man braucht schon gute Nerven oder eine Portion Realitätsferne, um angesichts solcher Aussichten einen Bachelor in Philosophie anzustreben. Vielleicht fragst du dich jetzt, warum unter diesen Umständen die Fakultäten für Philsophie, Politik und Geschichte nicht längst dichtgemacht wurden. Wozu Literaturexperten ausbilden, wenn sie anschließend auf der Straße landen?

Na ja, nach diesem Prinzip könnte man auch sämtliche Theater und Kunstmuseen schließen. Und selbst Angela Merkel müsste zugeben, dass eine Gesellschaft, die nur aus Ingenieuren und Mathematikern bestünde, reichlich uninspiriert und gleichförmig vor sich hin schrauben und rechnen würde. Philosophen und Theaterwissenschaftler, so viel ist klar, werden gebraucht.

Sie haben es nur um ein Vielfaches schwerer, sich auf dem Arbeitsmarkt durchzusetzen.

Kein Zweifel: Die Studienwahl ist eine Entscheidung, welche die Menschen in Kopf- und Bauchentscheider teilt. Was tun, ist die Frage: Auf einen vielversprechenden Job hinstudieren oder der Leidenschaft folgen? Und was, wenn diese Leidenschaft „Byzantinistik" heißt? Trotzdem BWL studieren, gemeinsam mit deutschlandweit circa 24 000 Kommilitonen? Es spricht wirklich nichts dagegen – sofern BWL mindestens deine zweitliebste Wahl ist. Andernfalls stehen die Chancen gut, dass das Studium und damit vermutlich auch dein späterer Job dich sehr unglücklich machen werden.

Es hilft sehr, wenn du dir genau überlegst, wie ein glückliches Leben für dich auszusehen hätte. Und da kommt leider schon wieder die Geldfrage ins Spiel: Dein Verstand wird dir, nach allem, was du jetzt weißt, eher in Richtung eines Studiengangs raten, der dich auf möglichst direktem Weg auf einen gut dotieren Chefsessel befördert. Stimmt schon: In unserer Gesellschaft ist ein gefülltes Bankkonto scheinbar die Grundlage für fast alles weitere. Kaum jemand schafft das Kunststück, wirklich glücklich sein, der sich darum sorgen muss, wie er seine Krankenversicherung im nächsten Monat bezahlen soll.

„Das Leben ist keine Rechenaufgabe! Und Glück nicht das, was herauskommst, wenn man eine Menge Gehaltsschecks addiert", hält das Bauchgefühl (hoffentlich) dagegen. Demnach müsstest du dir ein Fach in erster Linie danach aussuchen, was du selbst wichtig und spannend findest. Wenn du damit reich wirst – gut! Wenn nicht, ist es aber auch okay. Denn was bringen dir Villa, Yacht und Porsche, wenn du dafür den ganzen Tag in einem sinnentleerten Job schuften musst noch dazu mit Menschen, die dich anöden?

Was stimmt? Die Antwort, so widersprüchlich das auch klingen mag, lautet tatsächlich (und auch nicht zum ersten Mal in diesem Buch): beides.

Kleiner Exkurs in die Glücksforschung:

Jahrzehntelang glaubten die Forscher, dass Reichtum und Glück nichts miteinander zu tun hätten. Die Annahme basiert auf dem Easterlin-Paradox, benannt nach Richard Easterlin, der es in den 70er-Jahren anhand einer umfassenden Studie postulierte. Es besagt: Die Menschen werden immer reicher, aber sie werden deswegen nicht glücklicher. Ist einmal die obere Mittelschicht erreicht, gehts glücksmäßig nicht mehr weiter. Mehr noch: Je mehr Geld Menschen besitzen, desto unglücklicher werden sie. Seit seiner Entdeckung war das Easterlin-Paradox ein vielzitiertes Argument gegen Karriereplanung: Wozu aufsteigen, wenn Geld ohnehin nicht glücklich macht?

Seit kurzem aber gibt es neue Studien, die Easterlin deutlich widersprechen: Geld steigert die Zufriedenheit demnach sehr wohl – auch bei Leuten, die schon viel haben. Andere Studien präzisieren das Ergebnis: Geld macht einen Menschen demnach vor allem dann glücklich, wenn er sich mit einem weniger reichen Menschen vergleichen kann. Das ist nicht besonders sympathisch, aber so sind wir nun einmal gestrickt. Auch diejenigen unter uns, die sehr gut ohne elfenbeinerne Rückenkratzer, Porsche Cayenne (übrigens: ein wirklich schreckliches Auto, oder?) und

VORSICHT! DER ZUSAMMENHANG ZWISCHEN GELD UND LEBENSGLÜCK IST NICHT GEKLÄRT.

Luxusappartement auskommen können, sollten sich also Gedanken darüber machen, ob das, was sie studieren möchten, ihr späteres finanzielles Überleben sichern kann. Denn den alten Allgemeinplatz „Glück ist nicht käuflich" hat die Forschung inzwischen zumindest teilweise revidiert.

Moment! Bevor du dich jetzt auf schnellstem Wege in die nächstgelegene private Wirtschaftsuni einschreibst, solltest du wissen, dass der Zusammenhang zwischen Geld und Glück zwar nicht eindeutig geklärt ist, Einigkeit aber in einem anderen Punkt besteht. Und das ist wirklich das wichtigste Ergebnis der Glücksforschung: Glück ist ein Zustand, den sie als „Flow" bezeichnet. „Flow" meint den Zustand, in dem du dich befindest, wenn du genau dort bist, wo du sein möchtest, und das tust, was du willst. Wie du diesen Zustand erreichst, ist einerseits eine Geldfrage – denn nur dann, wenn du einigermaßen flüssig bist, kannst du mehr tun, als um dein Überleben zu kämpfen. Es ist aber auch eine Charakterfrage: Vielleicht stellt der „Flow" sich ein, wenn du einen internationalen Konzern lenkst, es kann aber auch sein, dass du in Byzantinistik promovieren musst. Sicher ist: Niemand hat etwas davon, wenn du auf einen Job hinstudierst, den du eigentlich gar nicht haben willst – schon gar nicht dein Arbeitgeber. Menschen, die ihre Arbeit hassen, arbeiten erwiesenermaßen schlecht. Trotzdem entscheiden sich viel zu viele Menschen für ein Studium, das sie nicht wollen. Etwa jeder fünfte Deutsche, der ein Studium anfängt, bricht es ab. Zu den wichtigsten Gründen der Abbrecher zählen, dass sie die Lust verloren haben oder doch ein anderes Fach studieren möchten.

Auch wenn es keine Katastrophe ist, ein Studium abzubrechen: schade um die Zeit ist es trotzdem. Deshalb solltest du, bei allem Druck, den die Zwischenwelt und die Aussicht auf das Haifischbecken in dir erzeugen, unbedingt in Ruhe nachdenken. Einfach drauflosstudieren ist genauso naiv wie der Versuch, dein Lebensglück

NICHT VERGESSEN: EIN STUDIUM QUALIFIZIERT UNS FÜR MEHR ALS NUR EINEN BERUF.

zu 100 Prozent von finanzieller Sicherheit abhängig zu machen. Angst ist ein wirklich schlechter Ratgeber, wenn es um Entscheidungsfindung geht.

Der Trick besteht darin, Kopf- und Bauchgefühl so gut es geht in Einklang zu bringen. Zwei Gedanken können dir dabei helfen. Was würdest du studieren, wenn Geld absolut keine Rolle spielen würde? Und was, wenn es dir nur auf das Geld ankommen würde? Dein bestmögliches Studium ergibt sich wahrscheinlich aus einem Kompromiss zwischen beiden Antworten. Will sagen: Du solltest vielleicht noch einmal darüber nachdenken, ob du wirklich die weltweit einzige Professur für Transsexiologie in Amsterdam übernehmen möchtest. Falls du dabei bleibst, nimm zumindest BWL im Nebenfach. Umgekehrt ist ein guter Tipp für BWL-Begeisterte, sich nebenbei auch mit einem ganz anderen Fach zu beschäftigen. Denn in einem sind sich Arbeitgeber meistens einig: Geistige Flexibilität ist in allen Berufen wichtig. Weil Geisteswissenschaftler darin besonders gut abschneiden, hat die Unternehmensberatung McKinsey in einer Kampagne gezielt um sie geworben. Mittlerweile ist weltweit jeder fünfte Berater von McKinsey Geisteswissenschaftler.

Generell gilt: Mit der Wahl deines Studiengangs entscheidest du dich nicht gleich automatisch für eine bestimmte Karriere. Viele verwechseln die Universität mit einer Jobschmiede, in der bestimmte Berufe gelernt werden. Ein Studium bereitet dich aber nicht nur auf einen bestimmten Beruf vor, sondern qualifiziert dich für mehrere. Im Prinzip lässt sich die Universität wie eine Art Fitnessstudio für den Geist verstehen: Du lernst bestimmte Techniken und trainierst dein Denken. So, wie du deine Armmuskeln nicht nur zum Gewichte stemmen, sondern auch zum Rudern, Bäume fällen und zum Tragen schwerer Wasserkästen benutzen kannst, wird auch dein Kopf ganz generell fit (außer natürlich, du verbringst deine Studienzeit ausschließlich in der Uni-Cafeteria und bei Erstsemesterpartys. Das ist natürlich auch eine Möglichkeit ... führt aber früher oder später zu ganz anderen Problemen). Anders hätte es auch gar keinen Sinn: Spezialwissen veraltet heutzutage so schnell, dass du in deinem späteren Beruf ohnehin ständig Neues dazulernen musst.

So gesehen ist die Entscheidung, die du als Erstes treffen wirst, übrigens halb so wild. Denn egal, was du jetzt erstmal lernst: Du wirst dein ganzes Leben weiterlernen müssen. Und: Nichts lässt sich hundertprozentig planen. Dein beruflicher Erfolg wird immer auch davon abhängen, in welche Richtung die Wirtschaftslage pendelt, welche Absolventen gerade besonders gefragt sind, welche Innovationen auf uns alle warten. Dass die Zukunft kaum vorauszuberechnen ist, kannst du jetzt als bedrohlich empfinden. Oder, weil es dir am Ende die Freiheit lässt, eine Entscheidung unabhängig von äußeren Umständen zu treffen, kannst du dich auch einfach darüber freuen: Willkommen in der freien Welt.

„MEINE NAIVITÄT HAT MICH GERETTET"

*Christian Ulmens Erfahrungen mit Berufen, die keinen
Spaß machen, sind begrenzt. Der Schauspieler und
Moderator verließ sich immer auf sein Bauchgefühl, und
das sagte ihm: „Mach was beim Film!"*

**Christian, du hast Theologie studiert. Aus Interesse oder aus Mangel
an Alternativen?** — *Um Zeit zu gewinnen. Ich war aus
einem einzigen Grund eingeschrieben: um meine
Eltern zu beruhigen. Ich bin ihr erstes Kind, und
sie haben sich furchtbar um mich gesorgt, weil ich
mich mein Leben lang nur für Film und Fernsehen
interessiert habe. Erst als ich zu Hause verkündete,
Theologie zu studieren, waren meine Eltern zufrieden: Das erschien ihnen eine vernünftige Ausbildung. Und während sie mich in irgendwelchen
Vorlesungen vermuteten, hatte ich endlich meine
Ruhe, um für den Offenen Kanal in Hamburg zu
arbeiten. Da entdeckte mich dann ein Talent-
scout.*

Gab es einen Plan B zu einer Karriere im Showbusiness? — *Meine
Eltern haben bei all ihrer Sorge um mich über-
sehen, dass ich immer ganz genau wusste, was ich
wollte: unbedingt beim Film arbeiten. Und weil ich
gar nicht unbedingt berühmt werden wollte, sondern wahrscheinlich auch als Cutter glücklich geworden wäre, schien mir das Berufsfeld auch so
weit, dass ich keinen Plan B brauchte. Ich war so
überzeugt von mir und gleichzeitig so naiv, dass
ich keine Angst hatte zu scheitern. Ein sogenannter
sicherer Beruf hat mich nie interessiert. Für mich
war immer klar, dass Arbeit etwas mit Leidenschaft*

zu tun haben muss. Es ist eine wirklich grauen-
volle Vorstellung für mich, nur wegen des Geldes
zu arbeiten.

Wie viel Erfahrung hast du mit miesen Jobs? — *Nach dem Abitur*
zwangen mich meine Eltern, als Aushilfskraft in
der Turnschuhabteilung bei „Karstadt Spiel &
Sport" zu arbeiten. Jeden Tag von 8.30 Uhr bis
18.30 Uhr, es war wirklich unfassbar öde. Beim
Mittagessen in der Kantine gab es unter meinen
Kollegen nur ein einziges Thema: Mit welchen klei-
nen Tricks man sich beim Betriebsarzt ein Rücken-
leiden diagnostizieren lassen kann, um auf Kur
geschickt zu werden. Nach drei Wochen, in denen
ich mich absichtlich ständig verspätete und Pinkel-
pausen ins Unendliche dehnte, zitierte mich mein
Abteilungsleiter zu sich: „Herr Ulmen, Sie müssen
Ihre Arbeitsmoral überdenken!" – „Ja, mach ich",
antwortete ich. „Aber nicht bei uns", sagte er und
schmiss mich raus. Ich freute mich über den über-
raschend freien Tag und spazierte glücklich nach
Hause.

Wie wichtig ist dir Geld? — *Es erschreckt mich bis heute,*
dass ich an Geld wirklich nie viele Gedanken ver-
loren habe. Auf seltsame Art hat mich meine Naivi-
tät auch immer vor Geldproblemen bewahrt: Weil
ich mir jahrelang keine Sorgen um meine Gesund-
heit oder meine Rente machte, hatte ich immer ge-
nügend Geld – weil ich kaum was für Versiche-
rungen ausgab. Das änderte sich, als mit Mitte 20
mein Bewusstsein für die Gefahren des Lebens
einsetzte.

Hat das wieder aufgehört? — *So richtig nicht. Schon gar nicht, seit ich Familie habe. Ich sehe nur zwei Möglichkeiten, um Existenzangst zu verlieren: Wenn du einem religiösen Glauben obliegst und auf Gott vertraust oder wirklich finanziell ausgesorgt hast.*

Vergeht einem der Spaß am Hobby, wenn das Hobby zum Beruf wird? — *Mir nicht.*

Was tun, wenn man zwar Leidenschaft für einen Beruf verspürt – aber keine Begabung? — *Dann ist Kreativität gefragt. Wenn du für dein Leben gerne surfst, aber nicht das Zeug zum Weltmeister hast, kannst du immer noch einen Surf-Laden aufmachen. Nicht dasselbe, zugegeben. Aber wenigstens näher dran.*

Aber für den eigenen Surf-Shop muss man auch erst BWL studieren. — *Ach, immer dieser Ausbildungszwang! Nachdem mein Schwiegervater „Herr Lehmann" im Kino gesehen hatte, sagte er zu mir: „Jetzt wird's aber langsam Zeit, dass du auf eine Schauspielschule gehst." Einen Beruf durch ein Studium oder eine Lehre korrekt erlernt zu haben ist lustigerweise für viele immer noch die Voraussetzung, ihn auch auszuüben zu dürfen. Stimmt vielleicht für Ärzte, aber für viele andere Berufe – Schauspieler, Surf-Shop-Besitzer – ist ein Studium nur eines von vielen Angeboten, um sich das nötige Wissen anzueignen. Vieles lernt man nur, wenn man es macht.*

CHRISTIAN ULMEN *zählt zu den bekanntesten deutschen Schauspielern (‚Herr Lehmann', ‚Maria, ihm schmeckt's nicht'). Im Internet ist er auf ulmen.tv zu sehen.*

07 FREUNDSCHAFT

Soll ich zu alten Freunden Kontakt halten – oder darauf vertrauen, dass wir uns nicht aus den Augen verlieren werden?

Warum Facebook den Umgang mit Freunden oft komplizierter macht — Mal kurz nachzählen: Wie viele Freunde sind echte Freunde ... und wer nur ein „nützlicher Kontakt" — Was an dem Freundschaftsbild der „Chio-Chips"-Werbung so nervt — Warum der Satz „Beim Geld hört die Freundschaft auf" Blödsinn ist

Komm, mein Freund, sagt er, wir schauen noch einmal gemeinsam zu tief ins Glas, erzählen uns von früher, spielen das alte „Weißt du noch"-Spiel, erinnern uns an strenge Lehrer, blöde Mitschüler oder wie wir bei unserem ersten Interrail-Urlaub nachts an den Angeber-Wohnwägen auf dem Campingplatz gerüttelt haben und laut „Earthquake!" schrien, ach, das waren Zeiten! Oder dann, während des Studiums! Dein schlauer Trick, mit dem wir die verspätete Hausarbeit noch rechtzeitig fertig bekommen haben, komm, sagt er, ich schenk dir noch was ein.

Aber du wehrst ab und sagst: Ach, nee. Danke. Ich geh besser. Es ist schon spät. Dann gehst du, mit einem schnellen Gruß, die Jacke in der Hand. Womöglich ein bisschen zu eilig.

Du bemerkst nicht, wie er dir noch durchs Wohnzimmerfenster nachsieht. Draußen vor der Tür hältst du kurz inne, atmest die Nachtluft tief ein, als wäre drinnen der Sauerstoff knapp gewesen. Es sieht aus, als wärst du erleichtert.

Und ehrlich gesagt bist du auch erleichtert. Das alte „Weißt du noch"-Spiel kann einem nämlich ganz schön auf die Nerven gehen. Wenn eine Freundschaft aus nichts anderem mehr besteht als den immergleichen Geschichten auf Repeatfunktion, immer absurder ausgeschmückten Anekdoten, immer zu viel Rotwein, dann wird aus dem „Weißt du noch"-Spiel schnell die „Weißt du noch"-Hölle. Freundschaften sollten nicht nur dazu da sein, Erinnerungen auszuleuchten – Freundschaften sollten dazu da sein, Erinnerungen zu schaffen.

Es ist noch gar nicht so spät, also ziehst du deine Jacke an und machst dich zu Fuß auf den Weg nach Hause, eine Runde Spazierendenken über Freundschaft kann nicht schaden. Auf den ersten Blick war es noch nie so einfach wie heute, Freundschaften zu pflegen. Dass sich Freundinnen und Freunde nach der Schule in alle Himmelsrichtungen verkrümeln, ist keine Überraschung und auch keine Katastrophe mehr. „Der Beziehungsbruch ist die soziale Grunderfahrung unserer Zeit", analysiert Martin Hecht in seinem klugen Buch *Wahre Freunde*. Wir haben zu akzeptieren gelernt, dass soziale Bindungen brechen können – die Scheidung der Eltern, die Trennung vom Liebsten, der Umzug der Geschwister. Aber im besten Fall haben wir auch erfahren, dass ein Beziehungsbruch nicht gleichzeitig ein Beziehungsende sein muss. Nachdem während der Schulzeit euer Dorf die ganze Welt war, ist jetzt die ganze Welt euer Dorf geworden. Longi tut Gutes in Tunis, Constanze hat ihr BWL-Studium geschmissen und sucht jetzt irgendwo in Australien nach, äh … („nach sich selbst", sagt sie, was auch immer das heißen soll), Alexandra hat schon so gut wie geheiratet und ein Kind und lebt in

ES WAR NIE LEICHTER, FREUNDSCHAFTEN ZU PFLEGEN. GENAU DA FANGEN DIE PROBLEME AN.

Regensburg, Paul verdient viel Geld bei einem anstrengenden Fernsehjob in Berlin. Natürlich vermisst ihr euch, aber Kontakt zu halten ist kein Problem mehr: Es gibt Billigflüge und günstige Handytarife und E-Mail und Instant Messenger und Social Communities wie Facebook oder StudiVZ, es kostet nicht viel, nicht mal viel Mühe, sich gegenseitig auf dem Stand der Dinge zu halten, einander Fotos zu schicken oder wenigstens Glückwünsche zum Geburtstag.

Aber herrje: Genau da fangen die Schwierigkeiten auch schon an. Denn im gleichen Maße, wie es uns Facebook (oder Studi- und SchülerVZ, MySpace, LinkedIn, Xing, Friendster, ganz egal) leichter macht, Kontakt mit Freunden überall auf der Welt zu halten, sind die Serviceangebote von Social Communities auch ein guter Gradmesser für den Reinheitsgrad unserer Gefühle zu unseren Freunden. Nachdem jetzt also die besten Möglichkeiten bestehen, einander dauerhaft am eigenen Leben teilhaben zu lassen, müssen wir uns fragen: Wollen wir die überhaupt nützen? Oder geht uns das „gruscheln" auf StudiVZ, das Videos posten auf MySpace, das Statusaktualisieren auf Facebook nicht auch ganz schön auf den Geist?

Dieser Abend gerade eben, in der „Weißt du noch"-Hölle, ist dafür ein gutes Beispiel. Früher ist man zu Klassentreffen gegangen, um eine Art persönlichen Sozialabgleich vorzunehmen. Aus den vielen Geschichten, die man zu hören bekam, ließ sich ein Mittelwert bilden, an dem man seine eigene Biografie messen konnte. Wo stehe ich im Vergleich zu den anderen? Bin ich zu lahm? Habe ich vor lauter Karrierequatsch was verpasst? Wieso haben die schon alle Kinder? Lustig, wie viele plötzlich Sakko und Kostüm tragen! Der Preis, den man für diesen Sozialabgleich bei Klassentreffen bezahlen musste: hundertmal die gleiche lahme Frage zu stellen (und zu hören zu kriegen): „Und was machst du jetzt so?"

Diese Zeiten sind vorbei. Durch die zahllosen Facebook-Verknüpfungen sind alle Anwesenden beim Klassentreffen auf einem mehr oder weniger aktuellen Wissensstand. Das gute alte „Und was machst du so"-Ding funktioniert nicht mehr, die Formalitäten wurden längst online geklärt. Was bleibt als Gesprächsthema, wenn's in der Kneipe zu laut ist und man sich eben doch nicht mehr gut genug kennt, um richtige Gespräche zu führen? Richtig: Anekdoten. Willkommen in der „Weißt du noch"-Hölle.

Das ist bei alten Freunden, die man nicht jeden Tag sieht, nicht anders als bei Schulkameraden. Durch den gleichen Facebook-Effekt – den Wegfall der Notwendigkeit eines (biografischen) Statusabgleichs – bleibt bei einem Treffen kaum noch Zeit zum Aufwärmen. Die „Wie geht's"-Frage muss eigentlich niemand mehr stellen. Und so steht man bei einem Wiedersehen mit Freunden viel schneller als früher vor dem Problem, zügig mit den richtig interessanten Themen zu Potte zu kommen. Und spätestens, wenn das plötzlich nicht mehr klappt (weil's scheinbar nichts mehr zu reden gibt ... weil die andere plötzlich Roland Koch ganz gut findet ... oder weil man bemerkt, dass man sich einfach nicht mehr genug interessiert für das Leben des anderen), schießt uns diese eine böse Frage durch den Kopf:

Ist das jetzt ein alter Freund ... oder nur noch eine alte Gewohnheit? Stopp. Erstmal eine Begriffsdefinition vornehmen: „Der Freund." Kaum ein Begriff, der so vielfältig verwendet, so unterschiedlich verstanden und so schamlos ausgebeutet wird wie die „Freundschaft":

Guten Freunden schenkt man ein Küsschen. Fünf Freunde, das sind wir. In aller Freundschaft. That's what friends are for. Friends will be friends. 11 Freunde müsst ihr sein ...

Kaum ein Begriff, der in so viele Spielarten, Untergruppen, Interpretationsarten unterteilt wird: Busenfreund, bester Freund, enger Freund, Schulfreund, Sandkastenfreund, Kumpel, Bekannter, Gefährte, Genosse (und bis hierhin mussten wir noch nicht mal ins Synonymwörterbuch schauen).

Dass das so ist, liegt wahrscheinlich daran, dass es kaum einen Begriff gibt, der so interpretationsoffen ist und für alle Welt gleichzeitig so sympathisch klingt wie die Freundschaft. Niemand wird ernsthaft am Segen einer guten Freundschaft zweifeln; aber jedem bleibt es selbst überlassen, das Wort mit Sinn zu füllen. Dass jeder denken kann, was er will, ist ja nicht schlecht. Aber gleichzeitig höhlt diese Inflation den Begriff aus. Wenn selbst irgendein entfernter Bekannter eines Bekannten, der uns auf Facebook nervt, von der Website zum „Freund" geadelt wird, wenn sogar diese Horrortruppe, die in der Chio-Chips-Werbung eine arme Seele mit einem unangemeldeten Gute-Laune-Besuch quält, „Freunde" darstellen soll – dann mag man bald gar niemanden mehr als einen Freund bezeichnen.

Historisch gesehen sind die vielfachen Interpretationsmöglichkeiten der Freundschaft allerdings gar nicht falsch. Der „Freund" bezeichnete früher nicht die Menschen unserer Wahl, sondern ganz allgemein diejenigen, die einander aufgrund ihrer Lebensumstände nahestanden und miteinander bekannt waren. Das waren Verwandte ebenso wie Mitglieder einer Sippe. Ein Freund war ein Nichtfremder.

Das muss der Freundschaftsbegriff scheinbar bis heute aushalten können. Und das kann er auch, denn in seiner Unbestimmtheit liegt auch sein Segen. Anders als in einer Liebesbeziehung gibt es in einer Freundschaft keine allgemeingültigen Regeln. Anders als in einer Familie gibt es keine vorgegebenen Hierarchien. Stattdessen, so klärt in seinem Essay *Über die Freundschaft* jedenfalls der französische Philosoph Michel de Montaigne die Lage, ist eine Freundschaft „eine auf wechselseitigem Verständnis beruhende innige Beziehung". Das wichtigste Merkmal dieser Beziehung sei „gegenseitige Teilnahme".

Schon wenn einer von zwei Freunden feststellt, dass er sich zwar regelmäßig nach dem Wohl des anderen erkundigt, selbst aber nie gefragt wird, wie es ihm geht, sieht Montaigne (vermutlich zu Recht) ein großes Problem. Der griechische Alleskönner und Allesdenker Aristoteles ging ein paar Jahre zuvor (etwa 1900 Jahre zuvor, um genauer zu sein) noch einen Schritt weiter: Er sah die Freundschaft als die „Krönung der Gesellschaft" – und zwar, weil sie für ihn die einzige Form menschlicher Gemeinschaft war, die nur sich selbst als Zweck kennt. Bei Aristoteles klingt das so: „All jene Beziehungen nämlich, die aus gesellschaftlichem Bedürfnis oder Gewinnstreben, aus öffentlicher und persönlicher Notwendigkeit entstehen und gepflegt

WIE VIELE FREUNDE SIND EIGENTLICH NUR GUTE KONTAKTE? WIE VIELE SIND NUR FOLKLORE?

werden, sind umso weniger schön und edel und daher umso weniger wahre Freundschaften, als sich hier andere Gründe, Zwecke und Erwartungen beimischen."

Hört sich vielleicht ein wenig gestelzt an, ist aber die romantischste Liebeserklärung an die Freundschaft aller Zeiten. Und noch immer ein guter Test für den eigenen Freundeskreis. Abgesehen von nervigen alten Schulkameraden und Facebook-Freunden in Australien sind da ja im besten Fall noch andere Menschen in unserem Leben. Nach einer Studie des Soziologen Sören Petermann unterhält jeder Mensch im Schnitt ein soziales Netzwerk von elf Personen – allerdings bemerkte Petermann bei seiner Untersuchung große Ausschläge nach oben und unten (manche Befragte hatten ein Netzwerk von über 30 Personen, andere nur eines, das aus zwei oder drei Menschen bestand). Aber ist ja auch egal: Manche von uns sind eben geselliger als andere, und manchen käme es seltsam vor, mehr als zwei, drei ausgesuchte Vertraute um sich zu haben. Aber wenn man nun mal, ganz heimlich, die strengen Freundschaftsdefinitionen von Montaigne und Aristoteles anlegt und ganz hart und ganz ehrlich zu sich ist … wie viele Facebook-/Xing-/StudiVZ-/SchülerVZ-/MySpace-/LinkedIn-/Friendster-Leute fallen dann schon mal weg, weil es weniger „Freunde" als viel eher „nützliche Kontakte" sind? Wie viele Schulfreunde muss man von seiner Liste streichen, weil es sich eher um Folklore handelt, dass man überhaupt noch miteinander verlinkt ist (und im Grunde seines Herzens jeden Tag preist, an dem man sie nicht sieht)? Wie viele Arbeitskollegen müssen weggestrichen werden? Wie viele Verwandte? Wie viele Leute, die man beim besten Willen nur als Bekannte bezeichnen kann? Wie viele ehemalige oder potenzielle Liebespartner? Noch eine letzte Hürde: Um es mit einer Wortschöpfung des Philosophen Harald Lemke zu sagen – mit wie vielen Menschen kommt man allein aus dem Grund zusammen, „um zu freunden"?

Tja. Und? Wie viele wirkliche Freunde bleiben dann?

Wie hart die Auswahl zum Beispiel bei Montaigne war, zeigt sich daran, dass er es für unmöglich hält, mehr als einen „besten Freund" zu haben. Das begründet er mit einem ziemlich hinterlistigen Gedankenspiel: „Die wahre Freundschaft aber ergreift vom ganzen Menschen Besitz und ergreift ihn so uneingeschränkt, dass sie sich unmöglich vervielfachen lässt. Wenn zwei Freunde gleichzeitig Beistand erbäten, welchem würdest du zu Hilfe eilen?"

Demnach dürfte man wirklich nur einen besten Freund haben – aber die alten Denker können ja auch mal falschliegen. Der Regisseur Sebastian Schipper, der mit *Absolute Giganten* und *Ein Freund von mir* gleich zwei sehr schöne Filme zum Thema gedreht hat, kann mit Kategorisierungen jedenfalls gar nichts anfangen: „Die Begriffe ‚guter Freund' oder ‚bester Freund' liegen mir nicht. Ein Freund hat keinen Komparativ oder Superlativ nötig." Manche Wissenschaftler sehen das ähnlich. Die Soziologin Ursula Nötzoldt-Linden glaubt an ein „System diffenzierter Freundschaften". Sie findet es völlig legitim, dass uns mit dem einen Menschen nichts außer einem gemeinsamen Hobby verbindet. Dass wir mit einem anderen nach der Uni gern ein Bier trinken, uns aber überhaupt nicht vorstellen können, gemeinsam in Urlaub zu fahren. Mit einem Dritten teilen wir ausschließlich Sandburg-Erinnerungen – auch wenn er heute 800 Kilometer entfernt wohnt. Nach Nötzoldt-Lindens Theorie sind unsere Freunde heute eher hochspezialisierte Gefühlsdienstleister als Allroundhelfer. Kann auch sein, zumal in Aristoteles Zeiten Freundschaften auch deshalb so hoch geschätzt waren, weil es damals kaum andere funktionierende Gesellschaftssysteme gab, die Hilfe und Halt in Notsituationen boten. Und außerdem: Wenn es tatsächlich einen „besten Freund" geben sollte ... müsste es dann nicht auch einen schlechtesten geben?

Du bist noch unterwegs auf dem Heimweg, ganz schön kühl geworden. Die Hände hast du tief in den Taschen vergraben. Aristoteles hin oder her – diese Frage treibt dich jetzt um: Wenn du einen ganz harten Maßstab anlegst, wie viele Freunde sind dann wirklich in deinem Leben? Du kramst dein Handy aus der Hosentasche und klickst durchs Adressbuch. Die? Blindes Vertrauen ... nee. Die? Total verlässlich ... nee. Der hier? Hm. Vielleicht ...

Allein unter Freunden zu sein ist ein verbreitetes Phänomen in dieser Welt, in der alle so viel Wert auf Unabhängigkeit, Freiheit und Individualität legen. Klar, da sind viele gute Bekannte, mit denen man feiern oder arbeiten kann – aber echte Freunde? Als ultimativer Freundschaftstest gilt vielen die Frage, wen man um Hilfe bei einem Umzug bitten könnte. Noch komplizierter ist allerdings die Frage, bei wem man sich bei großen emotionalen oder gesundheitlichen Problemen als

Erstes melden würde: Liebeskummer. Krankheit. Verdammter Mist. Wen rufe ich jetzt an? Man vergisst oft, dass gute Freunde auch eine gute Versicherung sind. Eine kostenlose Vollkasko fürs ganze Leben.

Wenn es echte Freunde in deinem Leben gibt, weißt du wahrscheinlich selbst, wie kostbar sie sind. Die Unkompliziertheit eurer Verbindung ist einerseits großartig – keine Regeln, keine Gesetze, keine Verpflichtungen! – und wenn das so funktioniert, ja, dann darf man es sich auch guten Gewissens miteinander leichtmachen. Nochmal Montaigne, weil's so schön idealistisch klingt: „Unterteilende und einstufende Wörter wie Wohltat, Schuldigkeit und Erkenntlichkeit, wie Bitte und Dank und dergleichen sind bei einem wahrhaften Freundschaftsbund verpönt und verbannt." Andererseits lädt genau diese herrliche Unkompliziertheit eben auch dazu ein, eine Verbindung zu vernachlässigen und einander herzensfaul zu werden. Nach Montaigne würde das bei echten Freunden erstens nicht passieren und wäre zweitens kein Problem, weil die Freundschaft schließlich so einmalig und heilig ist, dass weder vergessene Geburtstage ihr etwas anhaben könnten noch die Tatsache, dass man seiner Freundin den Mann ausgespannt hat. Vielleicht war das auch so in französischen Adelskreisen im 16. Jahrhundert.

DARF MAN ES SICH ECHT LEICHTMACHEN MIT FREUNDEN? NA KLAR! DAS IST JA DAS TOLLE!

Spätestens jetzt ist es Zeit, ein bisschen unromantischer zu werden. Denn heute ist das, meistens jedenfalls, anders.

Die amerikanische Soziologin Jan Yager forscht seit 25 Jahren zum Thema Freundschaft und stellte eine Liste der größten Gefahren für die Beziehung zwischen zwei oder mehreren Freunden auf. Hier die übelsten:

1. NEID. Ein weit verbreitetes Gefühl. In einer von Yagers Untersuchungen gab fast jeder zweite Befragte an, schon einmal den Neid eines Freundes gespürt zu haben. Das allein sollte

uns noch nicht an einer Beziehung zweifeln lassen, schließlich kann der Neid uns auch zu der Frage motivieren, ob wir genug oder das Richtige aus unserem Leben machen. Außerdem gibt es eine Form von Bewunderung für die Eigenschaften oder Errungenschaften, die dem Neid nahekommt – aber positives Gefühl bleibt, weil man dem Freund sein Glück gönnt. „Weißen Neid" nennt das ein russisches Sprichwort. Allerdings gibt es auch eine destruktive Variante des Neids, der in einem Gefühl von Minderwertigkeit oder Unterlegenheit wurzelt. Schleichendes Gift für jede Freundschaft.

2. VERDECKTER ÄRGER. Weil wir manche unserer Freunde so selten sehen, bietet sich auch oft nicht die Gelegenheit, Missstimmungen sofort zu klären. Der andere hat was Blödes gesagt? Noch schlimmer, wenn's um eine Ecke weitergetragen wird: Jemand hat erzählt, dass der Freund was Blödes gesagt hat? Erstmal schlucken wir's runter, manchmal aus Bequemlichkeit, manchmal aus Angst vor einem Konflikt. Vergessen können wir unseren Ärger natürlich trotzdem nicht – und über kurz oder lang schwappt er auch an die Oberfläche. Oft zur Unzeit, oder als unfairer Gegenschlag.

3. KONKURRENZ UM LIEBESPARTNER. Also bitte … im Ernst? Ja, Dreiecksbeziehungen gibt's nicht nur im französischen Kunstkino. Kein Wunder: Die meisten Menschen wählen Freunde, die ihnen in Alter, Ausbildung, Intelligenz, Attraktivität und sozialem Status gleichen. Das hat Vorteile – aber einer der Nachteile ist, dass Freunde zu ernsthaften Konkurrenten um die Aufmerksamkeit des Geliebten werden können. In einer Untersuchung der Beziehungsforscher April Bleske und Todd Shackelford erklärte die Hälfte sowohl der männlichen als auch der weiblichen Befragten, dass sie schon mal mit einem Freund um einen potenziellen Partner konkurriert hätten. Einen Flirt zwischen eigenen Liebespartnern und Freunden hätten 18 Prozent der Männer und 29 Prozent der Frauen schon mal erlebt.

4. EIFERSUCHT. Noch ein Punkt, bei dem die Liebe die Freundschaft in Gefahr bringt. Wenn ein Mensch eine Liebes-

FREUNDSCHAFT

Wann hast du zuletzt eine Freundschaft geschlossen?

Wie würdest du auf die Frage eines guten Bekannten reagieren, der dich fragt: „Wollen wir Freunde sein?"

Würdest du gerne jemandem aus deinem Freundeskreis ausschließen? Wen und warum?

Wie oft musstest du den Wunsch, mit einem Freund oder einer Freundin zu schlafen, schon unterdrücken?

Warum muss sexuelle Intimität unbedingt schlecht sein für freundschaftliche Intimität?

Welche Freunde, die du irgendwann mal aus den Augen verloren hast, vermisst du wirklich?

Gibt es eine Person, mit der du gern befreundet wärst?

Hältst du die Dauer einer Freundschaft für einen Maßstab für ihre Güte?

Würdest du einen Freund belügen, weil dich ein ebenso enger Freund darum bittet?

Kann man mit Menschen befreundet sein, die viel älter oder viel jünger sind als man selbst?

und eine Freundschaftsbeziehung gleichzeitig unterhält, ist Eifersucht weit verbreitet. Die Psychoanalytikerin Verena Kast schreibt in einem Buch über „beste Freundinnen", dass jede dritte der von ihr befragten Frauen auf die Freundin eifersüchtig wäre. Sich zugleich ausreichend um den oder die Geliebte und den Freundeskreis zu kümmern ist keine leichte Aufgabe.

5. LEBENSVERÄNDERUNGEN. Da ist das alte Problem der Mobilität wieder. Ein Umzug schafft räumliche Distanz zu Freunden, und räumliche Distanz schafft häufig emotionale Distanz, trotz aller elektronischen Hilfsmittel. Aber auch ein neuer belastender Job oder ein Kind schafft Probleme. Spätestens hier wird deutlich, wie unflexibel wir bei unseren Freundschaften häufig sind: „Menschen haben oft die völlig unrealistische Erwartung, dass Freundschaften lebenslang dieselbe Intensität und Nähe aufweisen müssen", hat Jan Yager festgestellt. Statt uns eine neue Basis für die Beziehung zu suchen, schreiben wir Freunde voreilig ab und verspielen so die Chance, dass sich die Beziehung auf einem anderen Niveau wieder einpendelt. Möglicherweise ist unser Modell von Freundschaft so eng, dass es keinen Raum für Veränderungen und Entwicklungen lässt. Oder wir klammern uns an ein Idealbild, in dem Freunde immer nur nett zu uns sind und keinerlei Schwächen haben. „Manchmal sind es nicht die Freunde, die wir wechseln müssen, sondern unser Freundschaftskonzept", sagt Yager.

> **„BEIM GELD HÖRT DIE FREUNDSCHAFT AUF?" – EINES DER BLÖDESTEN SPRICHWÖRTER.**

Martin Hecht legt in *Wahre Freunde* nach und nennt noch weitere Gefahren: enttäuschte Erwartungen (eine sucht Smalltalk, die andere tiefsinnige Gespräche) oder verborgene Erwartungen an den anderen (er nennt das die „Hidden Agenda" einer Freundschaft), nervende Nähe (zu eng aufeinanderzuhocken kann ebenso gefährlich sein wie große Distanz) oder die allgemein unterschätzte Freundschaftsfalle „gemeinsamer Urlaub". Nein, das war noch nicht alles. Da wären noch zwei weitere riesige Problembereiche: die Liebe und das Geld.

„Beim Geld hört die Freundschaft auf" ist nicht nur ein so weit verbreitetes Sprichwort, dass es schon beim Aufschreiben staubt, sondern auch eine weit verbreitete Meinung. Unsinn, schreibt Hecht: „Die Frage, ob ich einem Freund einen größeren Betrag leihe oder nicht, ist eine Frage des Vertrauens. Ist davon zu wenig da und bescheidet der vermeintliche Freund das Gesuch des Bittstellers abschlägig, endet nicht die Freundschaft, sondern es wird klar, dass es noch nie eine Freundschaft war, die zwischen den Betreffenden herrschte." Warum sollten wir echten Freunden kein Geld leihen, wenn sie es dringend brauchen und wir es entbehren können? Wenn man in einer Notlage ist, wendet man sich an einen Freund. Wer sich seines Freundes sicher ist, wird nicht zögern, ihn um Hilfe zu bitten oder auch ihm Geld zu leihen. Wer zögert, um Hilfe nachzufragen oder Hilfe zu gewähren, sollte sich Gedanken machen, woran das liegt.

Das zweite Problem kommt ebenso direkt aus der Freundschaftshölle … nee, es geht nicht um die Frage, was passiert, wenn man mit seinem Freund ins Bett geht. Diesen Fall lassen wir aus – er ist ehrlich gesagt zu kompliziert. Eine Wahrheit gibt's hier nicht. Vielleicht war's die beste Entscheidung aller Zeiten, endlich aus einer Freundschaft eine Liebesbeziehung zu machen … vielleicht war's der größte Quatsch, miteinander zu schlafen. Wer kann dazu schon was Grundsätzliches sagen, außer den beiden Beteiligten?

Also, Problem Liebe, aber ganz anders: Der Freund hat sich einen Trottel als Lebenspartner ausgesucht. Was jetzt? Unsere Verpflichtung wäre es doch, unserem Freund seinen Fehlgriff vor Augen zu führen … oder? Vorsicht, ganz dünnes Eis. „Oft nützt aller Zuspruch nichts", warnt Hecht. „Denn die Liebesbande zwischen Mann und Frau sind nicht nur in den Anfängen blinder Verliebtheit, sondern oft auch noch lange darüber hinaus stärker als die zwischen alten Freunden. Im

Zweifel wird die Freundschaft gegenüber der Liebe immer den Kürzeren ziehen. Man opfert die Freundschaft der Liebe, nicht umgekehrt."

Das gilt für Hecht übrigens auch für den Fall, dass sich der Freund oder die Freundin gerade in einer schlimmen Krise mit dem Partner befindet, oder sich gar getrennt hat. Wer jetzt ohne Rücksicht auf Verluste in die Beschwerde über den Partner der Freundin oder die Partnerin des Freundes einstimmt, hat ein Riesenproblem, falls die beiden sich wieder zusammenraufen. Die unglücklich Verliebte hat alles Recht der Welt, auf ihren (Ex-)Partner zu schimpfen. Die beste Freundin, zur Unterstützung natürlich anwesend, sollte sich gut überlegen, ob sie den Spruch: „Ich konnte den Typen ja noch nie leiden", wirklich rausfeuert. Wenn das zerstrittene Paar wieder zusammenfindet, bleibt dieser Satz stehen.

Manchmal sind wir allerdings auch unschuldig, wenn eine Freundschaft kompliziert wird. Yager kommt auf 21 Typen von „potenziell negativen Freunden". *Achtung vor Versprechensbrechern, Nehmern, Betrügern, Risikofreudigen, Egozentrikern, Schwindlern, Plaudertaschen, Konkurrenten, Unübertrefflichen, Rivalen, Nörglern, Griesgramen, Ablehnenden, Missbrauchern, Einzelgängern, Blutsaugern, Therapeuten, Einmischern, Nachahmern, Kontrollfreaks und Fürsorglichen.* Ein bisschen was von diesen schlechten Eigenschaften werden viele von uns bei ihren Freunden finden, das sieht auch Yager und schränkt ein: „Wenn diese Merkmale selten oder minimal auftreten, stellen sie natürlich noch kein Problem dar."

Du bist endlich zu Hause angekommen, der Weg war länger als gedacht. Dir ist saukalt. Tee wäre gut. Oder ein Schnaps. Oder ... ein Telefonat. Wegen deines plötzlichen Aufbruchs bei deinem Freund (oder ist es nur ein Bekannter?) vorhin plagt dich ein schlechtes Gewissen – auch, weil du das Gefühl nicht loswirst, deinem alten „Weißt du noch"-Kumpel gegenüber unfair zu handeln, wenn du ihn in dem Glauben lässt, dass euch beide noch eine dicke Freundschaft verbindet.

FREUNDE

„Das Internet ist nicht unbedingt ein guter Ort,
um Freunde zu finden. Aber ein
gutes Hilfsmittel, um Freundschaften zu
pflegen, die man hat. "

MARK ZUCKERBERG
Facebook-Gründer

„Die echten Freunde finden sich vor dem
30. Lebensjahr, danach werden es meistens
nur noch Bekannte. "

HERBERT FEUERSTEIN
Fernsehunterhalter

„Platonische Beziehungen können sehr sexy sein. "

BERND EICHINGER
Filmproduzent

„Freundschaft ist nicht die beste Voraussetzung,
Expeditionen zu unternehmen. Eine Zweckge-
meinschaft reicht. Aber alle Teilnehmer müssen
mit der gleichen Vehemenz das Gleiche wollen. "

REINHOLD MESSNER
Bergsteiger

„Wenn ich Freunde treffe, schalte ich mein
Handy aus. Wenn sie es nicht selbst machen, tue
ich es für sie bei ihrem Gerät. "

SANDRA MAISCHBERGER
Moderatorin

Ganz ehrlich: Es ist wohl nicht mehr so. Vielleicht, denkst du dir, wäre es besser, diese Verbindung mit einer Aussprache anständig zu beenden. Klare Worte sind doch nie verkehrt, stimmt doch, oder?

Der Gedanke liegt nahe. Und warum ist in Liebesbeziehungen das Schlussmachen eine Selbstverständlichkeit, während man Freundschaften eher einschlafen lässt? „Eine offizielle Beendigung halte ich persönlich für totalen Quatsch", sagt Regisseur Sebastian Schipper. „Freundschaften fehlt in aller Regel doch das Actionmoment einer ernsthaften Liebesbeziehung – warum dann am Ende dramatisieren?" Stattdessen unterscheidet Schipper zwischen „aktiven" und „passiven" Freundschaften, „und die passiven ruhen eben". Die Wissenschaftler stimmen ihm zu: „Psychologisch gesehen macht es Sinn, Freundschaften eher einschlafen zu lassen als offiziell zu beenden", erklärt Horst Heidbrink, Psychologe und Freundschaftsforscher an der Fern-Universität Hagen. „So halten wir uns die Option offen, die Beziehung zu einem späteren Zeitpunkt zu reanimieren. Nach einem offenen Bruch wieder zueinanderzufinden, gelingt Erwachsenen – im Gegensatz zu Kindern – selten."

Also lass den Anruf. Mach dir einen Tee. Und kau noch ein wenig auf der Frage rum, ob du selbst ein guter Freund bist. Begegnest du Freunden auf Augenhöhe? Ist das gegenseitige Interesse ausgewogen? Sind dir deine Freunde wirklich wichtig oder vor allem nützlich? Nach dem Liebespartner, so melden die Wissenschaftler, sind dem Menschen die Freunde im Allgemeinen die wichtigsten Menschen der Welt, noch vor den Familienmitgliedern. Wie ist das bei dir?

Kleines Gedankenspiel zum Schluss, nur um zu zeigen, wie kompliziert die Sache bleibt: Du stehst in einer Bar, und da steht die Partnerin deines besten Freundes mit irgendeinem anderen Kerl. Die Sache sieht nicht koscher aus. Sogar überhaupt nicht koscher, die beiden knutschen ziemlich heftig. Verdammt, was jetzt?

MÖGLICHKEIT 1: *Den besten Freund anrufen, einbestellen, das soll er sich mit eigenen Augen ansehen.*

MÖGLICHKEIT 2: *Eine Stellvertreterkeilerei anzetteln und dem Typen aufs Maul hauen … wozu sind Freunde denn da.*

MÖGLICHKEIT 3: *Die Angelegenheit ignorieren. Freund hin oder her … was er nicht weiß, macht ihn nicht heiß.*

Mal kurz überlegen. Der schlaue Sebastian Schipper, alter Freundschaftsprofi, kennt eine vierte Möglichkeit, wahrscheinlich die beste: „Meine Verantwortung als Freund ist es rauszufinden, was da läuft. Vielleicht wäre es die beste Vorgehensweise, zu der knutschenden Freundin hinzulaufen und nach einem kurzen »Hallo du!« einfach wieder abzuzischen. Dann mal abwarten, was passiert. Ich halte den allgemeinen Umgang mit der Wahrheit für extrem dubios. Oft ist dieses ‚Mein Freund, ich bin jetzt einfach mal ehrlich zu dir‘ auch nur eine versteckte Gemeinheit, eine kleine Rache für eine frühere Verletzung. Warum wollen immer alle total ehrlich sein? In einer Freundschaft ist Verantwortung oft wichtiger als Wahrheit. Wenn ich sehe, wie die Freundin meines Freundes mit einem anderen knutscht, ist es vielleicht nicht meine Aufgabe, diese Nachricht sofort meinem Freund aufs Brot zu schmieren und ihm damit eine Dynamitstange zwischen die Arschbacken zu schieben. Oder ins Herz.“

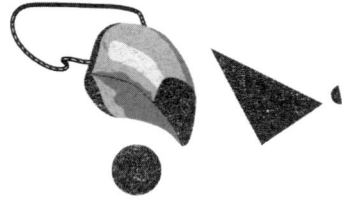

08 VORANKOMMEN IM JOB

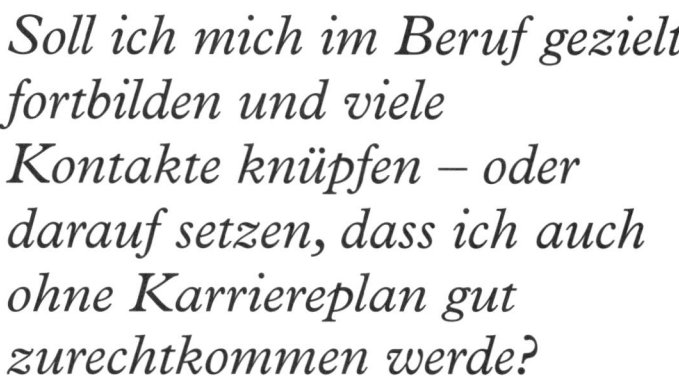

Soll ich mich im Beruf gezielt fortbilden und viele Kontakte knüpfen – oder darauf setzen, dass ich auch ohne Karriereplan gut zurechtkommen werde?

Warum auch nach der Ausbildung die Lust am Weiterlernen nicht aufhört — Welchen fiesen Strick uns Arbeitgeber daraus drehen können — Warum selbst 300 Businesskontakte kaum was nützen, wenn du echt mal Hilfe brauchst — Wie du von den wirklich spannenden Jobs erfährst — Und was dann im Bewerbungsgespräch Stimme und Körperhaltung bewirken können

Zurück auf die Schulbank – die freiwillige Ehrenrunde: Rucksack ab, Heft raus, Stift raus, Tafelwischen, Schulbeginn. Vorne
am Pult ein neuer Lehrer, der genau wie der vorhergehende
und wie der nachfolgende der Auffassung ist, seine Inhalte
müssten in den Hirnschalen der vor ihm sitzenden jungen
Menschen bevorzugt behandelt werden. Im Studium dann dasselbe nochmal: Dozent rein, Ruhezustand vorbereiten, schlummer schlummer, Dozent raus. Gebäude wechseln, nächste
Schlafveranstaltung, äh Vorlesung. So ging das neun Semester,
na, sagen wir achteinhalb. Zum Schluss hat man sich abschluss-
prüfungsbedingt, zumindest was das Schlafen anging, zusam-
mengerissen.

Doch irgendwann, wenn man längst zu dem gehört,
was gemeinhin „die arbeitende Bevölkerung" genannt wird,
wenn die Erinnerungen an Studium und Schulzeit bereits im
weichen Licht der Nostalgie strahlen, dann wünscht man sich
auf einmal genau das zurück: dass jemand zur Tür herein-
kommt und einem etwas erklärt – wenn nicht gleich die Welt,
so doch zumindest etwas, das man noch nicht wusste. Und
man selbst muss nichts anderes tun, als die Ohren zu spitzen
und den inneren Recordknopf gedrückt zu halten.

Rückblickend haben die meisten von uns das Gefühl,
dass der eigene Horizont nie wieder so weit war wie als junger
Erwachsener, zu einer Zeit, als das Hirn noch aufnahme- und
lernbereit war. Hört man sich im Bekanntenkreis um, wünschen
sich fast alle Berufstätigen ein Update fürs Hirn – in Sachen
Fachwissen oder Fähigkeiten oder am besten gleich in beidem.

Rät man den Lieben dann zu folgender Maßnahme,
dann denken viele an graumelierte Seminarleiter auf grau-
marmorierten Linoleumböden: Fortbildung. „Hallo! Die 80er-
Jahre rufen gerade an und fordern ihr Wort zurück!", sagen die
Freunde. Aber keine Sorge. Heutzutage werfen Unternehmen
zwar häufiger mit modernen Vokabeln wie Coaching um sich,
gemeint ist aber in der Regel dasselbe wie mit der guten alten
Fortbildung.

Den Wunsch nach zusätzlicher Qualifikation hegen die meisten Arbeitnehmer in Deutschland: Egal welche Branche oder formale Ausbildung, ob Lehrer, Bankangestellte, Softwareentwickler oder Kundenberater: 72 Prozent der Erwachsenen haben sich 2007 weitergebildet, mit 93 Prozent darunter nahezu alle Akademiker. Die Auffassung vom lebenslangen Lernen ist offensichtlich vor allem von ihnen verinnerlicht.

Natürlich ist die Vorstellung schön, sich auch mit über 30, wenn man schon die erste Prämie für Betriebszugehörigkeit eingesackt hat, noch weiterzubilden. Sich eine Fähigkeit anzueignen, von der man nie dachte, dass man sie einmal können würde. Im Refrain des Arbeitsalltags (8 Uhr Computer hochfahren, 12.30 Uhr

HABE ICH IN MEINEM BERUF DIE ENDGÜLTIGE PARKPOSITION SCHON ERREICHT?

Kantine, 12.55 Uhr Kaffee aus Kantinenkaffeemaschine, 15 Uhr Backmischungsmuffins vom Kollegen, 17 Uhr Computer herunterfahren), in eben diesem von Routinen gepflasterten Leben erscheint es plötzlich auf eine ganz neue Art erstrebenswert, etwas zu lernen, das man schon immer können wollte. Zum Beispiel Arabisch. Und jetzt, wo der Konzern (um im Bild zu bleiben) Kunden in den Ölstaaten hat, ist diese Fähigkeit auf einmal gefragt und man hat die Möglichkeit, während der Arbeitszeit eine Fremdsprache zu lernen – und das auch noch auf Kosten des Arbeitgebers.

Liegt es nicht auch in der Natur des Menschen, sich weiterzuentwickeln? Nicht stehenzubleiben? Neurologen wissen, dass das menschliche Gehirn auch in fortgeschrittenem Alter noch in der Lage ist, neuen Arbeitsspeicher zur Verfügung zu stellen. „Unser Gehirn ist kein Schuhkarton, der irgendwann voll ist", sagt der Neurowissenschaftler Manfred Spitzer, Leiter der psychiatrischen Uni-Klinik in Ulm in einem *NEON*-Interview. Warum also nicht nochmal die Schulbank drücken?

Das Schlagwort vom „Lebenslangen Lernen" hat aber noch eine andere, politischere Dimension – und der sollte man sich zumindest bewusst sein. Politiker und Vertreter der Wirtschaft sehen in der Formel nichts weniger als die Zukunft einer immer älter werdenden Gesellschaft. Und zwar einer, auf deren Arbeitsmarkt akuter Fachkräftemangel herrscht. Sich immer neue Qualifikationen anzueignen ermögliche benachteiligten Gruppen den sozialen Aufstieg, etwa Migranten. Das stimmt sicher zum großen Teil.

Nur sind gerade in wirtschaftlich schwächeren Zeiten auch immer weniger Unternehmen bereit, Ausgaben für Fortbildungen bereitzustellen. Der Anteil weiterbildender Unternehmen ist im vergangenen Jahr von 75 auf 69 Prozent gesunken. Der Rückgang ist auch eine Folge der Deregulierung des Arbeitsmarkts: Unternehmen, die vermehrt auf Honorarbasis einstellen oder einen großen Anteil Zeitarbeiter beschäftigen, wollen immer seltener in Fortbildungen investieren. Glücklich können sich am ehesten noch die Arbeitnehmer schätzen, die in einem großen Betrieb angestellt sind: Statistiken belegen, dass es dort eher die Möglichkeit zur Weiterbildung gibt als in Betrieben mit weniger als 20 Beschäftigten.

Und so schwingt häufig, wenn es um lebenslanges Lernen geht, die Forderung nach Eigenverantwortung mit: Im Sinne neoliberaler „Jeder ist sein eigener Unternehmer"-Denke heißt das: Wer sich nicht selbst permanent weiterbildet, wird überholt, überrundet und fällt wegen zu niedrigen Marktwerts der eigenen Arbeitskraft irgendwann durchs Raster. So suggeriert lebenslanges Lernen Berufstätigen auch immer, unvollständig zu sein. Nie ausreichend qualifiziert zu sein. Im Extremfall fühlt man sich ständig von den Anforderungen des Arbeitsmarkts getrieben – und in der letzten Konsequenz ungenügend.

In eben diese Richtung zielen Vorschläge wie der des Handelskammer-Hauptgeschäftsführers Martin Wansleben, der es laut *Spiegel*-Interview im August 2007 gerne sähe, wenn die Deutschen ihren Urlaub hernähmen, um sich weiterzubilden. So viel Leistungsbereischaft der Arbeitnehmer kann man eigentlich nur im Sommerloch fordern: Die Unternehmen sind es, die für ihre Angestellten Weiterbildungsangebote bereitzustellen haben. Und, auch klar, Weiterbildung ist nicht gleichzusetzen mit Kindergeburtstag. Was im eigentlichen Sinne nicht dazugehört, ist der Spanisch-Kurs, den die meisten Teilnehmer, wenn sie mal ehrlich wären, vor allem deshalb machen, weil sie ihren Rioja akzentfrei bestellen wollen, und nicht weil sie südamerikanische Großkunden ins Boot zu holen gedenken.

Oft geht der plötzliche Wunsch nach Fortbildung mit einem (wieder) erwachten Ehrgeiz einher: Und den entwickeln viele ein, zwei Jahre nach ihrem Berufsstart. In der Anfangszeit im Job schwankte man noch jeden Tag aufs Neue zwischen Euphorie und Überforderung angesichts der vielen neuen Aufgaben. Doch irgendwann, spätestens wenn man als Lehrer zum zweiten Mal eine Klasse zum Abitur geführt hat oder als Softwareentwickler den dritten größeren Auftrag abgeschlossen hat, fragen sich die meisten: Geht da noch was? Welche Perspektive bietet mir mein aktueller Arbeitgeber? Habe ich die endgültige Parkposition schon erreicht? Herzlich willkommen in dem, was wir hier mal „das Job-Loch" nennen wollen.

Es muss gar nicht so falsch sein, da nach einer gewissen Zeit im Berufsleben mal reinzufallen. Denn natürlich ist es beruhigend zu wissen, im Job angekommen zu sein und nicht mehr wegen jedes Auftrags des Chefs Stressherpes zu bekommen. Routine und Abgeklärtheit sind gut. Sie lassen uns spüren, dass wir uns Aufgaben gewachsen fühlen. Sie vergewissern uns unseres Selbst.

Nur ist es ebenso wichtig, diese Komfortzone, in der man nichts riskiert und im Nine-to-five-Modus vor sich hin wurschtelt, auch wieder zu verlassen. Meistens geht das durch Konkurrenz – durch Kollegen, die plötzlich befördert werden, oder durch Freunde, die einem von ihren Karrieresprüngen erzählen. Der Mensch ist ein Wettbewerber: Auch Nichtkarrieristen wurmt es, wenn in der Firma plötzlich der Typ, der erst vergangenes Jahr eingestellt wurde, schneller befördert wird als sie selbst.

Aber egal, ob man aus wiedererwachtem Karriere-ehrgeiz heraus eine zusätzliche Qualifikation anstrebt oder nur, „um das für sich zu machen" – motivierend können Fort- und Weiterbildungsmaßnahmen in jedem Fall sein.

Um herauszufinden, was von den vielen Dingen, die einem der Fortbildungsmarkt als notwendig anpreist, im persönlichen Fall sinnvoll ist, muss eine Selbstanalyse stattfinden: Wo sind meine Schwächen? Was bringt mich in meiner beruflichen Tätigkeit wirklich weiter? Dabei sollten weniger „Das wollte ich immer schon mal können"-Überlegungen eine Rolle spielen, sondern der Alltagsgebrauchstest: Nützt mir das in meiner täglichen Arbeit? Wie oft komme ich eigentlich in Situationen, in denen ich genau dieses Wissen oder diese Fähigkeit einsetzen kann? Eine Fortbildung bringt nur etwas, wenn das Erlernte bald danach auch angewendet wird. Andernfalls führt sie zu Frust – weil man den Lehrgang rückblickend als verschwendete

WAS DU SAGST, IST NICHT SO WICHTIG. ES KOMMT VOR ALLEM DRAUF AN, WIE DU ES SAGST.

Zeit ansieht und womöglich noch ein schlechtes Gewissen hat, weil der Arbeitgeber zwei Tage Quatsch-Kurs finanziert hat und der Kollege eine Extraschicht schieben musste.

Am besten also die Sinnfrage vor der Fortbildung stellen. Guter Test: Man sollte seinem Chef sagen können, was er denn davon haben wird. Dann sieht man auch meistens selbst einen Sinn darin.

In vielen Unternehmen erfolgt die Selbstanalyse über ein sogenanntes Kompetenzmodell, bei dem in Absprache mit dem Chef Stärken und Schwächen in einer Selbstauskunft ermittelt werden. Zur Sprache kommen dabei verschiedene Dimensionen dessen, woran man innerhalb eines Jobs gemessen werden kann: persönliche Kompetenz (Belastbarkeit, Selbstbewusstsein), soziale Kompetenz (Teamfähigkeit, überzeugendes Auftreten), unternehmerische Kompetenz (zum Beispiel Verkaufstaktiken und kundenorientiertes Denken), fachliche Kompetenz (Expertenwissen, betriebsinterne Arbeits-abläufe) und – für die Alphatiere – Führungskompetenz (Durchsetzungsfähigkeit, Mitarbeiterführung). Allen, die bei so viel Personalervokabular Fluchtreflexe bekommen, ist zu empfehlen, sich die eigenen Schwächen von einem vertrauenswürdigen Kollegen servieren zu lassen. Wenn der dann sagt: „Lieber Kollege, ich mag dich gern, aber es ist ein wenig nervig, wenn ich dir jedes Mal die Excel-Tabellen hinfummeln muss. Mach doch mal 'ne Schulung." Dann kann man sich erstens glücklich schätzen, solch einen prima Kollegen zu haben, und sich zweitens gleich mal für den Excel-Lehrgang anmelden.

Das Fortbildungsangebot ist groß und – wie das Weltall – dehnt sich ständig aus: Es gibt eigentlich Fortbildungen für alles: für Persönlichkeit und Auftreten (Rhetorik, Verhandlungsgeschick, Umgang mit Stress); für Arbeitsprozesse (Softwareanwendungen, Betriebsmodule); für betriebswirtschaftliche Kenntnisse (oft vor allem für Nichtkaufleute interessant). Es gibt Zertifizierungen im Bereich Technik, Fortbildung in Sachen Arbeitsorganisation und Selbstmanagement. Und es gibt Schulungen im zwischenmenschlichen Bereich: von Teambuilding im Hochseilgarten bis zu Konfliktmanagement-Seminaren. Von Meditieren im Bayerischen Wald bis zu Lach- und Wein-Workshops in St. Peter Ording – es gibt nichts, was einem Seminarleiter nicht in 48 Stunden beibringen möchte.

Doch so groß das Angebot ist, das bei vielen Firmen im Intranet steht, so groß ist die Skepsis derer, die sich vom Aktionismus ihrer seminarbereiten Kollegen nicht anstecken lassen wollen: „Ich komme doch auch so klar", sagen sie und holen sich einen Protestkaffee aus der Küche.

Aber genau das ist der Punkt: Natürlich ist vieles, gerade im Soft-Skill-Bereich, einfach Übungssache. Es ist nicht unwahrscheinlich, nach drei geführten Verhandlungen mit Kunden (oder dem Chef) bei der vierten souveräner aufzutreten als bei der ersten. Und irgendwann so viele PowerPoint-

Präsentationen gehalten zu haben, dass einem selbst klargeworden ist, wie man vermeidet, dass die Zuhörer nach der dritten Folie wegpennen oder nuschelnd über eingesetzte „witzig gemeinte" Comic-Icons lästern.

Aber es gibt auch Dinge, die man nicht einfach mit der Zeit lernt. Oder die einem schon immer schwergefallen sind.

Wer in der Schule grundsätzlich zwei Tage vor einem Referat vor lauter Aufregung Durchfall bekommen hat, wird seine Abneigung, vor Publikum zu sprechen, bis zu seinem Berufsleben so kultiviert haben, dass er sich – wo es nur geht – um derartige Aufgaben drückt: „Ach, soll doch Kollege Maier die Ergebnisse präsentieren", sagt man sich. Nur führt das dann eben immer dazu, dass Maier, der alte Lautsprecher, auch für all die Arbeit Lob einstecken wird, die hinter der Präsentation steckt.

Gerade psychologische, das eigene Auftreten im Job betreffende Fortbildungen sind in vielen Fällen wertvoll und keinesfalls nur was für Turbo-Karrieristen, die von einer Hierarchiestufe zur nächsthöheren hetzen. Weil einem endlich mal jemand objektiv sagt, wie man auf andere wirkt: Dass es nicht so gut kommt, wenn man beim Gespräch mit dem Chef dauernd mit einer Hand die Haare knetet. Oder in einem Vortrag ständig von einem Bein aufs andere tritt. Freunde oder der Partner können das nur bedingt – schließlich mögen sie einen „so wie man ist" (genau deswegen lieben wir sie ja). Auch vom Chef will man nicht darauf hingewiesen werden, dass man immer rote Flecken bekommt, sobald man länger als zwei Minuten vor Publikum spricht, mit piepsiger Stimme zudem.

Das sollten besser charmant-strenge (wenn es blöd läuft leider: betont humorige) Seminarleiter beziehungsweise Coaches übernehmen: Klar kann es auch passieren, dass sie, die schließlich Experten sind, einem dann Wahrheiten präsentieren, die mitunter ganz schön schmerzhaft sind: „Wissen Sie eigentlich, wie unterwürfig Sie dasitzen? Richten Sie doch mal die Schultern auf!" Oder: „Das waren jetzt drei Ähhs in einem

Satz. Sie glauben doch nicht im Ernst, dass Sie auf andere souverän wirken?" Stimme, Körperhaltung, Sprechweise, Argumentation – wenn Dinge, die bei uns so automatisiert ablaufen, infrage gestellt werden, fühlen wir uns plötzlich der eigenen Persönlichkeit nicht mehr sicher.

Studien belegen, dass inhaltliche Faktoren nur zu sieben Prozent an der erwünschten Wirkung beteiligt sind, wenn wir mit anderen sprechen (und das müssen die meisten von uns im Job). 38 Prozent entfallen auf die Stimme, gar 55 Prozent hängen von der Körpersprache ab. Angesichts der Tatsache, dass weniger das, was wir sagen, zählt, als das, wie wir es sagen, sollte man Experten vielleicht gerade in diesen Bereichen Gehör schenken.

Wie brutal einen Seminarleiter bei solchen Fortbildungen auf den Boden der Tatsachen holen können, zeigt folgendes Beispiel: Ein Coach, zu dessen Klienten viele Frauen in Führungspositionen zählen, hatte einmal Seminarteilnehmerinnen gebeten, wie er es nannte, „Kauderwelsch" zu sprechen, also sinn- und wahllos Silben aneinanderzureihen. Vor den anderen, der Reihe nach. Innerhalb von Sekunden wurden die Teilnehmerinnen zu unsicheren, schüchternen Persönchen. Reihum trat eine nach der anderen vor und versagte. Dabei wirkte es kinderleicht, wenn der Coach es vormachte: „Ökulljaase-memalon-giraja", plapperte er. Manche überspielten ihre Hilflosigkeit mit Gekicher, andere waren gar den Tränen nahe. Keine dieser Powerführungsfrauen schaffte es, ein bisschen Freestyle-Unsinn aufzuführen.

Die These des Coaches: In der Berufswelt der Teilnehmerinnen, nämlich der der Führungsebene, sei es so unüblich, die Kontrolle zu verlieren, dass sie es schlicht verlernt hätten. Wer aber nicht imstande war, beim Sprechen loszulassen, konnte die Übung des Kauderwelsch nicht bestehen. Es war faszinierend. Ein mögliches Scheitern vor anderen Menschen auszuhalten brauche es aber, um „die Selbstsicherheit des Siegers" auszustrahlen, so der Coach. Den Psychologen-Sprech kann man sich an dieser Stelle wegdenken, aber Recht hatte er. (Der Effekt war übrigens nicht geschlechtsspezifisch. Es war Zufall, dass er an diesem Tag eine reine Frauengruppe betreut hatte.)

Hätte man diese Frauen während der Mittagspause des Seminars gefragt, wie sich fühlten, hätten die meisten etwas gesagt wie „ganz schön auseinandergenommen". Aber das ist die typische Dramaturgie solcher Seminartage: Am Ende gingen sie mit einem guten Gefühl nach Hause – und mit einem besseren Gespür für das eigene Auftreten.

Natürlich soll an dieser Stelle nicht so getan werden, als gäbe es auf dem unübersichtlichen Markt der Seminare und Weiterbildungsanbieter – Schätzungen gehen in Deutschland von 85 000 aus – nicht auch viele, die die Bezeichnung Coach nicht einmal dann verdient hätten, wenn sie beim letztplatzierten Fußballclub der untersten Liga engagiert wären. Die Zahl der Wichtigtuer in dieser Branche ist groß, die Heilsversprechen oftmals hanebüchen.

Ein guter Gradmesser, um herauszufinden, wer sein Honorar Wert ist, kann sein, Bekannte zu fragen, mit wem sie gute Erfahrungen gemacht haben, oder sich in der Personalabteilung zu erkundigen, wer sich nach einer Fortbildung positiv über diesen oder jenen Seminarleiter geäußert hat.

Noch ein Vorteil, der bei Fortbildungen oft unterschätzt wird: der Austausch mit anderen. Man knüpft Kontakte, und zwar meistens zu Leuten, die in ganz ähnlichen Jobsituationen stecken wie man selbst. Die dasselbe Defizit oder denselben Karrierewunsch haben. Und wenn einen ein Coach einen Tag lang gequält hat, entstehen am Abend beim gemeinsamen Essen (oder Feiern) oft

OFT DAS BESTE AN FORT-BILDUNGSSEMINAREN: DU LERNST DIE RICHTIGEN LEUTE KENNEN.

genug Anknüpfungspunkte: Häufig profitiert man noch lange nach so einem Seminar von den Erfahrungsberichten, den Branchengerüchten oder den persönlichen Gesprächen, die man an solchen Abenden zu hören bekommen hat. Doch so sehr diese Kontakte unterschätzt werden: Sie werden noch viel öfter überschätzt. Dazu kommen wir jetzt:

Schlaumeier, die Jobratgeber schreiben, hängen ja in ihrer „Jeder ist seines Glückes Schmied"-Verblendung dem Glauben an, man könne Karrieren planen. Eine Fortbildung hier, ein bisschen außerbetriebliches Engagement da, eine Prise taktisches Geschick, und schuppdiwupps wird die Erfolgsleiter vor dem Büro aufgestellt, und man darf ein paar Stufen nach oben klettern. Tatsächlich gilt bei den meisten dieser Autoren: Hätten sie in ihrem Leben alles richtig gemacht, wäre es nie zu ihrem Job-Ratgeber-Buch gekommen.

Eines der von solchen Leuten am liebsten geflüsterten Wörter aus ihrem Vokabelheft der Karriereplanung lautet: Networking.

Im Berufsleben viele Kontakte zu haben ist Gold wert, heißt es. Man spricht nicht umsonst von sozialem Kapital: Wie Studien belegen, zahlt es sich buchstäblich aus, mit vielen Menschen bekannt zu sein. So verdanken inzwischen 37 Prozent aller Beschäftigten in Deutschland ihre Stelle einer Art Netzwerk, dem sie angehören, in den USA sogar 75 Prozent. Viele Posten, die neu besetzt werden, tauchen im regulären Stellenmarkt gar nicht auf – sie werden unter der Hand vergeben. Man kennt sich – über den Fußball- oder Golfclub, ein Weiterbildungsseminar, vom Messekongress oder einer Online-Community.

Schon 1973 fand der Soziologe Mark Granovetter heraus: Auf dem Arbeitsmarkt sind vor allem diejenigen erfolgreich, die über viele emotional schwach besetzte Beziehungen verfügen. Wer viele lockere Bekanntschaften hat, kommuniziert viel, und wer viel kommuniziert, hört früher von freien Stellen oder Projekten. Im Gegensatz zu den Siebzigern gibt es heute Kommunikationsbeschleuniger wie Mobiltelefone, Blackberrys und Internet-Communities: So kann jeder, der im direkten Gespräch einen Hauch Sozialgestörtheit an den Tag legt, ohne großen Aufwand erreichen, was Granovetter mit seiner Theorie der „Stärke der schwachen Beziehungen" meinte – er kann seine Kontakte aufrechterhalten sprich: pflegen.

Networking bedeutet: Durch zwanglose Kommunikation mit Menschen, die über entsprechende Macht oder Kontakte verfügen, einen beruflichen Vorteil erlangen. Dabei lässt sich häufig eine Gesetzmäßigkeit beobachten, die man das „Prinzip des abnehmenden Aufwands" nennen könnte: Demzufolge nimmt das Maß an Anstrengung, das man beim Netzwerken erbringen muss, ab, je weiter oben man in der Hierarchie der für andere Leute interessanten Gesprächspartner steht. Und gleichzeitig natürlich auch der Nutzen, den man von Kontakten hat. Chefs, Geschäftsführer und Vorstandsvorsitzende haben für gewöhnlich kein Problem damit, Kontakte zu knüpfen. In ihrer Umlaufbahn kreisen sowieso bei jeder Veranstaltung aufgeregte Sozialkapitalisten.

Unangenehm und anstrengend ist Networking, wenn man in der Kontaktehierarchie noch unten steht. Wenn man Praktikant, Irgendwas-Assistant oder Junior-Dingsbums ist. Gerade dann aber, predigen die Ratgeberexperten, sind Kontakte für das berufliche Fortkommen entscheidend. Was tun? Sich aktiv um Kontakte bemühen? Oder es fürs Erste mit „Höflich und Aufgeschlossen"-Sein versuchen – ohne damit gleich einen Hintergedanken zu verbinden? Schließlich verfügt nicht jeder über diese Mischung aus Selbstbewusstsein, Fingerspitzengefühl und Penetranz, die den versierten Networker ausmacht.

Die meisten Normalvernünftigen sträuben sich doch beim Gedanken, auf Afterwork-Events oder Branchentreffs herumzulungern, wahlweise auch auf Empfängen, Messen, Premieren oder Partys – womöglich noch nach Feierabend. Wer von den freischaffenden, sagen wir, Grafikern, Medienmenschen oder Fotografen hat wirklich Lust darauf, die fest angestellten Kollegen zu besuchen – nur um sich mal wieder „ins Gespräch zu bringen"? Der ganze Sozialstress dient doch vor allem dazu, permanente Leistungsbereitschaft zu signalisieren. Die Visitenkarte in der Tasche, den Smalltalk auf den Lippen, der Stolz: beim Pförtner abgegeben. Während man linkisch vor irgendeinem Schreibtisch steht, merkt man dann meistens, dass der andere gerade „wahnsinnig viel zu tun hat". Und so trollt man sich wieder – mit dem Gefühl, eine Vier-Zeilen-Mail hätte es auch getan.

Allein solche Situationen rechtfertigen für viele, in Internet-Communities wie Xing, LinkedIn oder Facebook vertreten zu sein. Die Kontaktaufnahme mit dem Branchenkollegen kann dann auch im Schlafanzug und vor einer Schüssel Nesquick Chocoballs erfolgen. Nur, blöd gefragt, warum sollte sie? Schlafanzug und Nesquick sind Insignien des Feierabends. Besteht nicht darin das Problem: dass viele geradezu besessen davon sind, permanent zu kommunizieren, sich zu präsentieren und „ihr Profil zu schärfen"?

Fast 6,6 Millionen Menschen sind inzwischen bei dem Businessnetzwerk Xing registriert. Dabei ätzen inzwischen die Mitglieder der ersten Stunden, dass die wirklich wichtigen Leute gar nicht dabei seien – oder inzwischen zum US-amerikanischen Vorbild „LinkedIn" abgewandert sind. Das Prinzip Netzwerk besteht eben auch darin, dass die, die sich zusammenschließen, der Meinung sind, dass sie etwas Besonderes eint. Vielleicht ist inzwischen deswegen jeder Siebte bei Xing bereit, für die Privilegien einer Premium-Mitgliedschaft zu zahlen: Weil er hofft, dann

DIE BUSINESS-KONTAKT-LISTE IST DER SCHWANZVERGLEICH UNSERER GENERATION.

wieder ein Level an Exklusivität zu erreichen, das ihn von Konkurrenten abhebt. Denn nichts anderes ist die Businessplattform: ein Sammelbecken für Marktteilnehmer und Wettbewerber, alle unterwegs im Auftrag der eigenen Ich-AG.

Hält man sich länger in solchen Communities auf, wird klar: Die Kontaktliste ist der Schwanzvergleich der Generation Web 2.0. Immerhin 98 Menschen hat ein durchschnittlicher Xing-Nutzer in seiner Kontaktliste. 98 Personen, die er, wenn er es ernst meint, bei Laune halten muss: mit Mails, Nachfragen,

Geburtstagsglückwünschen, Brancheninfos und „Wie geht's denn so?"-Trallala.

Warum sammeln eigentlich alle so wild und scheinbar wahllos Kontakte? Was treibt die Sozialkapitalisten?

Eine Erklärung könnte in der veränderten Arbeitswelt liegen: Die Fluktuation ist heute höher als noch vor ein bis zwei Jahrzehnten. Weil Arbeitskräfte häufig nur noch befristet oder projektbezogen angestellt werden, werden Jobs schneller frei. Anstellungsverhältnisse lösen einander schneller ab. Gleichzeitig sind die Menschen heute besser vernetzt, die Kommunikationsdichte ist gestiegen. Und weil so im Handumdrehen aus jedem Kontakt ein Kollege werden kann, glauben viele, es sich gar nicht mehr erlauben zu können, die fein gesponnenen Netze zu zerreißen.

Dabei geht es gar nicht nur um berufliches Fortkommen: Das Netzwerken und mit ihm der Glaube an den nützlichen Kontakt hat längst auch unser Privatleben erfasst. In Zeiten von nahezu unbegrenztem Nummernspeicher im Handy, in Zeiten von Facebook, StudiVZ und MySpace werden auch die privaten Bekanntenkreise größer und größer. Es tut ja nicht weh, sich eine Nummer aufzuschreiben oder eine Freundschaftsanfrage mit dem „Ja"-Button zu beantworten. Einerlei, ob wir den, dessen Nummer wir gerade ins Telefon tippen, in Wirklichkeit für eine Knalltüte halten. Die anderen haben gesagt, der Typ könne in Minutenschnelle geschrottete Dateien auf dem Rechner wiederherstellen, und so jemanden zu kennen sei Gold wert.

Bei der Flüchtigkeit und schieren Masse unserer Bekanntschaften fragt sich keiner mehr, wann man eigentlich einen der vier Stephans im Adressbuch (drei mit ph, einer mit f) zuletzt angerufen, geschweige denn gesehen hat. Es geht allein um das Gefühl des Vernetzt-Seins, des Anrufen-Könnens im Notfall. (Dass es dazu nie kommt, merkt man, wenn einem das Handy geklaut wurde und alle Nummern weg sind: Bei drei Vierteln davon bemerkt man den Verlust überhaupt nicht.)

Natürlich soll an dieser Stelle nicht so getan werden, als könne es in bestimmten Fällen nicht nützlich sein, die entsprechenden Leute zu kennen. Und darüber hinaus bereichernd, weil man so Einblicke in andere Unternehmen, Sichtweisen, Branchen bekommt. Das Problem ist das Kalkül: das Es-sich-nicht-verscherzen-Wollen mit Leuten, die wir eigentlich für bescheuert halten.

Frauen haben sich lange Zeit schwerer damit getan, sich karriereorientiert zu vernetzen. In einer Mischung aus Bewunderung und Verachtung klagten sie genervt, dass Männer ja ihre Fußballrunden oder andere testosteronträchtige Verbrüderungsrituale hätten. Stammtische zum Beispiel. In einer Forsa-Erhebung nach dem größten Karrierehindernis befragt, nannten bis vor kurzem 70 Prozent der Frauen als Hauptgrund nicht die vielzitierte Unvereinbarkeit von Familie und Beruf, sondern die Netzwerke ihrer männlichen Kollegen.

Doch Frauen haben im gegenseitigen Vernetztsein längst ihre Chance erkannt. Und so sind viele der heute erfolgreichen Online-Communities für berufstätige Frauen in den letzten Jahren entstanden: Während sich zum Beispiel femity.net ausschließlich an Frauen richtet, sind bei der Online-Plattform Victress auch Männer erwünscht. Die Macher haben sich allein dem Ziel verschrieben, durch ihr Netzwerk mehr Frauen in Führungspositionen zu bringen und das Ende der Zeit „monogeschlechtlicher Führungsteams" in Deutschland ausgerufen.

Die Offline-Version solcher Zusammenschlüsse gibt es zum Beispiel in Brüssel, wo sich eine Gruppe aus EU-Politikerinnen, Journalistinnen und Funktionärinnen regelmäßig zum Stammtisch trifft. Es gibt sie an jedem Finanz- oder Wirtschaftsstandort, wo sich Businesswomen-Netzwerke gebildet haben, um sich in der Wahlheimat, in die sie ihre Karriere geführt hat, mit Rat und Tat zur Seite zu stehen. Es gibt sie an Universitäten, im Bundestag und in Großkonzernen. Die Zusammenschlüsse sind mal politisch-strategisch ausgerichtet, mal businessorientiert, mal mit einem feministischen Programm verbunden, mal pragmatisch auf Alltagsfragen des Berufslebens abzielend. Doch die zentrale Frage stellt sich auch hier: Mit welcher Absicht bewege ich mich in einem Netzwerk? Will ich nur profitieren oder kann ich auch etwas bieten, von dem die anderen was haben? Gerade bei Berufsanfängern ist Letzteres eher selten der Fall.

Außerdem sollte man sich fragen, wie belastbar ein solches Netzwerk im Ernstfall ist: Wer von den 98 Xing-Kontakten einem, sagen wir, bei plötzlicher Arbeitslosigkeit wirklich weiterhelfen würde. Klar hat man jahrelang allen 98 auf die automatische Geburtstagserinnerung hin eine kurze Mail mit Glückwünschen geschrieben. Aber erzeugt das genug Verbindlichkeit, damit die Kontakte jetzt für einen aktiv werden? Viele Businessnetzwerke, ob online oder offline, beruhen unausgesprochen auf der Prämisse des Erfolgs: Verlässt einer das konforme Gruppengefüge (indem er zum Beispiel seinen Job verliert) oder entscheidet er sich plötzlich für einen anderen Lebensentwurf, ist er für die anderen nicht mehr interessant – oder sieht sich selbst nicht mehr als ebenbürtig an und zieht sich zurück.

Wie oben erwähnt braucht es, um ein erfolgreicher Networker zu sein, bereits eine gewisse Stellung im hierarchischen System. Es braucht Chuzpe, strategisches Denken, Fingerspitzengefühl und eine „Macher-Attitüde": Leute, die allein beim Gedanken „einfach mal so" Leute anzuschreiben („anzuschreiben, allein das Wort!"), Würgereiz bekommen, werden nie in die Champions League des professionellen Netzwerkens vordringen.

ÜBERLEG MAL: WELCHER DEINER INTERNETKONTAKTE WÜRDE DIR IM ECHTEN LEBEN WOHL HELFEN?

Aber das muss man auch nicht. Die meisten Kontakte und zwischenmenschlichen Beziehungen im Berufsleben ergeben sich automatisch – und vor allem: mit der Zeit. Wer sich im Guten aus seinem letzten Job verabschiedet hat, dem wird es nicht schwerfallen, mit den netten Kollegen und vielleicht mit dem Chef in Verbindung zu bleiben. Die Berufserfahrung arbeitet für einen: Meistens dauert es ein, zwei Jahre, bis man einen Überblick über die Branche hat. Bis man verstanden hat, wer die Blender und Aufsprecher sind. Und wer einem stattdessen wirklich weiterhelfen kann.

Man lernt sich früher oder später ganz automatisch kennen – auf Messen, Seminaren oder Geschäftsterminen. Wer dann Lust hat, sich mit Leuten gezielt zusammenzuschließen, um sich beruflich auszutauschen, kann ruhig einen Branchenstammtisch gründen oder sich im Internet umsehen. Forcieren muss man nichts. „Everybody's Darling is everybody's Depp", sollten sich alle sagen, die unsicher auf diejenigen schielen, die behaupten, 400 Businesskontakte zu haben.

09 LIEBE RETTEN

Soll ich meinen Lebensplan mit meinem Partner frühzeitig abstimmen (und Kompromisse eingehen) – oder darauf setzen, dass die Liebe uns zusammenhalten wird?

Unheimlich: ein Forscher, der nach fünf Minuten mit dir und deinem Partner weiß, ob ihr in Zukunft glücklich werdet — Was den Menschen vom Höckerschwan unterscheidet — Verdammt wahrer Satz: „Partnerwahl heißt Problemwahl" — Mit welcher Geheimwaffe man einen üblen Beziehungsstreit beenden kann — Worauf Woody Allen auch in der glücklichsten Beziehung nicht verzichten kann

Gibt es diese eine, einzige, große Liebe in unserem Leben, die ewig hält, ohne dass wir viel dafür tun müssen? Dieses schicksalhafte Erkennen des einen, ganz besonderen Menschen, von der Opern- wie Popstars so oft singen und über die Schriftsteller seit Jahrhunderten schreiben? Dazu eine kleine Geschichte, mitten aus dem Pazifischen Ozean.

Am 9. Februar 2001 um 13.42 Uhr gab Commander Scott Waddle, Kapitän der USS Greeneville, einem U-Boot der US-Navy, den Befehl zum Auftauchen. Die USS Greeneville befand sich auf einer Demonstrationsfahrt im Pazifik, etwa 17 Kilometer entfernt von der Südküste Hawaiis. An Bord waren prominente Besucher, unter anderen Tipper Gore, die Ehefrau des damaligen US-amerikanischen Vizepräsidenten Al Gore, und der *Titanic*-Regisseur James Cameron. Commander Waddle wollte vor seinen berühmten Gästen wahrscheinlich ein bisschen angeben. Jedenfalls befahl er einen „Emergency Main Ballast Blow" – ein Manöver, bei dem das U-Boot in etwa 120 Metern Tiefe plötzlich eine große Menge Druckluft aus seinen Tanks ablässt und dadurch in wenigen Sekunden an die Oberfläche katapultiert wird.

Um 13.43 Uhr erreichte die USS Greeneville die Wasseroberfläche, ihre exakte Position lautete 21 Grad 5 Minuten 5 Sekunden Nord, 147 Grad 59 Minuten 1 Sekunde West.

Leider war genau dies, in genau demselben Moment, auch die Position des japanischen Fischkutters Ehime Maru, 58 Meter lang, etwa 500 Tonnen schwer, mit 35 Menschen an Bord. Die auftauchende USS Greeneville schlitzte die Ehime Maru vom Heck bis zum Bug auf. Das japanische Schiff sank binnen fünf Minuten. Neun Besatzungsmitglieder ertranken. Commander Waddle reiste bald darauf nach Japan, um sich bei der japanischen Regierung und den Angehörigen der Opfer zu entschuldigen. Ihm wurde immer wieder vorgeworfen, er hätte mit der Möglichkeit rechnen müssen, direkt unter einem anderen Boot aufzutauchen.

Musste er das?

Der Pazifische Ozean ist das größte Meer der Erde, er misst ungefähr 169,2 Millionen Quadratkilometer und bedeckt etwa 32 Prozent unseres Planeten mit Wasser. Selbst wenn man die Tatsache mit einberechnet, dass in Küstennähe deutlich mehr Schiffe unterwegs sind als auf hoher See – die Wahrscheinlichkeit, dass Commander Waddle mit seinem Angebermanöver in diesem gigantischen Ozean genau an der Stelle auftaucht, wo gerade einige friedliche japanische Fischer entlangschippern, ist ... ist ... minimal. Absurd gering. Nahezu unendlich gering. Um genau zu sein liegt die Wahrscheinlichkeit bei etwa 1 zu 800 000 000.

Wenn wir jetzt mal nur zum Spaß annehmen wollen, dass es auf der Erde wirklich nur diesen einen, ganz besonderen Menschen gibt, der unsere einzige große Liebe sein kann ... na dann: Viel Glück bei der Suche. Die Wahrscheinlichkeit, diesen einen großartigen Seelenverwandten zu finden, beträgt bei der derzeitigen Weltbevölkerung etwa 1 zu 3 400 000 000. Es ist eine ziemlich traurige Aussicht auf die große, ewige, erfüllende Liebe seines Lebens, wenn die Wahrscheinlichkeit, sie zu treffen, ungefähr viermal schlechter ist als die Wahrscheinlichkeit, dass ein plötzlich auftauchendes U-Boot einen Fischkutter irgendwo im Pazifischen Ozean in zwei Hälften schneidet.

DIE SCHLECHTE NACHRICHT: DER MENSCH IST LEIDER NICHT SO TREU WIE DER HÖCKERSCHWAN.

Wer seine Chancen berechnen will, bitte, kein Problem: Die aktuellen Bevölkerungszahlen meldet weltbevoelkerung.de – schlechte Nachricht: Die Quote wird rasant miserabler.

Hoffnungslos romantische Menschen können natürlich anmerken, dass man das Schicksal nicht berechnen kann. Religiöse Menschen werden darauf hinweisen, dass Gottes Wege unergründlich sind, auch die, auf denen er uns zueinander wandeln lässt.

Für alle anderen: Lasst euch nichts einreden. Es gibt sehr wahrscheinlich mehr als einen Menschen auf dieser Welt, mit denen ihr eine glückliche und erfüllte Liebesbeziehung führen könnt. Falls ihr gerade Liebeskummer habt oder unglückliche Singles seid, ist das eine gute Nachricht. Freut euch. Haltet die Augen offen.

Solltet ihr zu den glücklichen Menschen gehören, die bereits einen Partner gefunden haben, den sie lieben und von dem sie geliebt werden … herzlichen Glückwunsch. Und: Achtung, Achtung! Denn so schön es ist, dass ihr euch gefunden habt – auch für euch gilt diese Nachricht: Sehr wahrscheinlich existieren da draußen sowohl für euch als auch für euren Partner noch andere Menschen, mit denen ihr eine tolle Beziehung führen könntet. Klingt im Augenblick vielleicht absurd, weil ihr euch gut versteht, beim Sex alles okay ist, ihr vielleicht gerade erst zusammengezogen seid oder einen Urlaub geplant habt oder euch wie auch immer einander versprochen habt. Aber es ist vermutlich die Wahrheit. Denn Menschen sind blöderweise keine Höckerschwäne.

Höckerschwäne sind so etwas wie das Wappentier der Romantiker. Hat der Höckerschwan einen Partner gefunden, zeugt er Nachwuchs, brütet die durchschnittlich sechs Eier aus und zieht die Kleinen groß. Im Folgenden schwimmen Herr und Frau Höckerschwan gemeinsam auf Seen und in Flüssen, gelegentlich wuchten sie ihre mächtigen Körper zu kurzen Flügen in die Höhe, stets unter großem Getöse und niemals über weite Strecken, selbst im kalten europäischen Winter bleiben sie, wo sie sind – für längere Flugreisen sind die Tiere einfach zu schwer. Wenn der Nachwuchs ausgewachsen ist, wird er vertrieben, und Herr und Frau Höckerschwan sind wieder gemeinsam alleine. Irgendwann zeugen sie neuen Nachwuchs, wieder sechs Eier, und so weiter, und so weiter.

Von Fremdgehen, Paartherapien, Scheidungskriegen ist bei Höckerschwänen nichts bekannt. Auch nichts von Streitereien über auf dem Nachttisch stehen gelassene Kaffeetassen, geklaute Socken, Handyspionage, vergessene Geburtstage, auch nichts über große „Immer-Diskussionen" („Immer vergisst du den Einkauf!" – „Sag nicht immer immer'"), respektloses Augenverdrehen, üble Missverständnisse beim Sex, Freiraumforderungen („Ich brauch mehr Zeit für mich!"), zu spätes Nachhausekommen, auch nichts über Wer-zahlt-was-Generve, falsche Prioritäten oder Debatten über die große Frage, wer mehr für den anderen tut. All das kennen Höckerschwäne nicht. Sie schwimmen gemeinsam und friedlich nebeneinander her, ein Leben lang.

Menschen sind irgendwie komplizierter. Jede dritte Ehe in Deutschland wird geschieden, in Großstädten sogar jede zweite. Die Wahrscheinlichkeit, dass eine erste Ehe während eines Zeitraums von 40 Jahren geschieden wird, liegt bei 67 Prozent, hat der amerikanische Paarforscher John Gottman errechnet, und er setzt noch eins drauf: Die Hälfte aller Scheidungen ereignet sich in den ersten sieben Jahren. Kein Problem für deine Partnerschaft, weil ihr noch nicht verheiratet seid? Ähm ... leider hilft das nicht viel. Probleme jeder Art warten auch auf nichtverheiratete

GEHT'S NICHT OHNE REGELN? EINFACH ROMANTISCH IN DEN SONNENUNTERGANG LIEBEN?

Paare. Nur ein Beispiel von sehr vielen: Eine repräsentative *NEON*-Studie ergab 2008, dass knapp die Hälfte aller Befragten schon mal ihren Partner mit einem oder einer anderen betrogen hat. Statistisch nicht erfasst sind die zahllosen Fremd-Knutschereien und Fremd-Fummeleien, die jeden Freitagabend angetrunken irgendwo und irgendwie passieren und bei eisenharter Auslegung der „Fremdgehen"-Definition vielleicht noch kein Sexbetrug sind, aber ... meistens doch verboten.

Spannend, dass wir uns um alles in unserem Leben ausgiebig sorgen: Wir cremen unsere Körper mit After-Sun-Lotion ein, gießen die Balkonpflanzen, schreiben Weihnachtskarten und gratulieren Nachbarn zum Geburtstag ... aber in unserer Liebesbeziehung, dem Bereich, der uns doch der wichtigste sein sollte, gelten Vorsorge und Pflege als unromantisch. Meistens kümmern wir uns erst so richtig, wenn's bei einem

Streit übel geknallt hat: Dann wird stundenlang mit Freunden diskutiert, geheult, dann werden große, lange Problemgespräche geführt. Man kann natürlich einfach darauf hoffen, dass der andere schon weiß, was okay ist und was nicht. Es könnte aber auch sinnvoll sein, sich schon in guten Zeiten zusammenzusetzen und zu besprechen, welche Regeln in der Beziehung gelten. Regeln? Pflege? Vorsorge? Ja Mensch, geht's noch ein bißchen unromantischer?

Ähm, ehrlich gesagt: ja. Der Kieler Bevölkerungsforscher Hans W. Jürgens tritt sogar für sogenannte Ehekontrakte ein. Seiner Meinung nach sollten Frauen und Männer Verträge über fünf, zehn oder 15 Jahre schließen, statt sich einander gleich „auf ewig" zu versprechen. „Am Ende der Laufzeit müssen sich beide zusammensetzen und bereden, ob sie einen neuen Vertrag aufsetzen oder getrennte Wege gehen wollen."

Zumindest würden dadurch regelmäßige, ernsthafte Gespräche nötig, vor denen sich keiner drücken kann. Aber auch wenn niemand einen Notar für die Liebe will, stellt sich die Frage, ob ein Paar grundsätzliche Spielregeln braucht, nach denen es zusammenlebt – oder ob die Liebe nicht im Gegensatz zum Steuerrecht und Soßenrezepten der eine heilige Bereich bleiben sollte, in dem man endlich mal ohne Regeln auskommt. Geht's auch ohne? Ganz romantisch einfach drauflos-lieben, mit tiefen Blicken in die Augen bei Sonnenuntergang? Steeldrum-Klängen in der Ferne? Meeresrauschen? Sogar Möwengekreische? Schön wär's ja. Kann man in der Beziehung von den Romantikern der Vergangenheit was lernen? Die Romantiker hatten ungefähr zwischen 1790 und 1850 ihre große Zeit: Novalis und seine „Blaue Blume", Eichendorff, Heine in der Literatur; Schlegel, Schelling, Fichte in der Philosophie; Brahms, Schumann, Mendelssohn Bartholdy in der Musik ... gemeinsam stellten sie dem Nützlichen das Irrationale, das Hoffende, das Träumerische entgegen. Klar kann man von denen was lernen. Und wenn's nur das eine ist: die Liebe schönstmöglich in Worte zu packen.

„Ich weiß wohl, was du liebst in mir –
Es ist die Glut in meiner Brust –
Es ist die zauberhafte Zier,
Der tief geheimen innern Lust,
Die strahlt aus mir, und ruft zu dir:
Schließ mich in einen Felsenstein,
So ruf ich doch durch Mark und Bein!
Komm, lebe, liebe, stirb bei mir
Du musst, du musst. –"

So groß dichtete Clemens Brentano (Studienabbrecher, geschieden). Während damals in Frankreich aus romantischen Idealen eine politische Bewegung geworden war, blieben die Romantiker in Deutschland eher Geistesrevolutionäre. Man saß vor allem da und komponierte und dichtete, zumeist traurig, aber schön. Die Klassik löste schließlich die Romantik ab, die Kunst und die Welt wurden wieder nüchterner. Schöne Liebesgedichte gab es weiterhin. Was das bedeutet? Ebenso wenig, wie der vernünftige (klassische) Mensch für sich allein beanspruchen kann zu wissen, wie Liebe funktioniert, sollte der Romantiker darauf setzen, dass nur er die Liebe versteht.

Also: Praxistest. Suchen wir uns irgendeine Beziehung. Nehmen wir ein relativ glückliches Paar. Nehmen wir, warum eigentlich nicht: nehmen wir ... deinen Partner und dich. Alles okay, grundsätzlich? Schön. Kleineres Generve? Ja? Nicht so schlimm, oder? Gut. Also alles okay?

Echt? Ganz ehrlich?

Noch mal John Gottman, mittlerweile emeritierter Professor für Psychologie an der Universität von Washington, und während der vielen Jahre seiner Arbeit für die weltweite Paarforschung das geworden, was Loriot für den deutschen Humor ist: der weißhaarige Bezugspunkt Nummer eins. Es gibt fast keinen Paarpsychologen, der Gottman nicht zitiert. Und auch wenn ihm einzelne Stimmen widersprechen, stellt sich der ziemlich entspannte 67 Jahre alte Professor und Chef des

„Gottman Institute" noch immer ziemlich breitbeinig vor sein Publikum und erklärt: *„Nachdem ich ein verheiratetes Paar nur fünf Minuten beobachtet und ihm zugehört habe, kann ich mit 91-prozentiger Wahrscheinlichkeit sagen, ob es sich scheiden lassen wird oder nicht. "*

91 Prozent? Klingt erstmal nach Kokolores, aber Gottmans Behauptung ist wissenschaftlich gedeckt. In seinem „Ehelabor" in Seattle hat er jahrelang Paare beobachtet und untersucht. Dabei hat er zunächst eine ganze Reihe positiver wie negativer Beziehungsmythen widerlegt:

1. GEMEINSAME INTERESSEN HALTEN ZUSAMMEN? Nicht notwendigerweise. „Hängt davon ab, wie Sie miteinander umgehen, wenn Sie diesen Interessen nachgehen", schreibt Gottman in seinem Buch *Die 7 Geheimnisse der glücklichen Ehe*. Gemeinsames Kajakfahren kann eine wildromantische Beschäftigung sein, die die Beziehung stärkt … außer, einer der beiden Fahrer krittelt pausenlos am anderen herum. Oder einer fährt nur aus Pflichtgefühl mit und kriegt mit der Zeit schlechte Laune, weil er viel lieber zu Hause auf dem Sofa liegen würde.

2. EINE HAND WÄSCHT DIE ANDERE? Muss auch nicht stimmen. Natürlich ist es schön, wenn auf einen Kuss eine liebevolle Erwiderung folgt, eine hilfreiche Tat vergolten wird. Gottman: „In Wirklichkeit ist es aber die unglückliche Ehe, in der dieses Prinzip des Aufrechnens praktiziert wird, weil jeder das Gefühl hat, Protokoll darüber führen zu müssen, wer was für den anderen getan hat. Glückliche Paare rechnen nicht auf, ob der andere das Geschirr spült, wenn der eine das Essen gekocht hat. Sie kochen für den anderen, weil sie ihm und ihrer Partnerschaft gegenüber grundsätzlich ein gutes Gefühl haben."

3. AFFÄREN SIND DIE HAUPTURSACHE FÜR SCHEIDUNGEN? Stimmt auch nicht. Oft sind sie der greifbare, endgültige Auslöser. Aber in der Regel sind es erstmal Beziehungsprobleme, die einen Partner dazu bringen, sich nach einer anderen intimen Beziehung umzusehen. Die meisten Ehetherapeuten, die über außereheliche

Affären schreiben, stellen fest, dass es bei diesen Beziehungen meist nicht um Sex geht, sondern um Freundschaft, Unterstützung, Respekt, Aufmerksamkeit oder Interesse – Dinge, die eigentlich in einer Ehe gefunden werden sollten. Nur 20 bis 27 Prozent befragter geschiedener Paare sagen, dass eine Affäre zum Teil Grund für die Trennung sei.

Und so weiter. Männer sind nicht für Beziehungen gemacht? Faule Ausrede. Die Neurosen meines Partners sind schuld an unserer Trennung? Meistens Quatsch. Gottman widerlegte einen Mythos nach dem anderen, ehe er zum Kern seiner Forschung kam: Wie gut ein Paar zusammenpasst, erkannte Gottman, zeigt sich in Konfliktsituationen. Vor allem an der Art, wie sich zwei Menschen in einem Streit verhalten, lässt sich das weitere Schicksal ihrer Beziehung ablesen.

Kurze Pause. Kurze kritische Frage: Wie soll es möglich sein, anhand einer fünfminütigen Beobachtung beurteilen zu können, ob ein Paar auch langfristig glücklich sein kann oder nicht ... zumal, wenn das Paar in diesen fünf Minuten noch nicht einmal streitet, sondern sich ganz normal unterhält? Gottman spricht von den vier „Apokalyptischen Reitern", die (meistens in der gleichen Reihenfolge) in eine Ehe getrampelt kommen und „tödlichen Schaden anrichten, wenn ihnen freier Lauf gelassen wird". Diese „Apokalyptischen Reiter" sind: Kritik, Verachtung, Rechtfertigung und Mauern.

Möglicherweise sieht man diese „Apokalyptischen Reiter" noch gar nicht durchs Blumenbeet der Beziehung galoppieren – aber Gottman glaubt, ihr Getrappel schon zu hören, indem er ein Paar nur beobachtet. „Kritik" ist schlimm, wenn sie sich negativ von der „Beschwerde" unterscheidet. Die „Rechtfertigung" ist oft eine Methode, einen Angriff dadurch abzuwehren, dass man seinerseits eine Beschuldigung formuliert. „Mauern" bedeutet, einem begonnenen Konflikt dauerhaft dadurch aus dem Weg zu gehen, indem man all seine Luken dicht macht (offenbar eine männliche Spezialität). Der schlimmste aller vier „Apokalyptischen Reiter" ist die „Verachtung". Wer seinem Partner zynisch oder sarkastisch begegnet, durch Augenrollen, Verhöhnen, abschätzigen Humor, der vergiftet seine Beziehung. „Es ist so gut wie unmöglich, einen Konflikt zu lösen, wenn der Partner den Eindruck bekommt, dass man ihn ablehnt", sagt John Gottman.

Es kann hilfreich sein, in seiner Beziehung auf das Getrappel der schrecklichen „Apokalyptischen Reiter" zu horchen, auch wenn im Augenblick bis weit zum Horizont nicht mal ein süßes, kleines apokalyptisches Pony zu sehen ist.

Wer bringt uns eigentlich bei, wie heute eine glückliche Beziehung auszusehen hat? Unsere Eltern? Na, besser nicht. Die Generation der unter 40-Jährigen in Deutschland ist durch die steigende Zahl der Scheidungen im Familien- und Freundeskreis besonders trennungserfahren – und nicht selten traumatisiert. Und Scheidungskindern fehlen Modelle, wie man sich als Paar streitet, wieder verträgt und trotz Schwierigkeiten weiter an einen gemeinsamen Lebensplan glaubt. Weil Scheidungskinder erlebt haben, dass Liebe mit schmerzhaften Folgen zerbrechen kann, zögern viele, sich ganz auf einen Partner einzulassen. Dieser Vorbehalt führt häufig zu mangelnder Hingabefähigkeit – und dazu, dass aus Angst vor Enttäuschungen die Ansprüche an potenzielle Partner enorm hochgeschraubt werden. Man will sich nur noch mit einem ganz besonderen und perfekten Menschen einlassen – in der Hoffnung, so gegen Trennung gefeit zu sein.

Oder zeigt uns Hollywood, wie's funktionieren könnte? Romantic Comedies zählen zu den erfolgreichsten Genrefilmen der Industrie, die sich „Traumfabrik" nennt – und es ist eigentlich ganz lustig, dass so viele von uns immer wieder versuchen, die Bewegtbildträume von der Leinwand in unsere Realität zu übersetzen. Abgesehen davon, dass es geradezu absurd masochistisch ist, dem Körperideal von Hollywoodstars nachzueifern, kann es uns auch nur unglücklich machen, auf die zahllosen Zufälle zu hoffen, die John Cusack und Kate Beckinsale

LIEBE

Wie oft sagst du zu deinem Partner „Ich liebe dich" nur aus Gewohnheit (zum Abschied im Treppenhaus, vor dem Schlafengehen etc.)? Wertet das den Satz deiner Ansicht nach eher auf oder eher ab?

Wenn dein Partner deine „große Liebe" ist – wer war dann zuletzt deine „kleine Liebe"?

Würdest du dich in dich selbst verlieben?
☐ *ja* ☐ *nein*

Welche Probleme löst die Liebe?

Auf welches Vergnügen musst du aufgrund deiner Liebesbeziehung verzichten?

Wie schwer fällt dir dieser Verzicht?

Wie stehst du zu dem Gedanken einer „Liebe auf Zeit", in der sich Partner jeweils nur für einen fest vereinbarten Zeitraum aneinander binden?

Wäre besserer Sex ein Grund für dich, den Partner zu wechseln?
☐ *ja* ☐ *nein*

Würdest du Fragen dieses Fragebogens anders beantworten, wenn dein Partner zuhören würde?
☐ *ja* ☐ *nein*

in *Serendipity* schließlich zueinanderfinden lassen, oder auf die Hartnäckigkeit von Meg Ryan und Tom Hanks in *Schlaflos in Seattle*, oder auf die Vorsehung, die Jim Carrey und Kate Winslet in *Vergiss mein nicht* füreinander bestimmt hat (oder, oder, oder …). Wie knüppelhart die Realität sein kann, weiß jeder, der schon mal freitagabends in einer Bar ergebnislos auf die schöne Frau/den schönen Mann gewartet hat, die/der vergangene Woche da war … und diesmal offensichtlich woanders ist. Was in Hollywoodfilmen immer funktioniert, klappt im echten Leben leider nur sehr selten. Und lustigerweise ist bei Romantic Comedies meistens nur noch der Abspann zu sehen, wenn's richtig interessant wird: Okay, sie waren füreinander bestimmt, sie haben sich gefunden, Hochzeitsglocken läuten, „Sie dürfen die Braut jetzt küssen" usw. … aber mögen sich die beiden Filmhelden

WARUM ENDEN HOLLYWOOD-SCHNULZEN IMMER DANN, WENN'S INTERESSANT WIRD?

auch noch, wenn die Kinder nachts schreien? Sind sie sich einig über eine gemeinsame Haushaltskasse? Und Schicksalsliebe hin oder her: Bleibt John Cusack auch bei Kate Beckinsale, wenn sie streng riecht? Passender Zweizeiler von Kurt Tucholsky: „Seine Ehe war zum größten Teile: verbrühte Milch und Langeweile. Und darum wird beim Happy End im Film gewöhnlich abgeblend."

Zugegeben, man kann Hollywood daraus keinen Vorwurf stricken, Filme sind ja gerade dazu da, uns aus der Wirklichkeit fliehen zu lassen. Aber trotzdem spannend, wie viele von uns die Kino-Traumwelt nicht mehr als Fluchtmöglichkeit, sondern als Orientierungspunkt für ihr Leben verwenden – und das, obwohl uns Paparazzi und die bunten Blätter inzwischen mehr als deutlich vor Augen halten, dass auch die Stars nur in ihren Rollen perfekte Partner sind (schon fast komisch: von Sienna Miller über Hugh Grant bis zu Woody Allen bescheißt wirklich jeder jeden, egal in welcher Lebenssituation oder welchen Alters. Möglich, dass am Ende doch der Chansonnier

Udo Jürgens Recht behält, der in einem Interview im *Magazin der Süddeutschen Zeitung* mal erklärte: „Treue ist nur der Mangel an Gelegenheiten."). Verwirrend: Partnerschaftsanzeigen in den Zeitungen, die mit „Rhett sucht Scarlett" betitelt sind. Die vielen Frauen, die sich, inspiriert von *Sex and the City*, abends mit dem T-Shirt „Waiting for Mr Right" auf die Suche begeben ...

Ja klar, natürlich ist auch im echten Leben eine Liebe von einem Hauch schicksalhafter Romantik umweht, die mit dem gleichzeitigen Griff zu einer Müslipackung im Supermarkt oder Sitzen nebeneinander im Zug beginnt. Alles ist möglich! Auch in echt! Aber anzunehmen, dass das Schicksal auch den ganzen Rest übernimmt und die Liebe ein Leben lang golden vom Glück beschienen wird, ist was für naive Träumer.

So ungefähr sagt das jedenfalls der amerikanische Eheberater Daniel Wile, der die Herausforderung, eine Beziehung zu führen, so knapp und klar wie niemand anderer zusammengefasst hat: „Partnerwahl heißt Problemwahl."

Verflucht unromantisch klingt das, weil es irgendwie bedeutet, dass man sein „Waiting for Mr Right"-T-Shirt zur Altkleidersammlung geben kann – weil es Mr Right einfach nicht gibt. Stattdessen begegnen uns Menschen, in die wir uns im besten Fall verlieben, und zwar so sehr, dass wir ihre kleinen und großen Macken einfach mitlieben. Auch wenn sie uns nicht gefallen. „Wenn Sie einen Partner fürs Leben wählen, wählen Sie auch eine bestimmte Anzahl unlösbarer Probleme, mit denen Sie sich dann in den nächsten zehn, 20 oder gar 50 Jahren herumschlagen müssen", erklärt Wile. „In gewissem Sinne ist eine Beziehung der Versuch, mit den negativen Seite der Münze zurechtzukommen, deren positive Seite man liebt und bewundert." In seinem schönen Buch *Die Liebe und wie sich Leidenschaft erklärt* fasst der Journalist und Wissenschaftler Bas Kast zusammen: „Nur Fantasiefiguren haben keine Fehler." Dann zitiert er Goethe, was fast nie verkehrt ist: „Doch bin ich, wie ich bin, und nimm mich nur hin! Willst du Bessre besitzen, so lass sie dir schnitzen." Und schiebt noch ein Zitat nach, diesmal vom Schriftsteller Otto Flake: „Liebe ist der Entschluss, das Ganze eines Menschen zu bejahen, die Einzelheiten mögen sein, wie sie wollen.“

Was irgendwie gleichzeitig abgeklärt und doch sehr romantisch klingt. Weil das Flake-Zitat einerseits nüchtern zugibt, dass es „Einzelheiten“ an unserem geliebten Partner geben kann, die wir zu Beginn einer Beziehung zwar „bejaht“ haben … die uns dann aber doch irgendwann irre auf die Nerven gehen. Aber andererseits vertraut Flake eben doch romantisch auf die Liebe, die uns die Kraft geben kann, mit diesen nervigen Einzelheiten umzugehen.

Auf tolle wissenschaftliche Art gibt der Schweizer Psychologe Dr. Jürg Willi in seinem Buch *Die Zweierbeziehung* ein paar gute Gründe, über die Nerv-Einzelheiten des Partners hinwegzusehen. Seiner Meinung nach profitieren wir nämlich auch jederzeit von einer funktionierenden Liebesbeziehung – weil wir dort Gelegenheit haben, ab und zu alle Maschinen abzuschalten und uns einfach treiben zu lassen. Wissenschaftlich formuliert klingt das so: „In einer gesunden Paarbeziehung profitieren die Partner von der Möglichkeit, in freischwingender Balance partiell progredieren und regredieren zu können. Bald weint sich der eine regressiv beim anderen aus, der ihn – die Mutter-Position – tröstet, bald ist es wieder der andere, der hilflos ist und den Rat und die Unterstützung des Ersteren beansprucht. Das gegenseitige Stützen und Gestütztwerden vermittelt den Partnern ein hohes Maß an Befriedigung und gibt eine wesentliche Motivation zur Paarbildung.“

Es wird uns nicht gelingen, einen fehlerfreien Partner zu finden – weil es keinen fehlerfreien, perfekten Partner gibt. Aber es ist auch gut zu wissen, dass viele Fehler eines Menschen nicht dessen Schuld sind, sondern tiefere Ursachen haben – das sollte uns nachsichtiger machen. Dazu nochmal ein Beispiel von Dr. Jürg Willi, auch wenn's ein langes Zitat ist und ein bisschen kompliziert klingt: „In unserem Kulturraum besteht die Tendenz, progressive Verhaltensweisen vor allem dem Mann

BEZIEHUNG

„Um sich weiterzuentwickeln, muss man sich auch mal von einem Partner trennen."

ANGELINA JOLIE
Schauspielerin

„Kein Fernseher im Schlafzimmer."

MATT GROENING
Erfinder der Simpsons

„Für meine Ehe habe ich mich genauso abgeschuftet wie für meine schwierigsten Rollen."

WILL SMITH
Schauspieler

„Bei kleinen Männern rate ich zur Vorsicht."

JANE BIRKIN
Sängerin

„Bist du in zwei Menschen zur gleichen Zeit verliebt und kannst dich nicht entscheiden – schlafe mit beiden. Dann warte 24 Stunden. Danach weißt du Bescheid."

SHIRLEY MACLAINE
Schauspielerin

„So sehr ich meine Frau liebe – ich brauche mein eigenes Badezimmer."

WOODY ALLEN
Regisseur

zuzuschreiben, regressive aber der Frau. Der Mann hat sich als allzeit überlegen, stark und lebenserfahren zu erweisen, als ritterlicher Beschützer und Stütze der Frau, während regressives Verhalten wie Suchen von Schutz und Trost, schwächliche Anklammerungsbedürfnisse und Unselbstständigkeit immer noch als unmännlich gelten. Da aber Männer in der Regel wohl kaum wesentlich reifer sein dürften als Frauen, fühlen sie sich oft gezwungen, sich zum Scheine progressiv aufzuspielen und ihre regressiven Kommunikationswünsche zu unterdrücken und zu verleugnen. Andererseits gelten auch heute noch (...) regressive Verhaltensweisen als besonders fraulich. Viele Männer fühlen sich besonders angezogen von Frauen, die in ihnen Halt und Stütze suchen, an ihnen emporblicken. Manche Frauen sind forciert darum bemüht, sich auf das schwäch- lich-regressive Stereotyp der ,Idealfrau' zu bescheiden, ob- wohl das gar nicht ihrer eigent-

IN EINER GLÜCKLICHEN BEZIEHUNG STEHEN PARTNER IM GEFÜHL DER GLEICHWERTIGKEIT.

lichen Verfassung entspricht. Das Zusammenspiel des schein- starken Mannes mit der scheinschwachen Frau zeigt sich in der ,hysterischen Ehe' in übersteigerter Form. "

In einer glücklichen Beziehung, so schließt Willi, stehen die Partner zueinander im Gefühl der Gleichwertigkeit. „Gemeint ist damit nicht nur die Gleichberechtigung einer partnerschaftlichen Beziehung und auch nicht das Gleichsein in Verhalten und Funktionen, sondern die Ebenbürtigkeit im Selbstwertgefühl." Jedes Paar kann seine Beziehung organisieren, wie es das für richtig hält. Wer bucht die Urlaubsreisen? Wer ist der große Unterhalter bei Abendessensrunden? Wer hängt die Wäsche auf? Wer packt den Käse vom Frühstückstisch zurück in den Kühlschrank? Egal, jeder wie er mag. Das kann sogar nach außen ungleich aussehen – wichtig ist nur, dass beide Partner sich jederzeit auf Augenhöhe begegnen können, dass sie in ihrer Beziehung die „Gleichwertigkeitsbalance" halten.

Für diese Balance können beide Partner etwas tun. Das muss nicht gleich eine Paartherapie sein – auch wenn's eine interessante Erfahrung sein kann, mit einem unparteiischen Dritten über seine Liebe zu sprechen (statt mit der besten Freundin oder einem guten Kumpel), und auch wenn Therapeuten regelmäßig beklagen, dass wir alle zwar vorbeugend zweimal im Jahr zum Zahnarzt rennen, ohne Zahnschmerzen zu haben, unseren Beziehungen aber scheinbar weniger Bedeutung beimessen. Wenn überhaupt, gehen Paare im Schnitt sechs Jahre zu spät zu einem Therapeuten, rechnet die Journalistin Anne Otto in *Brigitte* vor. Häufig ist das Verhältnis zwischen den Partnern dann allerdings schon so zerrüttet, dass nur noch einer wirklich helfen kann: der Scheidungsrichter.

Es geht auch eine Nummer kleiner (weil's durchaus passieren kann, dass der Partner von dem Vorschlag: „Komm, wir gehen mal zum Paartherapeuten" irritiert sein könnte). Abgesehen davon, dass man sich inzwischen auch online mit oft guten Ergebnissen beraten lassen kann (zum Beispiel bei „theratalk.de", einem Beratungskonzept, das in Zusammenarbeit mit der Uni Göttingen entwickelt wurde; die durchschnittliche Dauer des Programms beträgt zwölf Wochen, der Preis liegt bei 65 Euro pro Woche), sind hier vier Beispiele für kleine Tricks, die Beziehungen sichern oder retten können:

1. SCHLUSS MIT DEM VORWURFSVOLLEN DENKSTIL! Forscher sehen darin eines der großen Geheimnisse glücklicher Paare. Wenn etwas schiefläuft, schieben das Partner in intakten Beziehungen auf die äußeren Umstände statt auf den Partner.

Die Freundin kommt eine halbe Stunde zu spät zu einer Verabredung? Noch ehe sie ein Wort der Erklärung sagen kann, ist das Urteil bei ihrem Partner oft schon gefallen:

Der unzufriedene Partner folgert im „vorwurfsvolle Denkstil": „Typisch! Nie kann man sich auf sie verlassen!"

Der glückliche Partner denkt anders: „Ach, sie steht zurzeit sehr unter Stress, geht mir manchmal genauso."

Das perfide am „vorwurfsvollen Denken" ist, dass selbst positive Handlungen negativ ausgelegt werden können, wenn man sich einmal in das destruktive Denkmuster begeben hat: Angenommen, der Freund bringt zwei Flaschen ihres Lieblingsweins mit nach Hause. Die unzufriedene Partnerin wird im „vorwurfsvolle Denkstil" folgern: „Er hat ein schlechtes Gewissen! Was hat er wohl schon wieder ausgefressen? Und warum kümmert er sich eigentlich nur so selten um mich?"

Aus diesem Mist kommt man nur ganz schwer wieder raus. Aber es hilft, sich klarzumachen, dass man oft auch Autosuggestion betreibt, sich also nur einredet, dass der andere ein Idiot ist. Ein Vorschlag des hawaiianischen Eheberaters Chuck Spezzano klingt etwas esoterisch und möglicherweise auch albern, ist aber wahrscheinlich in manchen Fällen genau das Richtige (und zumindest ein guter Selbsttest): „Konzentriere dich 14 Tage lang auf die Eigenschaft, nach der du dich sehnst. Glaube daran, dass du sie in deinem Partner entdecken kannst. Dein Partner wird sie entwickeln." Wer es nüchterner mag, ist mit dem britischen Diplomaten Harold Nicolson gut bedient, der einen Ausweg aus dem „vorwurfsvollen Denkstil" sehr elegant formulierte: „Das große Geheimnis jeder guten Beziehung ist, jeden Unglücksfall als Zwischenfall und keinen Zwischenfall als Unglücksfall zu behandeln."

2. EIN GUTES ERGEBNIS: 5:1! Was sich anhört wie der Endstand einer einseitigen Fußballbegegnung, ist wiederum ein Merksatz von John Gottman, dem Therapeuten-Loriot aus Seattle. Er empfiehlt jedem Paar, Lob und Kritik im Verhältnis 5:1 auszusprechen (wobei sich Männer grundsätzlich noch etwas galanter verhalten sollen als Frauen). Aber zugegeben, das wirkt unter Umständen etwas angestrengt und fällt den grundsätzlich höflichen Viellobern aus den USA auch leichter als den zurückhaltenderen Westeuropäern. Als Faustregel kann das „5:1" trotzdem hilfreich sein … und wenn's nur dazu dient, an sich selbst zu überprüfen, wie viel Gutes man in und an seinem Partner noch sieht. Andere Forscher raten dazu, ein „Beziehungskonto" einzurichten, nur in Gedanken, von dem man abhebt und auf das man einzahlt. Noch einfacher: die Forderung der Forscher, „sich dem Partner zuzuwenden". Unter Zuwendung lässt sich jede positive Reaktion auf den Partner verstehen. Ein Lächeln wird mit einem Lächeln beantwortet, eine Frage nicht unbeantwortet im Raum stehen gelassen, ein Hinweis beachtet. Ja ja, klingt immer ein bisschen wie das Drehbuch zu einem „Merci"-Werbespot ... aber am Ende sind es genau diese kleinen Gesten, die eine Beziehung glücklich halten, wichtiger als die großen Geschenke, wichtiger als der Ewigkeitsschwur samt Diamantring im Champagnerglas.

3. DIE KUNST, RICHTIG GUT ZU STREITEN. Ebenso schrecklich wie eine Beziehung, in der sich beide Partner ständig anmotzen, ist die Vorstellung einer Liebe in vollständiger Harmonie. Wer nie gelernt hat, mit dem anderen zu streiten, rauscht irgendwann in eine Katastrophe. Ein Streit ist erstmal auch nichts Schlechtes. Richtig eingesetzt werde Kritik „am Ende als Liebesbeweis wahrgenommen", sagt der Psychiater Dr. Jürg Willi. Und selbst wenn man das harmonische „5:1"-Modell ausprobiert, bedeutet das nicht, dass man sich nicht auch deutlich die Meinung sagen kann. Klar, es geht um einen respektvollen Umgang miteinander – aber auch darum, deutlich und unmissverständlich seine Meinung zu sagen. Nutzt ja nichts, dem anderen unterwürfig Recht zu geben und dann unzufrieden auf die nächste Gelegenheit zu warten, einen neuen Streit vom Zaun zu brechen. Noch mal Jürg Willi – Achtung, das ist jetzt die schlaue Analyse einer häufigen, üblen Beziehungstaktik: „In einem Beziehungsstreit gibt es keine Sieger und Verlierer. Der Verlierer hat nämlich eine Fülle von Mitteln, um den Ausgleich wiederherzustellen. Kippt durch einen Streit die Beziehungsbalance und merkt einer der Partner, dass er dem anderen mit direkten Mitteln unterliegt, so kann er in einer Paarbeziehung auf ein großes ‚Waffenarsenal' zurückgreifen, mit dem er sich trotz scheinbarer Unterlegenheit dem Partner gegenüber behaupten und sich wieder in ein – allerdings destruktives – Gleichgewicht bringen kann. Die dazu eingesetzten Mittel sind etwa: Weinen, depressive Vorwurfshaltung, Davonlaufen, trotziges Schweigen, Märtyrer- und Heiligenhaltung, psychosomatische Symptombildung, Suizidversuche, Alkoholräusche, Arbeitsstreik usw. Viele Ehequalen entstehen daraus, dass Konflikte nicht mehr mit gleichen Waffen ausgetragen werden, sondern dass solche destruktiven Reserven mobilisiert werden, die eine faire Konfliktlösung verunmöglichen und zu einer Eskalation führen. Wenn ein Sieg in einer Auseinandersetzung zu solchen Nachwirkungen führt, dann sind beide Partner Verlierer." Puh. Ja. Klingt nicht gut.

Aber wie geht richtiges Streiten dann? Wichtig: vorsichtig anfangen. Eine Studie von John Gottman zeigt, dass ein Streit mit grobem Auftakt in 96 Prozent aller Fälle auch mit negativer Stimmung endet – ganz gleich, wie viele Versuche zwischendurch unternommen wurden, doch noch nett miteinander umzugehen. Zweiter Rat: An die vier „Apokalyptischen Reiter" denken und auf Sarkasmus verzichten, offen diskutieren statt sich zu rechtfertigen, und nicht mauern. Und möglichst vernünftig und nüchtern bleiben. Auch wenn das leichter gesagt als getan ist. Aber man sollte nie vergessen, dass ein ernster Streit körperlichen Stress bedeutet. Und wenn mitten in einer Diskussion das Herz zu klopfen beginnt, wird auch die Fähigkeit, Informationen zu vermitteln und aufzunehmen, eingeschränkt. Man hört sich gegenseitig einfach nicht mehr so gut zu. Eine richtige Problemlösung kann man dann meistens schon vergessen.

Schließlich hilft die Geheimwaffe: einfach mal loslachen.
Klingt seltsam. Aber Paare, die gut streiten können, haben eine Art Fluchttunnel für ihre Auseinandersetzungen gebaut. Jeder kann mal übertreiben oder mit einem fiesen Argument danebengreifen, immer kann's passieren, dass ein Streit in eine Sackgasse gerät und es statt einer endlosen Fortsetzung besser wäre, eine Pause zu machen, das Gemüt zu kühlen, drüber zu schlafen … meistens spürt man das genau in dem Moment

selbst. Aber wie kommt man in diesem Moment aus dem Streiten wieder raus? Die Experten raten: Grimassen schneiden. Kichern. Dicke Backen machen. Forscher sprechen von einem „Rettungsversuch". Der kann viele Situationen retten – wenn er angenommen wird (deutliches Zeichen für eine kriselnde Beziehung: wenn Rettungsversuche bei Streitereien immer häufiger werden). Von einer anderen, romantischeren Methode des Streitausstiegs schrieb der Schriftsteller Jurek Becker in seinem schönen Buch *Schlaflose Tage*, das von der Midlife-Crisis des DDR-Lehrers Simrock erzählt: Simrock und seine Frau haben in glücklichen Tagen eine „Schlafzimmerordnung" aufgestellt, ein Regelwerk aus zehn Grundsätzen, das auch bei der härtesten Auseinandersetzung Gültigkeit behält. „Punkt eins besagte, dass in diesem Zimmer Streit von außen nicht mehr zählte. (…) Der Klang ihrer Stimmen war mit dem von draußen nicht zu vergleichen. Sobald sie durch die Schlafzimmertür traten, schien es, als streiften sie ihre Gereiztheit wie ein überflüssiges Kleidungsstück ab, und wenn einer am nächsten Tag unbedingt am Zorn auf den anderen festhalten wollte, hatte doch eine merkwürdige Veränderung stattgefunden: Durch die dazwischenliegende Nacht war der Zorn nicht mehr das, was er gestern noch gewesen war. Er hatte an Leuchtkraft verloren, man musste sich nach besseren Gründen umsehen."

Von den neun verbliebenen Regeln der „Schlafzimmerordnung" verrät Jurek Becker im Fortgang seines Romans leider nur noch eine, aber die ist ebenfalls sehr hilfreich: „Punkt vier klärte, dass fehlende Lust ein hinreichender Grund war, sich (der Lust des anderen) zu sperren, und dass sie keinen zu Vorwürfen berechtigte. Denn fehlende Lust, so hatten beide errechnet, sei nicht allein mit dem freien Willen dessen zu erklären, der sie empfinde, sondern sie müsse auch mit der Person des anderen in Zusammenhang gesehen werden."

EIN „RETTUNGSVERSUCH" KANN EINEN RIESENSTREIT SCHLICHTEN. ODER ZUR KATASTROPHE FÜHREN.

Wo wir gerade beim Thema Sex sind ... hier eine kurze Möglichkeit zum Abgleich mit dem Durchschnitt: Deutsche Paare, die schon länger zusammen sind, schlafen durchschnittlich zwischen vier- und sechsmal im Monat miteinander – diese Zahl bleibt oft über Jahre relativ konstant, beide Partner sind damit in der Regel auch zufrieden. Der französische Soziologe Michel Bozon nennt den nicht allzu häufigen, aber regelmäßigen Sex von Paaren ein „Kontinuitätsritual". Wer vom Modell der festen Beziehung nicht so recht überzeugt ist, der sollte bedenken, dass in Single-Betten deutlich weniger los ist: Alleinlebende Frauen und Männer haben im Schnitt nur etwa einmal im Monat Sex.

4. FREUNDSCHAFT IST DAS WICHTIGSTE. Der olle Spruch, nach dem Frauen von der Venus kommen und Männer vom Mars, hat einen unendlichen Bart. Und außerdem ist er falsch. Ein letztes Mal John Gottman: „Geschlechterunterschiede können zu ehelichen Problemen beitragen, aber sie verursachen sie nicht. Der entscheidende Faktor, inwieweit Ehefrauen mit dem Sex, der Liebe und der Leidenschaft in ihrer Ehe zufrieden sind, ist für 70 Prozent die Qualität der Freundschaft in ihrer Beziehung. Auch bei Männern ist für 70 Prozent die Qualität der Freundschaft entscheidend." Frauen und Männer leben in Beziehungen durchaus auf dem selben Planeten: dem Planeten Freundschaft. Gottman meint damit vor allem gegenseitigen „Respekt und Freude an der Gemeinschaft mit dem anderen". Je tiefer die Freundschaft zwischen Partnern, desto nachsichtiger ist man mit den Fehlern des anderen, desto weniger brutal fallen Streitigkeiten aus, desto eher werden „Rettungsversuche" bei Auseinandersetzungen angenommen.

Übrigens, und das kann jetzt ein Trost sein oder auch nicht: Die Mehrheit der Paare löst ihre großen Konflikte nie. Für eine funktionierende Beziehung ist das aber auch gar nicht entscheidend. Wichtig sind allein der Wille und der Versuch, die Probleme zu lösen. Bei aller Rationalität klingt das dann doch wieder: hochromantisch.

FREIER SEX

Die langjährige NEON-Kolumnistin Theresa Bäuerlein beschreibt, wie reizvoll und schwierig zugleich das Modell einer „offenen Beziehung" ist – Sex mit anderen ist in ihrer Partnerschaft nicht verboten.

Es war Nacht, ich stand am Fenster und schrieb Paul, meinem Freund, eine SMS: „Habe gerade mit jemandem geschlafen. Lass uns morgen reden."
Einige Minuten später lag ich wieder im Bett, der Mann, der nicht Paul war, umarmte mich und murmelte „schlaf gut" in meinen Nacken.

Es ist ein Experiment, von dem ich nicht weiß, welchen Namen ich ihm geben soll. „Freie Liebe?" „Offene Beziehung?" Das trifft es beides nicht. Mein Freund und ich nennen es „Freien Sex". Stimmt, klingt seltsam, und nein, wir haben nicht nur locker-flockige Zeiten damit. Ich versuche seit über zwölf Monaten erfolglos, es weniger spannend und weniger anstrengend zu finden.

Die Idee einer Beziehung, in der Sex mit anderen kein Tabu ist, hat mir schon immer gefallen. Aber der Schritt von der Theorie zur Praxis war riesig. Zähneknirschend musste ich mir eingestehen, dass ich durchaus eifersüchtig sein kann. Ich lebe in einer Fernbeziehung, und am Anfang drehte sich mein Magen um, wenn ich mir vorstellte, wie sich eine andere Frau tausend Kilometer entfernt um meinen Liebsten wickelte. Mittlerweile komme ich damit besser klar, es macht mich sogar neugierig. Aber bis es so weit war, musste ich viel gedankliches Gerümpel aus meinem Kopf entfernen. Die gute alte Überzeugung etwa, dass, wer einen Menschen wirklich liebt, gar keinen anderen mehr begehren kann. Lange habe ich das geglaubt und mich schuldig gefühlt, wenn ich in einer Beziehung steckte und trotzdem hier und da jemand anderen scharf fand. Als ich dann anfing, mit Freunden darüber zu sprechen, merkte ich, dass kaum einer treu war, weil er ein tiefes inneres Bedürfnis dazu spürte. Fast alle wollten gerne hier und da fremdgehen und sahen darin auch überhaupt keinen Widerspruch zu ihrer Liebe. Fremdgehen wird scheinbar erst dann ein Problem, wenn es der Partner macht. Denn das tut dem Ego weh und bringt unangenehme Fragen auf den Tisch: „Was hat der andere, was ich nicht habe?" – „Bin ich nicht genug?" ... aber das ist ein Denkfehler. Ich kann ohne weiteres meinen kleinen dunkelhaarigen Freund dreimal am Tag begehren und trotzdem den blonden Riesen von nebenan gut finden. Leider ist das schwer zu vermitteln. Deshalb gehen zwar die meisten Menschen im Lauf ihrer Beziehung irgendwann fremd, tun es aber heimlich. Keine gute Idee, denn die Verletzung ist umso größer, wenn die Sache später herauskommt. Der verschwiegene Seitensprung ist der wahre Betrug. Daran zerbrechen Beziehungen, ständig. Und warum? Eigentlich wegen einer Kleinigkeit. Wegen ein bisschen Sex.

„Historisch gesehen ist Monogamie ein System, mit dem die weibliche Fortpflanzung kontrolliert werden sollte. Welches Kind ist meins? Wer kriegt meine Kühe, wenn ich sterbe? Treue hatte ursprünglich nichts mit Liebe zu tun, es ging um Besitz", schreibt die Paarpsychologin Esther

Perel in ihrem Buch: Wild Life. Die Rückkehr der Erotik in die Liebe. *Obwohl die meisten von uns nicht mal mehr Kühe zu vererben haben, hat sich unser Verständnis, dass körperliche Treue zu einer Beziehung gehört, seit den Zeiten der Zweckehe kaum geändert. Aus einer wirtschaftlich sinnvollen Regel wurde ein Liebesbeweis.*

Und ein Beweis für Reife. Wer nicht ganz und gar vom eigenen Partner erfüllt ist, gilt als verspäteter Teenager. Fremdgehen, heißt es, sei etwas für Menschen, die nicht erwachsen genug für eine Beziehung sind. Das kann man aber auch anders sehen. Mittlerweile frage ich mich, ob es wirklich ein Zeichen von Reife ist, zu sagen: Der Körper meines Partners gehört mir, niemandem sonst, und wenn jemand anders ihn anfassen sollte, werde ich wahnsinnig beleidigt und verletzt sein.

Als ich am Morgen nach der Nacht mit dem anderen in der S-Bahn saß, klingelte mein Telefon. „Erzähl mir alles", sagte mein Freund nervös. Als ich aufhörte zu reden, war es still in der Leitung. Mein Herz klopfte. Dann sagte er weich: „Ich kann es nicht erwarten, dich wiederzusehen." Ich hatte befürchtet, mein Seitensprung könnte unserer Liebe schaden. Stattdessen, so seltsam das klingt, hat er sie stärker gemacht. Weil ich merkte: Er vertraut mir genug, um mich gehenzulassen. Und weil er merkte: Wenn ich sie freilasse, kommt sie zurück.

THERESA BÄUERLEIN *arbeitet als Autorin und Journalistin in München. Zuletzt erschien ihr Roman ‚Das war der gute Teil des Tages' bei Fischer.*

10 VERSICHERUNGEN

Soll ich mich gegen möglichst viele Gefahren im Leben versichern – oder lernen, auch mit einem gewissen Risiko zurechtzukommen?

*Wie der Leitz-Ordner mit der Beschriftung „Wichtige Dokumente"
uns ein trügerisches Gefühl der Sicherheit gibt — Was die
Herr-Kaisers mit uns machen, wenn sie „Sargklappern" gehen —
Welche konkreten Versicherungen total unsinnig für dich sind —
Wie viele Menschen hierzulande ohne Krankenversicherung
leben — und wie die 20 Milliarden zustande kommen, mit denen
die Deutschen überversichert sind*

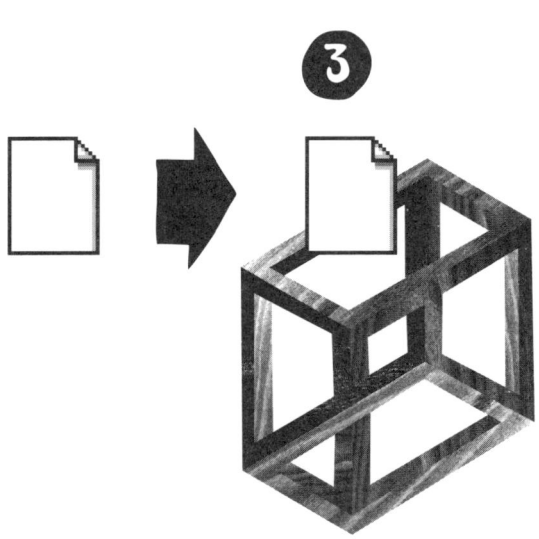

Eine Zeit lang gehört er zum Mobiliar des eigenen Lebens wie das Billy-Regal und die Pinnwand mit den Bildern der Freunde: der Leitz-Ordner. Er schließt nicht mehr richtig und an den Ecken quillt schon der Karton hervor, weil er so oft aus dem Regal gezerrt wurde. Vorne drauf steht „Dokumente" oder „wichtige Unterlagen". Und innen? Innen steckt der Papierkram, den die eigene Existenz so anhäuft. In diesem einen Ordner, der bei 90 Prozent aller Mittzwanziger im Regal stehen dürfte, wird alles abgeheftet. Ungeordnet und durcheinander: Handyrechnungen. Die Lohnsteuerkarte von vor zwei Jahren. Das letzte Praktikumszeugnis. Der olle Mietvertrag. Die Abrechnungen von den Nebenjobs. Der vergilbte erste Reisepass, zusammen mit dem Tauchschein aus diesem Urlaub in Thailand. Irgendwo lugt der Sozialversicherungsausweis mit dem Uralt-Passbild hervor.

Der Leitz-Ordner steht für mehr als ein Ordnungsprinzip. Er steht für ein Lebensgefühl. Für eine Phase im Leben, in der man schon viele Privilegien und Freiräume des Erwachsenseins genießt, zu Hause ausgezogen zu sein zum Beispiel, aber an so Profanes wie Papierkram und „Ablage" keine Zeit verschwenden will. An fiese Brocken wie Versicherungen und Altersvorsorge traut man

DIE RICHTIGE VERSICHERUNG ABSCHLIESSEN: KOMPLEX UND ZUGLEICH EXISTENZIELL.

sich erst recht nicht ran. Und so locht man einfach alles mal, vorsichtshalber, und heftet es artig in den Dokumenteordner. Um die ganze Sache dann schnellstmöglich wieder zu verdrängen und sich interessanteren Fragen zuzuwenden: Was gibt's heute Abend zu essen?

Für die großen Risiken im Leben hofft man als junger Erwachsener noch immer auf den doppelten Boden, den die Eltern vor Jahren für einen eingezogen haben. „Kfz-Haftpflicht? Nee, das Auto läuft noch auf meine Mutter." Oder: „Unfallversicherung? Wofür braucht man die gleich wieder? Ach, bis ich berufstätig bin, vertraue ich einfach drauf, dass ich mich beim

Snowboarden nicht verletze." Das sind die klassischen Sätze, zum Beispiel beim Großthema Versicherungen: Wahrscheinlich kommt der Unwille, sich damit zu beschäftigen, daher, dass die Materie zugleich komplex und bedrohlich existenziell auf uns wirken kann. Und genau das sind die besten Voraussetzungen für einen tadellos funktionierenden Verdrängungsreflex. Als junger Mensch will man einfach nicht darüber nachdenken, was alles sein könnte, wenn man sich beim Snowboarden einen Halswirbel bricht und nie mehr arbeiten, geschweige denn gehen kann. Oder was es kostet, wenn man mit dem Auto vom Freund eine Massenkarambolage auslöst. Nein, mit Mitte zwanzig ist das Leben leicht, das Budget knapp, die Grundtendenz optimistisch.

Indem man aber das Thema vor sich herschiebt, wird es größer und bedrohlicher, als es eigentlich ist. Versucht man den unangenehmen Kram selbst in die Hand zu nehmen, merkt man schnell, dass es gar nicht so schwer ist. Dass der Vater auch keine Kristallkugel beschworen hat, während er eine Stunde im Arbeitszimmer saß und einen danach gebeten hat, auf dem Formblatt unten rechts zu unterschreiben. Man kapiert endlich den Unterschied zwischen Hausrat und Haftpflicht, zwischen Risiko- und Sachversicherung. Man versteht, welche die zwei, drei wichtigen Versicherungen für Berufsanfänger sind und welche die, die man sich in ein paar Jahren zulegen kann. Und verstehen heißt: es im Prinzip auch selbst können. Unabhängig sein. Sobald man dann mal eine Police abgeschlossen hat und sich um das Thema Versicherungen selbst kümmert, kann man aus einem Leitz-Ordner drei machen, zum Beispiel einen mit der Aufschrift „Verträge", einen für „Versicherungen" und einen für „Rechnungen". Und während man dann am Schreibtisch sitzt und die Belege sortiert, kann es sein, dass man leicht schmunzeln muss, weil einem ein altbekanntes Wort wieder in den Sinn kommt: selbstständig. Wenn man nämlich genau hinhört, klingen seine Bestandteile wie die Verheißung eines neuen Lebens: Selbst. Ständig.

ALLES ODER NICHTS: Prinzipiell kann man alles versichern: Körperteile und Gegenstände. Eintretende Ereignisse (Entführung durch Außerirdische) oder nichteintretende Ereignisse (Lottogewinn). Man kann sich gegen den Tod versichern – und gegen die eigene Dummheit (aus Versehen Diesel in den Benziner füllen). Es gibt nichts, wofür es keine Police gibt. Die zwei Extreme in Sachen Versichert-Sein bilden zum einen die Leute, die für ihr Leben einen doppelten Boden brauchen und sich lieber >X-FACH versichern als gar nicht. Zum anderen gibt es, vor allem bei den unter 30-Jährigen, die „Das regelt mein Vater noch für mich"-Fraktion. Beruhigend: Das Dickicht ist gar nicht so groß, wie man meint. Die Deckungssumme für Jennifer Lopez' Hintern schon: Sie beträgt laut *The Guardian* 27 Millionen Dollar.

BRANCHENJARGON: Versicherungsmenschen reden oft von „existenziellen Risiken". Sie skizzieren auch gerne „Stellen Sie sich vor"-Horrorszenarien: „Sargklappern" genannt. Das Perfide: Wie immer, wenn an ein Gefühl appelliert wird, überlagert unser Instinkt den Verstand, und so ist existenzängstlich schnell mal eine Unterschrift aufs Papier gemalt. Guter Tipp: kühlen Kopf behalten und Schritt für Schritt vorgehen; zunächst die eigenen Risiken benennen, sie in >EXISTENZBEDROHEND und nicht existenzbedrohend unterscheiden. Und dann überlegen, wie man Erstere tragen kann und ob man Letztere wirklich tragen will.

CHECKER: Freunde eignen sich als Berater nur, wenn sie Expertise vorweisen können. Hat sich der Mitbewohner kürzlich mit einer ausladenden Geste und vier Bier durch die Glastür befördert (Zahl der Schnittwunden: fünf, Summe des Schadens in Euro: 500), könnte er in Sachen Haftpflicht kein schlechter Ratgeber sein. Erst ein initiales Horrorerlebnis führt bei vielen dazu, dass sie sich versicherungstechnisch auf den neuesten Stand bringen.

DER WILL DOCH NUR SPIELEN: ... ja, ja, schon klar. Eine Tierhalter-Haftpflicht ist bei bisskräftigen oder trampeligen Tieren wie Hunden oder Pferden ratsam und kostet, zum Beispiel für einen Hund, rund 35 Euro pro Jahr.

EXISTENZBEDROHEND sind zwei Dinge: Das Risiko eines Verdienst-ausfalls durch Invalidität oder längere Krankheit. Für jeden, der von seiner Arbeitskraft lebt, ist deshalb eine private > BERUFS-UNFÄHIGKEITSVERSICHERUNG unverzichtbar. Wie hoch die ausfallen sollte, errechnet man über die > VERSORGUNGSLÜCKE. Außerdem unkalkulierbar: Das Risiko eines Schadensersatzes an einen Dritten. Bei Unfällen, bei denen Menschen verletzt werden, ist die Schadenssumme, etwa für Behandlung, Reha, Folgeschäden, schnell siebenstellig. Deshalb eine private > HAFTPFLICHTVERSICHERUNG mit einer hohen Deckungssumme abschließen. Der Rest ist erst mal Luxus.

FAHRRAD: Kann man bei einer Hausratversicherung mit ein-schließen. Aber Vorsicht: Häufig ist es dabei nur versichert, wenn es im Haus untergebracht ist. Wer keine Hausratversiche-rung hat, kann sein Rad auch separat versichern. Das kostet bei einem 500-Euro-Bike zwischen 50 und 100 Euro pro Jahr. Sinnvoll (und noch deutlich teurer) ist das nur bei Rädern, die so viel kosten wie asiatische Kleinwagen – und bei Fahrern, die den Glauben an das Gute im Menschen angesichts einer Million geklauter Räder pro Jahr verloren haben.

GESETZLICHE KRANKENVERSICHERUNG: 95 Prozent der gesetzlichen Krankenkassen bieten exakt die gleichen Leistungen an. Nur hinsichtlich Sonderleistungen wie Naturheilverfahren oder Bonusprogrammen unterscheiden sie sich. Seit 1.1.2009 ist auch ihr Beitragssatz identisch: Mitglieder zahlen 15,5 Prozent ihres Bruttoeinkommens in den staatlichen Gesundheitsfonds. Private Krankenversicherungen stehen Selbstständigen, Be-amten sowie Angestellten offen, deren Bruttoeinkommen drei

Jahre lang über 48 600 Euro (Stand: 01/2009) im Jahr liegt. 12,2 Prozent der Deutschen sind privat versichert und genießen, wie Studien und Vergleichstests zeigen, höhere Leistungen und Vorteile bei der medizinischen Betreuung. Die Beiträge mögen in jungen Jahren noch mit der Gesetzlichen vergleichbar sein, steigen aber mit dem Alter extrem an. Obwohl in Deutschland Krankenversicherungspflicht besteht, haben noch immer 100 000 Menschen keinen Versicherungsschutz.

HAFTPFLICHT: Auto geparkt, nicht geschaut, Tür aufgemacht, Radfahrer platt. Oder: Im Forsthaus von Freunden übernachtet. Feuer gemacht, nicht aufgepasst, Haus abgefackelt. Oder: Streit mit Partner, Türen knallen, einer verlässt die Wohnung, da ist der Blumentopf, da ist die Straße. Leider ist da auch ein Fußgänger. Eine Haftpflichtversicherung braucht man immer dann, wenn durch die eigene Schuld ein Dritter zu Schaden kommt. Für Paare, die zusammenleben (Stichwort: Blumentopf), reicht eine: Sie können sich gemeinsam in die Police eintragen lassen. Die private Haftpflicht ist unerlässlich. Bitte nachsprechen: Un-er-läss-lich. Trotzdem meint jeder dritte deutsche Haushalt nach einer Umfrage des Instituts für Demoskopie in Allensbach, ohne auszukommen. Eine Haftpflicht nützt auch nichts, wenn sie nicht zum eigenen Leben passt: Darauf achten, ob bestimmte Tätigkeiten nicht explizit ausgenommen sind. Bei riskanten Hobbys wie Surfen oder bei Ehrenämtern wie der freiwilligen Feuerwehr ist das oft der Fall. Bei 1200 in Deutschland erhältlichen Varianten kann sich heutzutage jeder die Haftpflicht zusammenbasteln, die die Risiken des eigenen Lebens am umfassendsten abdeckt. Kinder sind so lange über ihre Eltern mitversichert, wie sie zu Hause wohnen und sich in der ersten Ausbildung befinden. Danach gibt's eine Haftpflicht ab dreißig Euro im Jahr.

INTERNATIONAL: Wir sparen uns jetzt mal die Horrorszenarien, die man krankheits- und verletzungsbedingt auf Reisen erleben kann, und springen gleich zum Rundumsorglospaket, der Auslandskrankenversicherung: Glück hat – wie so oft –, wer privat versichert ist: bei dem ist der Auslandskrankenschutz meist schon enthalten. Für alle anderen gibt es Policen ab dem unschlagbaren Preis von fünf Euro: Die gelten ein ganzes Jahr für Reisen bis zu 42 Tagen. Eine Reiserücktrittsversicherung lohnt sich in der Regel nur bei größeren Reisevorhaben – und bei Paaren, die in der hormonell turbulenten Phase des Frischverliebtseins eine ebenso teure wie verfrühte Großreise buchen. Um Ansprüche geltend zu machen, müssen bei Nichtantreten triftige Gründe nachgewiesen werden, etwa Krankheit. „Trennung" gilt nicht. Auch Gepäckversicherungen sind ein Spaß, den man sich sparen kann. Das Risiko, auf dem Basar in Marrakesch die Brillantkreolen vom Ohr geklipst zu bekommen, kann man gerade noch selbst tragen, zum Beispiel, indem man sie zu Hause lässt. Für verlorenes Gepäck am Flughafen zahlt die Airline pro Kilo bis zu 27 Euro.

J OBLESS glücklich. Als berufsunfähig zählt, wer seinen letzten Beruf mindestens sechs Monate nicht ausüben kann. Wem das zu abstrakt ist: Jeder vierte Arbeitnehmer in Deutschland wird vor dem Rentenalter ganz oder teilweise berufsunfähig – durch Krankheit, eine langwierige Sportverletzung oder durch psychische Leiden wie Depressionen. Gegen den Fall, aus solchen nicht ganz unwahrscheinlichen Gründen kein Einkommen mehr zu beziehen, kann man sich versichern – in Form einer monatlichen Rente, deren Höhe man selbst bestimmt. Warum trotzdem viele zögern, eine Berufsunfähigkeitsversicherung (BU) abzuschließen: der hohe monatliche Beitrag, der meistens zwischen 50 und 200 Euro liegt. Im besten Fall, also dem Nichteintreten der Berufsunfähigkeit, zahlt man nur und bekommt nie etwas. Aber vor allem junge Berufstätige brauchen eine BU: Auf die mickrige staatliche Erwerbsminderungsrente (bei voller Erwerbsunfähigkeit rund 700 Euro monatlich, bei Teil-Unfähigkeit 400 Euro) hat nur Anspruch, wer mindestens fünf Jahre in das staatliche Rentensystem eingezahlt hat. Was außerdem dafür spricht: Bei Unter-dreißig-Jährigen sind die Beiträge niedrig. Die Höhe ist abhängig von Alter, Beruf (ein Chemielaborant wird mehr zahlen müssen als ein Steuerberater), Geschlecht und Gesundheitszustand. Während Versicherer bei älteren Arbeitnehmern genau hinhören, ob zum Beispiel chronische Leiden vorliegen, und gegebenenfalls den Antrag ablehnen, ist das bei den jüngeren meistens nicht der Fall. Für die Versicherung kann es in die Millionen gehen, wenn sie einem für den Rest des Erwerbstätigenlebens die Summe zahlen muss, die man bei Vertragsabschluss vereinbart hat. Verständlich – und gleichzeitig ganz schön beklemmend –, dass sie vorher ausloten will, wie hoch die Wahrscheinlichkeit für eine Auszahlung ist. Auch wenn laut Statistik fünf Prozent der Anträge abgelehnt werden, auf keinen Fall > TRICKSEN oder etwas verschweigen! Es gibt Alternativen zur BU: Wessen Antrag wegen zu risikoreichen Jobs oder der Krankengeschichte abgelehnt wird, sollte sich zumindest > UNFALLVERSICHERN. Wichtig noch: In der Police sollte der Verzicht auf „Abstrakte Verweisung" enthalten sein. Damit verhindert man, dass einen der Versicherer im Fall der Berufsunfähigkeit an eine andere Tätigkeit verweist, die man stattdessen ausüben kann.

K FZ-HAFTPFLICHT: Der Tarif hängt von Wohnort, Fahrzeugtyp, Anzahl der unfallfreien Jahre und Beruf des Versicherten ab. Autoversicherer lieben Statistiken: Autos, die schadensanfälliger sind oder häufig geklaut werden, sind teurer zu versichern. In Städten passieren mehr Unfälle, deshalb ist die Versicherung bei Stadtautos teurer. Auf www.typklassen.de kann man sehen, in welche Kategorie die 20 000 erhältlichen PKW-Modelle eingestuft sind. Außerdem gilt: Je länger unfallfrei, desto tiefer sinkt der Beitrag, bei manchen Versicherern um bis zu 75 Prozent. Der Markt der Autoversicherungen ist stark dereguliert: Versicherer unterbieten sich ständig. Deshalb jährlich prüfen, ob ein anderer Anbieter nicht billiger ist. Die Schadenfreiheitsklasse kann man bei einem Wechsel „mitnehmen". Bei kleineren Schäden immer überlegen, diese selbst zu bezahlen, da man sonst in der Schadenfreiheitsklasse hochgestuft wird. Neben der Kfz-Haftpflicht decken Teil- und Vollkasko auch Schäden, die am Auto entstehen, zum Beispiel durch Steinschlag oder gelangweilte Jugendliche. Teilkasko lohnt sich nur bei Autos, die nicht älter als acht Jahre sind, weil immer nur der aktuelle Wert ersetzt wird. Vollkasko ist empfehlenswert bei Neuwagen sowie bei geleasten oder kreditfinanzierten Autos. Wenn James Bond einem auf einer seiner Verfolgungsjagden den neuen 20 000-Euro-Golf schrottet, hat man ohne Vollkasko alles verloren: Geld, Karre, Würde. Und der MI 6 zahlt auch nichts.

LEBENSVERSICHERUNG: Man unterscheidet Risikolebensversicherung und Kapitallebensversicherung: Mit der ersten sichert man die Versorgung der Hinterbliebenen, wenn man plötzlich verstirbt. Sie ist dann zu empfehlen, wenn eine Person mit ihrem Einkommen eine ganze Familie versorgt oder wenn hohe Kredite eine Familie belasten. Die deutlich teurere Kapitallebensversicherung ist eine Mischung aus Risikoschutz und Sparanlage. Verstirbt der Versicherte im Zahlungszeitraum, kommt das Geld den Hinterbliebenen zugute, im Erlebensfall bekommt der Versicherte die Summe. Allerdings ist die Rendite bei dieser Art von Geldanlage mau, man bindet sich oft über Jahrzehnte an einen straffen Sparplan und kommt ohne Verlust nur schwer wieder heraus.

MUSS NICHT SEIN: Glasversicherungen sind Unsinn, da sie im Durchschnitt nur 410 Euro erstatten – eine Summe, die einen kaum ruinieren könnte. Was man sich auch sparen kann: Krankenhaustagegeld. Diese Versicherung zahlt für Kosten, die entstehen, während man im Krankenhaus liegt, also zusätzliche Haushaltshilfen oder die Mitaufnahme einer Begleitperson im Krankenhaus.

N OTWENDIG sind für Berufsanfänger: Die Berufsunfähigkeitsversicherung, die Haftpflicht- und, für Autofahrer, die Kfz-Versicherung. Beim „Bund der Versicherten" kann man sich informieren, welcher Versicherungsschutz in welcher Lebenslage essenziell ist: als Single, in der Ausbildung, mit Familie und so weiter: bundderversicherten.de.

O HNE MICH! In der Regel gilt bei ordentlicher Kündigung eine Dreimonatsfrist zum Ende des Versicherungsjahres. Am besten „zum nächstmöglichen Termin" kündigen. Wichtig: Eine Berufsunfähigkeitsversicherung immer erst dann kündigen, wenn man sicher bei einer anderen Versicherung unterkommt! Bei der Kfz-Haftpflicht, die immer nur als Jahresvertrag abgeschlossen wird, gelten andere Kündigungsregeln: Wer nicht bis 30. November kündigt, verlängert den Vertrag um ein weiteres Kalenderjahr. Automatisch endet die Versicherung, wenn das Auto verkauft oder stillgelegt wird.

P LATTENSAMMLUNG: Die Wohnung brennt ab. Und mit ihr die Platten, die Flachbildglotze, der Kleiderschrank samt Inhalt und das Ölbild des aufstrebenden Jung-Künstlers aus Leipzig. Gegen diesen Alptraum kann man sich – zumindest materiell – aber absichern. Eine *Hausratversicherung* greift bei Einbruch, Feuer, Sturm und Leitungswasserschäden. Die Beiträge sind immer abhängig vom Wert der Einrichtung und vom Wohnort: Großstädte wie Hamburg, Köln und Frankfurt sind besonders teuer. Trotzdem, so schlimm die Vorstellung ist: Die Versicherung empfiehlt sich wirklich nur bei sehr teurer Einrichtung.

Q UAL DER WAHL: Hat man, wenn man weiß, welche Police man abschließen möchte, aber nicht bei wem. Von den rund 450 000 Versicherungsvermittlern in Deutschland beraten nur 20 000 unabhängig, sprich: im Dienst des Kunden. Der klassische Versicherungsvertreter will sein Produkt an den Mann bringen, bekommt Provision und wird daher kaum das billigere Angebot der Konkurrenz erwähnen. Genauso Banken: Sie sind in der Regel an einen bestimmten Versicherer gebunden. Sogar Makler, die häufig 20 oder 30 Gesellschaften vertreten, bekommen bei einer Vermittlung unterschiedlich hohe Provisionen. Was dennoch für sie spricht: der große Marktüberblick. Wer wirklich objektiv berät, sind Verbraucherzentralen, die (allerdings gebührenpflichtig) Angebote erstellen, oder die Stiftung Warentest, die regelmäßig die besten und günstigsten Versicherungen kürt.

R ECHTSSCHUTZVERSICHERUNG: deckt Anwalts- und Prozesskosten. Das Dumme ist nur: Bevor in Liebling-Kreuzberg-Manier fleißig losprozessiert werden kann, muss man vorher prüfen, ob die Versicherung auch zahlt. Viele Versicherungen zahlen nur bei Aussicht auf Erfolg. Außerdem: Anders als ein Einbruch oder die Berufsunfähigkeit tritt ein Rechtsfall nicht unvorhergesehen ein. Deshalb erst dagegen versichern, wenn die Lebensrisiken versichert sind.

S CHADENSFALL: Alle drei Jahre kommt es statistisch gesehen zu dem Fall, der Haftpflichtversicherung einen Schaden melden zu müssen. Wichtig ist, dies umgehend zu tun. Auf keinen Fall am Unfallort irgendetwas unterzeichnen, auf dem „Ich war's" steht. Versicherungen reagieren empfindlich, haben sie doch eigene, meistens sehr akribische Sachverständige, die die Schuldlage selbst klären möchten. Die Schadensmeldung ist bei den meisten Versicherern heute auch telefonisch oder online möglich.

T RICKSEN: Ist eine ganz dumme Idee bei der Antragsstellung, zum Beispiel bei einer BU. Versicherer – das liegt in ihrer Natur – suchen später nach Gründen, um die Zahlung zu verweigern. Wer Krankheiten verschwiegen hat, bekommt im Ernstfall dann vielleicht gar nichts.

U NFALLVERSICHERUNG: sichert Dauerschäden beziehungsweise Invalidität infolge eines Unfalls ab. Wird in der Regal als Einmalzahlung geleistet. Je jünger man ist, desto höher sollte man den Betrag bei Vertragsabschluss ansetzen. Von zusätzlichen Vereinbarungen wie Übergangsleistungen für Behandlungskosten, Krankenhaustagegeld oder den Kostenersatz für kosmetische Operationen raten Versicherungsexperten ab. Unbedingt empfehlenswert ist eine Unfallversicherung bei Leuten, die keinen BU-Schutz haben, wie Studenten und Arbeitnehmer, deren Antrag auf BU abgelehnt wurde. Und – zusätzlich zur BU – zumindest eine Überlegung wert bei Sportlern und Menschen mit risikoreichem Beruf. Kosten: rund 100 Euro im Jahr.

V ERSORGUNGSLÜCKE: berechnet sich wie folgt: Das aktuelle Nettoeinkommen minus folgende Posten: die gesetzliche Erwerbsminderungsrente (>JOBLESS GLÜCKLICH), die betriebliche Berufsunfähigkeitsrente (bei Angestellten) sowie, falls vorhanden, Einkünfte des Partners, Kapitalerträge, Mieteinnahmen und verwertbares Vermögen, das nicht zur Altersvorsorge zählt. Was übrig bleibt, ist der Betrag, den man als Berufsunfähigkeitsrente vereinbaren sollte, um im Notfall den heutigen Lebensstandard halten zu können.

W ENIGER ZAHLEN: Sparfüchse wissen: Die Beiträge jährlich zu bezahlen spart bis zu zehn Prozent. Sich mit der Vertragslaufzeit auf bis zu drei Jahre zu binden bei vielen Anbietern ebenfalls fünf Prozent. Niedrige Tarife bieten zudem Direktanbieter wie Allianz 24, Huk24 oder CosmosDirekt an, die kein Filialnetz haben und kostengünstig vieles per Telefon und Internet abwickeln.

X -FACH VERSICHERT: Ganze 20 Milliarden Euro geben die Deutschen pro Jahr für unnötige Versicherungen aus. In Zahlen: 20 000 000 000. Ein Großteil dieser Summe entsteht durch Doppelversicherungen: So ist etwa eine Insassenunfallpolice

Quatsch, weil Schäden bei verletzten Mitfahrern über die Kfz-Haftpflicht des Fahrers abgedeckt sind – und die ist Pflicht in Deutschland. Doppelversicherungen passieren leicht, wenn man Paketlösungen zustimmt.

Z UFRIEDEN: Trotz gieriger Vermittler, Sargklappern und Tarif-dschungel: Eine Studie hat ergeben, dass die Deutschen EU-weit am zufriedensten mit ihren Versicherungen sind. Im Schnitt entfallen auf jeden von uns, vom Baby bis zum Greis, sechs Policen.

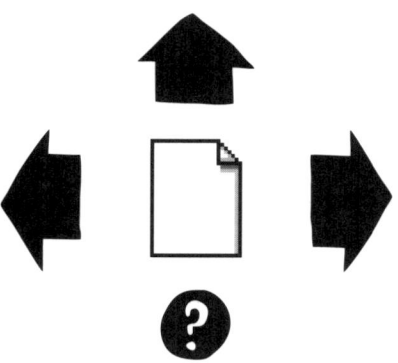

11 NEUSTART IM JOB

Soll ich einen Job, der mich unglücklich macht, möglichst rasch kündigen – oder durchhalten, bis sich die Lage zum Besseren wendet?

Wie eine Französin mit ihrem Job-Frust reich und berühmt wurde — Wie man Wochenendtelefonate mit dem Kollegen in bares Geld umrechnet — Wie man rauskriegt, wer die besten Arbeitgeber Deutschlands sind — Wann du sofort kündigen solltest — Und was der Zweite Weltkrieg womöglich damit zu tun hat, dass sich so viele von uns von ihrem unfähigen Chef zusammenfalten lassen

Schon mal von Corinne Maier gehört? Die Französin veröffentlichte 2004 das Buch *Bonjour Paresse*, auf Deutsch *Die Entdeckung der Faulheit*, und das hat ihren Arbeitgeber, einen Energiekonzern, so aufgeregt, dass sie gleich mal entlassen wurde. Corinne Maier schreibt „von der Kunst, bei der Arbeit möglichst wenig zu tun", so der Untertitel ihres Buches, das in mehr als 30 Sprachen übersetzt und zum Bestseller wurde. Maier gibt kluge und lustige Ratschläge, wie man so tut, als ob man arbeitet, und dabei auch noch erfolgreich sein kann. Nur auf den ersten Blick schreibt sie damit in koketter Punkhaltung gegen den karriere- und selbstausbeutungsgeilen Zeitgeist an. Auf den zweiten Blick wird klar: Sie berichtet einfach sehr genau, wie es wirklich zugeht in unserer Arbeitswelt. Leider. Dazu ein paar Zahlen: Das Gallup-Meinungsforschungsinstitut misst jedes Jahr mit dem „Engagement-Index", wie stark Arbeitnehmer emotional an ihren Arbeitsplatz gebunden sind. Die Ergebnisse für 2007 lesen sich deckungsgleich mit Maiers Buch: 88 Prozent der deutschen Beschäftigten verspüren überhaupt keine oder nur eine sehr geringe Bindung an ihren Arbeitsplatz. 20 Prozent haben ihrer Firma innerlich den Rücken gekehrt, weiter 68 Prozent sind laut der Gallup-Studie wenigstens keine Jobrebellen, die aktiv gegen ihren Chef intrigieren, aber mehr als Dienst nach Vorschrift ist ihnen der Job nicht wert.

Bloß zwölf Prozent der Arbeitnehmer in Deutschland zählen sich zur dritten Fraktion: Sie gehen gerne zur Arbeit, identifizieren sich mit den Produkten oder Dienstleistungen ihrer Firma. Der Deutsche Gewerkschaftsbund kommt zu ähnlich krassen Zahlen wie das Gallup-Institut: Auch hier gaben im sogenannten „Gute-Arbeit-Index" im Jahr 2007 nur zwölf Prozent an, zufrieden zu sein

TRAURIG, ABER WAHR: NUR ZWÖLF PROZENT DER DEUTSCHEN ARBEITNEHMER MÖGEN IHREN JOB.

mit ihrem Job, der Rest betrachtete seinen Job als mittelmäßig oder schlecht. Wir sehen: Keine Arbeit zu haben ist schlimm. Arbeit zu haben anscheinend aber auch. Warum eigentlich?

Mehr als die Hälfte unserer werktätigen Wachzeit verbringen wir oftmals im Büro, sehen den Zimmerkollegen öfter als die große Liebe und beste Freunde zusammen. Und doch fällt es uns erstaunlich schwer, über unsere Gefühle bei der Arbeit, unsere Grundhaltung zum Job nachzudenken oder gar zu sprechen. Der Journalist Martin Hampel hat dazu für *NEON* eine kluge Selbstbefragung formuliert. Unter anderem fragt er:

1. *Wann bist du stolz auf deine Firma?*
2. *Liest du Jobanzeigen?*
3. *Nenne drei Gründe, warum du deinen Job machst.*
4. *Gibst du dir eine Aufstiegschance?*
5. *Wann am Wochenende fängst du an, an Montag*
zu denken? Mit welchem Gefühl?

Kommt ein ungutes Gefühl in dir auf? Fühlst du dich von den Fragen da oben an die Wand gedrückt? Hast du sehr lange überlegt, um dann eine Antwort zu nennen, die dich selbst nicht überzeugt? Die für dich wichtigste Frage lautet vielleicht: Hast du einen blöden Job oder den falschen Beruf?

Buch umdrehen, nachdenken. Die Frage ist wirklich wichtig und gehört ehrlich beantwortet, sonst werden die kommenden Jahrzehnte kein Spaß. Denn viel von dem Jobgemecker, das Abend für Abend auf Sofas und Kneipenstühlen aufgesagt wird, rührt daher, dass den jeweils unglücklichen Arbeitnehmern der riesige Unterschied nicht klar ist. „Blöder Job" – ganz einfach: Such dir, sofern du, sagen wir mal Anwältin bist, doch einfach eine andere Kanzlei. Oder wechsle in die freie Wirtschaft. Oder bewerbe dich in der Rechtsabteilung einer sympathischen Organisation, deren Ziel es ist, die Welt zu verbessern durch die Abschaffung von Landminen.

Diagnose „Falscher Beruf": O je, schwieriger Fall! Dass dir die Kollegen auf den Senkel gehen, die Fälle langweilig sind, du in deinen Tagträumen ein Restaurant eröffnest, liegt diesmal sehr wahrscheinlich daran, dass die Juristerei dich ganz grundsätzlich anödet, du in der Auslegung von Paragrafen keine Eleganz entdecken kannst, du dich im Grunde deines Herzens überhaupt nicht gerne streitest.

Noch mal Martin Hampel:

6. *Wie freiwillig hast du deinen Job gewählt?*
7. *Nenne drei Dinge, die du an deinem Chef schätzt.*
8. *Nenne drei Dinge, die er an dir schätzt.*
9. *Wann hast du zuletzt Lob verdient? Hast du es bekommen?*

Genug erstmal der Selbstgespräche. Es gibt zu den großen Fragen der Jobwelt auch Hilfe von außen.

Zwei einfache, aber wichtige Fragen: Was sind das eigentlich: „fantastische Arbeitsbedingungen"? Und wie merke ich eigentlich, ob sich die ganze Plackerei auch wirklich lohnt?

Antworten zu beiden Fragen führen ins Internet. Zunächst einmal auf eine Site zum Staunen, Neiden, Träumen, Für-die-Kollegen-oder-auch-den-Chef-Bookmarken. Die Site heißt greatplacetowork.de und listet schlichtweg die besten Arbeitgeber Deutschlands auf. Jährlich neu.

Die Top-3-Unternehmen mit mehr als 5000 Mitarbeitern für das Jahr 2009: Die Techniker Krankenkasse, SAP, Telefónica O2 Germany. Wer in den entsprechenden Branchen arbeitet: herzlichen Glückwunsch, gerne bewerben. Doch auch wir anderen haben was davon. Wir kriegen nämlich langsam ein Gefühl dafür, was in der eigenen Firma auch machbar sein könnte. Vor dem Besuch von greatplacetowork.de dachtest du vielleicht, Refillkaffee am Ende des Ganges sei eine wirklich nette Geste vom Abteilungsleiter, danach erst weißt du, was wirklich zählt für ein gutes Arbeitsklima: Glaubwürdigkeit, Respekt, Fairness, Stolz, Teamgeist.

Die zweite Website richtet sich vor allem an jene, die so gut bezahlt werden, dass sie in ihrem Freundeskreis oder bei ihrem Partner dafür schon mal mit wenig Mitleid für das Fluchen über das Betriebsklima rechnen können. 65 000 Euro Jahresgehalt, Handy und Computer zahlt die Firma? Klar, dass da kein stressfreier Feierabend um 17.30 Uhr drin ist. Doch bei aller Leistungsbereitschaft: Das Privatleben darf nicht auf Dauer leiden. Natürlich gibt es mal Phasen, in denen besonders viel zu tun ist. Wird dies aber zum Dauerzustand, ist es wohl Zeit, mal zu überlegen, ob dieser enorme Einsatz auch lohnt. Rein finanziell erst einmal. Eben dies leistet der – Achtung, schrecklicher Name – „interaktive Karriererechner", den der Kölner Unternehmensberater und Buchautor Marcus Schmitz für die Wirtschaftszeitschrift *Capital* entwickelt hat. Mithilfe dieses Online-Tools (capital.de/karriere/job/100009725.html) lässt sich in Euro beziffern, was vom Verdienst letztlich übrig bleibt, wenn die Nebenwirkungen der Karriere bedacht werden: Überstunden zum Beispiel, die abzurechnen in der Firma nicht üblich ist. Urlaub, der verfällt, weil man vor lauter Projekt-Deadlines gar nicht dazu kommt, ihn binnen eines Jahres voll auszuschöpfen, oder weil das der Sozialdruck der Workaholic-Agentur gar nicht zulässt. Freizeit, in der man Jobprobleme im Kopf wälzt, statt sich locker zu machen. Nicht wenige geraten selbst bei anständiger oder auch sehr guter Bezahlung im Karrierekalkulator in die Miesen. Und dann ins Grübeln. Gut so.

10. *Findest du deine Arbeit sinnvoll?*
11. *Passt sie zu dir?*
12. *Was ist eigentlich dein Ziel?*
13. *Bist du auf dem Weg dahin?*

Grundsätzlich gibt es wohl zwei grundverschiedene Formen der Job-Unzufriedenheit. Die Unterforderung und die Überforderung. Beginnen wir mal mit Letzterer.

Kaum ein Wort wird im Alltag so widersinnig verwendet wie „Stress". So wenig, wie man einen langweiligen Sonntag für eine Quarterlife-Crisis halten sollte, ist ein voller Laden oder ein zum dritten Mal klingelndes Telefon gleichzusetzen mit Stress. Stress ist mehr als ein anstrengender Tag, ein wichtiger Termin, ein – danke für den Hinweis an dieser Stelle – ungesichertes Word-Dokument in einem abgestürzten Rechner. Leider gilt aber auch: Echter Stress nimmt in Zeiten von Weltwirtschaftskrise, befristeten Arbeitsverträgen, Rundum-die-Uhr-Erreichbarkeit-per-Blackberry zu.

Eine eher gute Nachricht: „Die gesellschaftliche Akzeptanz und Sensibilität für psychische Erkrankungen hat sich deutlich erhöht", sagt Jochen Pimpertz, der am Institut der deutschen Wirtschaft in Köln als Experte für Sozialpolitik arbeitet. Echter Stress ist längst nicht mehr verschrien als harmloses Psycho-Zipperlein von Teelicht-Weicheiern, sondern gilt mittlerweile als eine akzeptierte Volkskrankheit – von der man allerdings noch nicht mal genau sagen kann, wie viele Menschen von ihr betroffen sind.

Die schlechte Nachricht: Die Weltgesundheitsorganisation (WHO) hat ihn zu „einer der größten Gesundheitsgefahren des 21. Jahrhunderts" ernannt. Waren 1990 die drei größten medizinischen Leiden der Menschheit noch Lungenentzündung, Durchfall und Kindstod, so sind es 2020 nach Prognosen der WHO: Herzinfarkt, Depression, Angststörungen, Verkehrsunfälle – zumindest die ersten drei oftmals als direkte Folge von Stress.

Typisch für wahrhaft gestresste Menschen ist, dass sie die körperlichen Symptome lange Zeit nicht wahrnehmen. Oder sie zwar wahrnehmen, aber nicht ernst nehmen. „Vor allem ignorieren sie den Zusammenhang mit ihrer Lebenssituation", sagt Joachim Bauer, Arzt für Psychosomatik an der Universitätsklinik Freiburg.

Was tut sich da beim Burn-out, dem Prozess des Ausbrennens im Körper? Bauer beschreibt das eindrücklich in der Zeitschrift *Captial:* Das Motivations- und das Stresssystem unseres Gehirns seien vergleichbar mit einer Waage. „Fühlen wir uns bedroht, wird die Ausschüttung der Hormone CRH und

Cortisol aktiviert, zudem produziert der Organismus verstärkt Adrenalin und Noradrenalin." Auf diese Weise bereite der Körper uns auf eine Ausnahmebelastung vor, wir sind alarmiert. Stress ist also durchaus positiv zu sehen. Hohe Belastung am Arbeitsplatz, Entscheidungsdruck, Konkurrenz: das kann die Seele belasten, aber auch als Motivation wirken. Krankhaft wird es oftmals erst dann, wenn der hohe Arbeitsaufwand nicht wertgeschätzt wird. Wenn Überstunden als selbstverständlich angesehen werden, wenn Renditedruck ungebremst oder gar noch verstärkt aus den Vorstandsetagen nach unten gepresst wird.

Haben wir die Situation bewältigt und erhalten wir die verdiente Anerkennung, setzt der Körper Botenstoffe frei, die ihn mit Energie versorgen und das Stresssystem beruhigen. Bleiben Erfolg und Anerkennung aber aus, verharrt der Körper im Alarmzustand – verdammt ungesund.

Die Zeit zitierte Studien, nach denen „sich jeder zweite Beschäftigte in Deutschland praktisch immer oder häufig starkem Termin- oder Leistungsdruck ausgesetzt" sieht. 50 Prozent: das ist schon heftig. Noch schlimmer: Das Zitat stammt aus dem Frühjahr 2006, aus heutiger Sicht also den guten alten und goldenen Zeiten des Wirtschaftslebens. „Die Unsicherheit ist ein großes Problem. Man kann höhere Anforderungen leichter bewältigen,

JEDER ZWEITE ARBEITNEHMER SPÜRT STÄNDIG LEISTUNGS- UND TERMINDRUCK.

wenn es Sicherheit und Stabilität am Arbeitsplatz gibt. Doch das trifft heute in vielen Bereichen kaum noch zu", sagt Michael Ertel von der Bundesanstalt für Arbeitsschutz und Arbeitsmedizin.

Auf angenehmere Zeiten auf dem Arbeitsmarkt können wir in absehbarer Zeit nicht hoffen, es gilt also den wachsenden Stress und den Burn-out im Griff, im Blick zu behalten. Die Forschung kennt mehr als 100 Symptome, sie reichen von Erschöpfung, Schlaf- und Konzentrationsstörungen, Kreislaufschwierigkeiten, sexuellen Problemen, Tinnitus, Magen-Darm-

Beschwerden bis hin zu einem insgesamt geschwächten Immunsystem. Matthias Burisch, Burn-out-Forscher an der Uni Hamburg, sieht den Ausgangspunkt in einer Fallensituation. „Die betroffenen Menschen sind entweder blockiert bei der Verfolgung eines unerreichbaren Ziels, an dem sie festhalten wollen. Oder sie verharren in einer subjektiv schwer erträglichen Situation, die sie nicht verändern können."

Erkennst du dich wieder? Oder deinen Partner, einen Kollegen, einen WG-Mitbewohner? Und wenn ja: in welcher Rolle genau? Wir hätten da im Angebot:

Den Beherrschten, der die vom Chef gesetzten Ziele oftmals sogar übertrifft, das selbstverständlich und nicht der Rede wert findet und ohne sich eine Belohnung zu gönnen das nächste Riesenprojekt stemmt.

Den Idealisten, der vor lauter Verantwortungsbewusstsein für seine welt- oder zumindest work-flow-verbessernde Idee das Neinsagen verlernt hat und unfähig geworden ist, Prioritäten zu setzen.

Den Rastlosen, der zwar dauernd über fiesen Druck von außen, die harte Konkurrenz auf dem Weltmarkt oder die knifflig zu erstellenden Quartalszahlen stöhnt, im Grunde seines Herzens sich den ganzen Druck aber selbst macht – und eigentlich auch abstellen könnte, wenn er ein langfristiges Projekt finden würde, das ihm wirklich Spaß macht.

Den Unentbehrlichen, der behauptet oder weiß, dass alles nicht mehr funktioniert, wenn er seinen beruflichen Einsatz drosselt.

Die Liste ließe sich sicher verlängern. Und natürlich sei all jenen, die sich selbst in den vergangenen Absätzen erkannt haben, geraten: Fuß vom Gas, raus aus dem Job, eine Auszeit nehmen, möglichst sofort. Unterbezahlt zu arbeiten kann für eine gewisse Zeit ja noch sinnvoll sein. In einem schleichenden Prozess durch das Arbeitsleben zum Charakterschwein zu werden ist traurig. Aber als körperlich ausgebranntes Wrack zu enden – lebensgefährlich. Unsicheren oder Hilfesuchenden sei wieder der Weg ins Internet empfohlen: burnout-test.de.

Dann wären da noch die perspektivlos Gelangweilten. Vielen von ihnen hat Corinne Maier aus dem Herzen geschrieben, ihnen erstmals eine Stimme gegeben. Denn im Vergleich zu den Gestressten fühlen sich die Gelangweilten oftmals als Unglückliche zweiter Klasse und häufig irgendwie ja auch selbst schuld. Das Gegenteil von Burn-out nennt der Schweizer Unternehmensberater Peter Werder „Boreout", und diese Langeweile ist ein erstaunlich zersetzendes Gift für die Seele des arbeitenden Menschen. Mindestens jeder zweite Deutsche sei beruflich unterfordert, schätzt Lutz von Rosenstiel, Professor für Organisations- und Wirtschaftspsychologie an der Universität München. Laut der Unternehmensberatung Proudfoot Consulting wird ein Drittel der Arbeitszeit mit Privatkram vertrödelt. Unterscheiden lassen sich zwei Grundformen der Unterforderung: qualitative und quantitative. Arbeit also, die langweilt, weil sie zu weit unter deinen Fähigkeiten liegt. Und Arbeit, die dich langweilt, weil du nichts zu tun bekommst.

Wer meint, diese frustbeladene Atmosphäre nicht zu kennen, weil er vielleicht noch gar nicht in einer Firma arbeitet, sondern noch zur Uni geht, dem sei an dieser Stelle trotzdem schon mal ein guter Roman empfohlen, *Wir waren unsterblich* von Joshua Ferris. Das Buch handelt, vordergründig zumindest, vom langweiligen Büroalltag: Kopierstau, Teeküchen-Getuschel, hässlichem Wandschmuck, Flipchart-Gelaber. *Wir waren unsterblich* spielt in einer Werbeagentur in Chicago, und auch der Autor selbst hat drei Jahre in solchen Büros in dieser Stadt gearbeitet, bis sein Job wegrationalisiert, er entlassen wurde. Aber Ferris machte das Beste draus: Sein Debüt wurde 2007 von der *New York Times* zu einem der fünf besten Romane des Jahres ernannt, und es hat sich wohl sehr gut verkauft: Von den Tantiemen hat Joshua Ferris sich nämlich ein schönes Haus nahe des Hudson River gekauft.

Ferris ist ein gutes Beispiel für jemanden, der die Büro-öde zwar erkannt, aber erstmal nichts dagegen unternommen hat. Der mit all seinem Talent nicht sofort gekündigt und sich was gesucht hat, das seinem Niveau entspricht. Warum verhielt sich dieser junge Amerikaner so – warum verhalten so viele von uns sich ganz genauso wie Joshua Ferris in seiner Zeit als Agenturangestellter? In einem Interview beschreibt Ferris das tückische Wir-Gefühl, von dem man sich leicht einlullen lässt in einer Firma: „Einerseits habe ich die Wärme und Sicherheit genossen, die dieses künstliche Kollektiv spendet. Das mächtige Wir befreit einen davon, selbst denken zu müssen. Plötzlich durfte ich es mit meiner

WARUM ZÖGERN AUSGERECHNET DIE HOFFNUNGSVOLLEN JUNGEN, MIESE JOBS ZU KÜNDIGEN?

Individualität etwas lockerer nehmen. Stets die eigene Meinung zu vertreten und das ständige Bemühen, einzigartig zu sein – das ist ja manchmal recht anstrengend."

Ferris hat sich, zum Glück, nicht für den Rest seines Lebens einlullen lassen. Er hat sich selbst in den Hintern getreten und in 14 Wochen den 440-Seiten-Roman wie im Rausch niedergeschrieben. Es war sein zweiter Anlauf – denn im ersten Durchgang kam nur „ein kleines wütendes Buch über die Arbeit" heraus, wie er selbst sagt. „Ein kleines wütendes Buch über die Arbeit" lässt Ferris auch in seinem Roman den Angestellten Hank Neary schreiben – was seine Kollegen natürlich köstlich finden. Ferris hat sein erstes Buch verworfen – und einen zweiten Anlauf gewagt. Mit großem Erfolg.

Warum tun es ihm relativ wenig Menschen gleich und wagen einen beruflichen Neuanfang, starten den zweiten Versuch, kündigen, wo sie ahnen, unglücklich zu werden?

Vor allem für uns Jüngere gilt doch eigentlich: Wer noch keine Doppelhaushälfte abzuzahlen hat, drei Kinder durchbringen muss, mit einem Auge schon auf die Rente schielt – der müsste doch wohl die höchsten Ansprüche an eine Arbeit stellen und Jobs, die keinen Spaß machen, keine Aufstiegschancen enthalten, in denen Weiterlernen nicht möglich ist, taktisch klug, aber schnellstmöglich wieder verlassen. Warum ist dem nicht so? Vielleicht, weil man im ersten oder zweiten Job noch nicht abgezockt genug ist. Seinen eigenen Marktwert noch nicht so genau abschätzen kann. Den monatlichen Lohn („so viel Geld hatte ich noch nie auf dem Konto") eher als Wohltat des Arbeitgebers denn als Deal begreift. Selbst wenn die Kündigung sich als Fehler herausstellt, man mal in eine Sackgasse tappt: Ist das denn wirklich so schlimm? Am ehesten abschauen kann man sich da wohl eine gute Geisteshaltung von den Amerikanern, die seit der Wahl von Barack Obama ja eh nicht mehr nur als dick, doof und kriegstreiberisch angesehen werden. Was sie auf jeden Fall grundsätzlich ganz gut hinkriegen: Lockerer als wir mit beruflichen Brüchen umgehen. Scheitern ist zumindest kein moralischer Makel, der unabwaschbar haften bleibt an deiner Biografie.

Das überzeugt dich nicht? Du schauderst eher bei der Vorstellung, alles nochmal auf null, als dass es dich reizt? Selbst an Silvester, leicht angetrunken und in nachdenklicher Stimmung, hast du noch nie beschlossen, alles hinzuschmeißen, dem Chef eine euphorisch-wütende Abschiedsrede zu halten und mit nur einem Pappkarton beladen das Büro zu verlassen und hinter der Glastür in die Freiheit zu treten? Alles Bullshit? Nun ja, grübeln ist eh eine deutsche Spezialität, es gibt im Englischen sogar den stehenden Begriff der „German Angst". Die Redewendung kam erstmals in den 80er-Jahren des vergangenen Jahrhunderts in englischen und amerikanischen Wirtschaftszeitungen vor – als Beschreibung des deutschen Naturells. Gemeint war: Die Krauts sind zögerlich, scheuen das unternehmerische Risiko, sind leidenschaftliche Pessimisten, die, frei nach Woody Allen, Wassergläser nicht mal mehr als halbleer bezeichnen, sondern fest damit rechnen, dass die Gläser demnächst vom Tisch fallen. Im Ausland entstand der Eindruck der „German Angst" vor allem durch das oftmals übervorsichtige Verhalten deutscher Wirtschaftslenker und Politiker.

Die Journalistin Sabine Bode bezeichnet dieses Verhalten gar als „späte Folgen des Zweiten Weltkriegs – begründet in unverarbeiteten Erlebnissen aus der Nazizeit, die dann unbewusst an die nachfolgenden Generationen weitergegeben wurden". Vererbte Angst also, die dazu geführt hat, dass unsere Generation sich ungemeine Sorgen macht um Klimawandel, Welthunger und ähnliche Megakatastrophen, aber auch eigene Arbeitslosigkeit, und trotz guter Ausbildung ohne großes Selbstvertrauen und unternehmerischen Wagemut in die berufliche Zukunft schaut.

Die Wahrheit liegt wohl irgendwo zwischen dem optimistischen „Just do it"-Grinsen der Amis und der Nazi-Bürde, die uns daran hindert, eine unbefriedigende Festanstellung aufzugeben und den Neustart in ein anderes Berufsfeld zu wagen. Die Sehnsucht nach dem Neuanfang kann jeder verstehen. Und viele Zeitschriften halten sie uns vor die Nase als leuchtende Beispiele: unglückliche Industriekauffrauen, die als Möbeldesignerinnen ihre Erfüllung gefunden haben. EDV-Unternehmer, die nun als Pferdeflüsterer arbeiten, Herzchirurgen, die zu Truckerfahrern wurden und sogar Personalberaterinnen, die im Bestattungsgewerbe glücklich wurden. Ausgedacht? Ne, die Leute gibt's alle, sie waren Anfang 2009 im *stern* porträtiert. Schaut euch die Bilder dieser Menschen mal genau an, die lächeln irgendwie anders als du und ich.

UM DEN PASSENDEN BERUF ZU FINDEN, MUSST DU DICH SELBST VERDAMMT GUT KENNEN.

Solche Lebensläufe machen oft Mut, den Neubeginn zu wagen, der kalten Sinnlosigkeit zu entfliehen, wie Corinne Maier sie beschrieben hat. Oder auch, sich aus dem einlullenden Office-Mief zu lösen, wie Joshua Ferris es getan hat. Sie helfen uns beim Träumen. Aber Vorsicht: Der britische Psychoanalytiker Donald W. Winnicott bezeichnet Träumen als den Einsatz unserer Vorstellungskraft, um mögliche Szenarien zu schaffen, in denen wir unser Potenzial verwirklichen können. Um allerdings in der Realität etwas bewirken zu können, muss ein Traum einen Bezug zu unseren Potenzialen aufweisen. Andernfalls ist er reine Fantasie. Die Fähigkeit, zwischen Träumen und Fantasie unterscheiden zu können, ist das Entscheidende auf der Suche nach dem wirklich passenden Beruf: Ohne Träume wäre keine Veränderung möglich. Aber wer sich in seinen Fantasien verliert, verbraucht Energie, ohne echte Veränderungen herbeiführen zu können. Corinne Maier und Joshua Ferris haben aus ihren Gedanken über das Gute und das Böse, das Erstrebenswerte und das zu Meidende in der Jobwelt Bücher gemacht. Du liest wenigstens schon mal eines. Aber was willst du selbst? Das herauszufinden ist das Schwierigste. Klingt wie Paolo Coelho. Stimmt aber trotzdem. An die Arbeit!

12 FAMILIE GRÜNDEN

Soll ich auf den perfekten Zeitpunkt warten, um ein Kind zu kriegen – oder den Mut haben, auch in unsicheren Zeiten eine Familie zu gründen?

Welche Form der Verhütung mit welcher Wahrscheinlichkeit schief geht — Und ganz im Gegenteil: Wie wahrscheinlich es ist, sich ein Kind zu wünschen, aber nicht schwanger zu werden — Auf wen man hören sollte, wenn man sich fragt, ob man bereit ist für Babygeschrei — Von welchem Gerede man sich auf keinen Fall irremachen lassen darf — Und was eigentlich gute Eltern sind

— 229

„Familienplanung" ist ein häufig gesagtes Wort, so geläufig wie „Berufswunsch" oder „Altersvorsorge". Doch kann man das: Familie planen? Zumindest kann man ziemlich verlässlich das Gegenteil planen. Die Kennziffern dazu liefert der Pearl-Index, der angibt, wie viele von 100 Frauen innerhalb eines Jahres trotz der jeweiligen Verhütungsmethode schwanger werden. Je niedriger der Pearl-Index, desto sicherer die Methode (die statistischen Schwankungen ergeben sich durch mögliche Anwendungsfehler). Am zuverlässigsten sind demnach die Sterilisation des Mannes (0,1), die Hormonspirale (0,16) und die Pille (0,1 bis 0,9), gefolgt von der Sterilisation der Frau (0,2 bis 0,3) und dem Vaginalring (0,4 bis 0,65). Das Kondom (2 bis 12) befindet sich statistisch in erschreckender Nähe zum Coitus interruptus (4 bis 18) und zur Kalendermethode (9). Gar nicht zu verhüten ist naturgemäß eine unsichere Verhütungsmethode: 85 von 100 Frauen werden auf diese Art binnen eines Jahres schwanger.

Die Frage, inwieweit Familienplanung wirklich möglich ist, zielt erst zuletzt auf die rohe Statistik. Vorher ist es eine finanzielle, gesellschaftliche und psychologische Frage. Was erwartet mich? Was tun Kinder? Was tun Kinder mit mir? Bin ich dem gewachsen? Was, wenn ich jetzt glaube, dass ich Kinder will, und wenn sie da sind, sie dann doch nicht will? Und wenn ich sie nicht liebe? Muss man Kinder bekommen, um der Gesellschaft zu helfen? Kann ich mir das leisten? Was ist mit meinem Job? Und mit meinen Träumen?

Kinder nicht zu bekommen ist eine Entscheidung, die man heute so und morgen anders treffen kann. Man kann sie rückgängig machen. Das kann man mit den meisten Entscheidungen im Leben, auch den großen. Beruf, Partner, Wohnort, alles nicht in Stein gemeißelt. Doch die Entscheidung, Kinder zu bekommen, ist eine endgültige. Wer einmal Kinder hat, wird sie immer haben, völlig egal, wie es mit seinem Leben und dem des Partners weitergeht. Bildlich gesprochen: Der Kreißsaal hat keine Hintertür. Sogar im Fall einer Abtreibung ist das ähnlich. Eine Abtreibung bricht die Schwangerschaft nämlich nur ab.

Sie macht sie nicht rückgängig. Auch dieses Kind, obwohl ungeboren, wird seine Eltern auf seine Art ein Leben lang begleiten.

Die technische Seite der Familienplanung scheint nach all diesen großen Fragen also bloß noch eine Formsache zu sein, doch es lohnt sich, noch einmal einen Blick darauf zu werfen: Denn hier zeigen die Tücken, wie weit es mitunter her sein kann mit der vermeintlichen Planbarkeit der Familie. Selbst wenn Paare alle Schwierigkeiten durchdacht und alle Beschlüsse getroffen haben, die zum großen Vorhaben führen, ein Kind zu zeugen – selbst dann können sie an der Banalität der Natur scheitern. 85 von 100 Frauen werden schwanger, wenn sie nicht verhüten. Das sind viele.

TABUTHEMA: 1,4 MILLIONEN PAARE IN DEUTSCHLAND SIND UNGEWOLLT KINDERLOS.

Aber 15 von 100 werden nicht schwanger. Die FDP ist eine bedeutende Partei, doch über solche Prozentzahlen würde sie sich eckig freuen. Das Berlin-Institut für Bevölkerung und Entwicklung schätzt, dass 1,4 Millionen Paare in Deutschland unfreiwillig kinderlos sind. Viele von ihnen behalten dieses Problem für sich. Moderne Geschlechterrollen hin oder her: Unfruchtbarkeit nagt an dem Gefühl, ein ganzer Mann, eine vollwertige Frau zu sein.

Im antiken Griechenland war Kinderlosigkeit ein gesetzlicher Scheidungsgrund, und noch 1958 verstieß der Schah von Persien seine Ehefrau Soraya, weil diese ihm keine Kinder gebar. Heute würde er das zumindest noch eine Weile hinausschieben, denn inzwischen ist eine ganze Industrie aus der Sehnsucht gewachsen, die Natur zu überlisten. In Deutschland stehen 120 Fertilitätskliniken, mit deren Hilfe – etwa durch Hormonspritzen – bisher 150 000 Kinder entstanden sind. Verheiratete Paare müssen die Fruchtbarkeitsmedizin allerdings zur Hälfte bezahlen; nach dem jeweils dritten Versuch, künstlich eine Schwangerschaft herbeizuführen, stellen die Krankenkassen ihre Zuschüsse ein. Unverheiratete Paare tragen die Kosten von Operationen und Medikamenten von vornherein allein. Und manche Kliniken verweigern Frauen über 40 Jahren die Unterstützung, weil mit steigendem Alter die Wahrscheinlichkeit sinkt, dass die künstliche Befruchtung klappt – die Kliniken wollen sich ihre Erfolgsquoten nicht verderben. Vergeblich auf die Schwangerschaft zu warten, monatelang, jahrelang, immer wieder zu hoffen, dass endlich dieser Strich im Teststreifen erscheint – das ist ein zusehends verbreiteter Kummer. Weil Beruf und Familie in Deutschland einander zwar nicht ausschließen, aber auch nicht gerade umarmen, ringen sich Frauen immer später dazu durch, sich ihren Kinderwunsch tatsächlich zu erfüllen. Manche warten so lange, bis es zu spät ist. Männer erwähnen in diesem Zusammenhang gern, dass Charlie Chaplin mit 73 noch Vater wurde. In der Tat, die 40 ist für Männer keine bedrohliche Altersgrenze. Allerdings hat sich ihre Spermiendichte in den vergangenen 50 Jahren in den Industriestaaten halbiert; schuld sind unter anderem schädliche Umwelteinflüsse. Und dann muss man noch die Ahnungslosigkeit vieler Paare erwähnen, die das Robert-Koch-Institut in einem Bericht für die Bundesregierung ermittelt hat: An den durchschnittlich fünf fruchtbaren Tagen im Monat hatte etwa die Hälfte der unfreiwillig Kinderlosen keinen Sex. Es ist bemerkenswert, wie schlecht sich viele Paare, die über künstliche Befruchtung ganz genau Bescheid wissen, mit der natürlichen auskennen.

So trivial kann Familienplanung scheitern: Man findet einen Partner, stabilisiert sein Leben, wünscht sich Kinder – und dann kommt einfach keins. Kinder sind nicht wie eine Amazon-Bestellung, heute geklickt, morgen geliefert. Sie sind eher wie ... Trabis. Man kann nicht sagen: Jetzt. Man kann nur sagen: Ab jetzt. Und manchmal kommen sie nie.

Wer hat vorhin bei der Sache mit dem antiken Griechenland den Kopf geschüttelt? Kinderlosigkeit als Scheidungsgrund, wie rückständig? Kann man so sehen. Allerdings ist auch heute der Druck auf die Kinderlosen enorm. Die deutsche Familienministerin hat sieben Kinder, das sagt schon vieles. Sie

KINDERKRIEGEN

Warum eigentlich willst du ein Kind? Stichwort genügt.

Kennst du ein Kind, das so ist, wie deins mal sein sollte?
Was genau gefällt dir an ihm?

Angenommen, nur eines von beidem wäre möglich:
Sollte dein Kind klug sein oder nett?

Wie gerne wärst du selbst nochmal Kind?
Angabe bitte in Prozent.
%

Was erwartest du von deinem Kind im Alter von 5, 10, 25 Jahren?

Was geht nicht mehr, wenn man Kinder hat?

Wer sagt das?

Für was wird das Kinderhaben wohl eine gute Ausrede sein?

Für welche Eigenschaft deines Kindes möchtest
du von anderen Eltern mal beneidet werden?

Wärst du gerne dein eigenes Kind? Warum? Stichworte genügen.

selbst sagt auch vieles, und oft schimmert in ihren Sätzen der Hinweis durch, dass Kinderlose der Gesellschaft schaden. Man weiß ja: Die Deutschen sterben aus, wer soll später unsere Rente zahlen und so weiter. Raum ohne Volk. Ursula von der Leyens Vorgängerin im Familienministerium, Renate Schmidt (drei Kinder, immerhin), schlug Anfang 2007 mal vor, das Wahlrecht von Geburt an einzuführen, so dass Eltern für jedes minderjährige Kind eine Stimme mehr hätten. Ein Wahnwitz, der in der demografischen Panik erstaunlich ernst genommen wurde. Oder schauen wir auf Filmstars: Die verdienen Millionen an exklusiven Babyfotos. Kein roter Teppich, der nicht wenigstens einen schwangeren Bauch aushalten müsste. Nicht einmal die *Sportschau* kann man gucken, ohne an Kinder zu denken: Etliche Torschützen feiern ihre Treffer mit einem angedeuteten Schaukeln ihres Babys. Fußballer werden ja auch in einem fort Vater. Berliner übrigens auch. 2007 sind in Berlin zum ersten Mal seit dem Zweiten Weltkrieg mehr Menschen geboren worden als gestorben.

Ein Kind ändert alles. Was genau, weiß aber nur, wer schon Kinder hat. Das ist schlecht für eine Planung. Das mit der Veränderung sagt sich ja so leicht. Sind nur vier Wörter: Ein – Kind – ändert – alles. Also, ein Baby bedeutet: Dass man eine Geburt überstehen muss, die so wehtut, dass kein Mensch, der nie gebar, sich das vorstellen kann. Dass man wenig schläft. Dass man nachts um eins, um drei, um fünf wach wird. Dass man dann manchmal sein Kind an die Wand werfen könnte. Dass man sich dafür hasst. Dass man viel, viel weniger Geld übrig hat. Dass man sich oft Sorgen um sein Kind macht. Dass es nicht mehr egal ist, was aus einem wird. Dass es stinkt. Dass man sich mit dem Partner öfter streitet. Dass man auf gar keinen Fall arbeitslos werden darf. Dass man davor Angst bekommt, seine Stelle zu verlieren, auch wenn man diese Angst vorher nie hatte. Dass man erst merkt, wie wichtig ein bisschen, nur ein bisschen Zeit für sich war. Dass man seine Freunde kaum noch sieht. Dass man praktisch nur noch übers Kind redet.

Dass man nach der Geburt wochen- oder monatelang gar keinen und jahrelang keinen spontanen Sex mehr hat. Dass man sich seltener wäscht. Dass man nicht krank werden darf. Dass in der Wohnung alles durcheinanderliegt. Dass man Ärger bekommt, weil man Formulare, Anträge, Überweisungen und solche Sachen nicht mehr pünktlich erledigt. Dass man sich plötzlich fragt, was für Menschen die eigenen Eltern eigentlich so sind. Dass man seine Kindheit hinterfragt. Dass ein einziges kurzes Lachen des Kindes den ganzen langen Tag verzaubern kann. Dass … alles anders ist.

Planen kann man, was sich voraussehen lässt. Man kann Urlaub planen, indem man Routen berechnet, Sehenswürdigkeiten wählt und Zimmer bucht. Wie soll man ein Kind planen, wenn man kaum weiß, was es heißt, eins zu haben?

Es gibt wenige Menschen, die sagen, sie wollten prinzipiell keine Kinder. Es gibt auch wenige, die sagen, sie würden gerade „daran arbeiten" (hier folgen ein koketter Blick zum Partner, ein unsicheres Lächeln und ein langer Schluck aus dem Glas). Die meisten sagen, dass sie Kinder wollen, und zwar irgendwann, „wenn es passt". Und wann passt es?

„Wenn ich mit dem Studium fertig bin …"
„… und mich ein paar Jahre im Beruf etabliert habe"
„Wenn ich genug Geld habe"
„Wenn ich den Richtigen gefunden habe"
„Wenn ich weiß, was ich mit meinem eigenen Leben anfangen will"
„Wenn wir die Weltreise gemacht haben"
„Wenn wir wissen, wo und wie wir leben wollen"
„Wenn ich mich ausgetobt habe"

Es gibt noch viel mehr Gründe, das Kind vor sich herzuschieben. Das ist nicht sarkastisch gemeint. Die meisten Gründe, die in diesem Zusammenhang genannt werden, sind triftig. Nur: Man muss sich darüber im Klaren sein, dass der Zeitpunkt, an dem man keinen guten Grund mehr hat, vermutlich niemals kommen wird. Wie auch immer: Es spricht zu jeder Zeit etwas dagegen, Eltern zu werden.

Die triftigsten der zitierten Gründe sind wohl, wie so oft im Leben, das Geld und die Liebe. Was die Liebe angeht, würden viele aktuelle Paare weit miteinander gehen. Sie würden zusammenziehen, sich vielleicht verloben. Kann man ja auch alles revidieren. Aber ein Kind bedeutet, dass man mit diesem Partner ein Leben lang zu tun hat, ob verbunden oder getrennt. Und dass der Druck mit einem Mal viel größer wird, mit ihm zusammenzubleiben. Alleinerziehend zu sein ist ein verflucht hartes Los. Die Mühe hat dann keine Pausetaste mehr.

Das Thema Geld ist schnell erklärt: Kinder sind teuer. Nicht nur, weil sie Geld kosten, weil man etwas bezahlen muss: Windeln, Brei, Fläschchen, Schnuller, Kleidung, Möbel, eine durch den Platzbedarf höhere Miete, ein größeres (oder überhaupt ein) Auto, Medikamente, Versicherungen, Spielzeug, Bücher. Vor allem sind Kinder teuer, weil man ihretwegen weniger einnimmt. Ja ja, das Elterngeld, schon wahr, das existiert, aber zum einen wird es bloß rund ein Jahr lang gezahlt, und zum anderen bringt es unterm Strich weniger ein, als Ursula von der Leyens Werbefeldzug vermuten lässt. Was finanziell wirklich hilft, ist eigentlich nur, dass beide Elternteile voll weiterarbeiten und ihr Kind für zehn Stunden am Tag in die Krippe geben. Dann sind wir allerdings wiederum bei völlig abnormen Kosten für die Kinder-

BESCHEUERTER IDEOLOGIEKAMPF: DIE GLUCKEN GEGEN DIE RABENMÜTTER.

betreuung – und müssen den Eltern obendrein gratulieren, dass sie überhaupt eine gefunden haben. In Deutschland geht bloß jedes siebte Kind unter drei Jahren in eine Krippe. Die Plätze sind rar und teuer.

Aber auch wenn der Platz gratis wäre: Mütter, die es biologisch richtig machen und in ihren Zwanzigern zum ersten Mal schwanger werden, müssen sich ökonomisch bestrafen lassen. Sie unterbrechen ihre Karriere in einer entscheidenden

Phase und schauen zu, wie kinderlose Kolleginnen an ihnen vorbeiziehen. Kein Wunder, dass zwei von fünf Akademikerinnen nie eine Familie gründen. Und die Babypause für Männer ist in der Wirtschaft nur scheinbar kein Problem. Jedenfalls hat eine Studie der „Europäischen Akademie für Frauen in Politik und Wirtschaft" ergeben, dass nur 29 Prozent der Beschäftigten glauben, ihr Unternehmen unterstütze wirklich Väter, die Familienpflichten übernehmen wollen. Als die Großgewerkschaft ver.di untersuchen wollte, wie Unternehmen mit der Elternzeit umgehen, waren nur vier von 100 angesprochenen Firmen bereit, überhaupt an der Studie teilzunehmen.

Doch ganz gleich, ob man sein Kind in fremde Hände gibt oder in den eigenen lässt: Ins Rabeneltern-Dilemma gerät man so oder so. Denn Kinderbetreuung ist nicht nur ein finanzielles, es ist auch ein ideologisches Thema. Die Eva Hermans des Landes werden nicht müde zu behaupten, die Fremdbetreuung von Kindern schade ihrer Seele und ihrem Charakter; die Gegenseite hält Mütter, die mit ihren Kindern zu Hause bleiben, für Glucken und zitiert Studien, die zeigen, wie wertvoll die Fremdbetreuung sei. Sicher ist in Wahrheit nur so viel: Kinderbetreuung ja oder nein ist die falsche Frage. Wichtig ist nur, ob es den Kindern bei ihren Eltern gutgeht. Ab diesem Punkt kann man wenig falsch machen. Doch befreit diese Erkenntnis junge Eltern von ihrer Sorge, speziell sie könnten doch Rabeneltern sein? Wohl eher nicht.

Andersherum gefragt: Was sind denn gute Eltern? Denken wir uns auf eine beliebige Bank eines beliebigen Spielplatzes. Zur Linken: die coole Mutter, etwas nachlässig, aber nicht schlampig zurechtgemacht, sie liest ein Buch, das Baby im Kinderwagen zupft an ein paar aufgespannten Miniaturteddys herum. Geradeaus: die engagierte Mutter, etwas zerzaust, sie kommt gerade von der musikalischen Früherziehung und muss gleich weiter zum Kinderbauchtanz, jetzt hebt sie ihr Baby von der Wippe auf die Rutsche, an die Stange, in den Sand, auf das Karussell. Rechts: ein leerer Platz, diese Mutter ist im

Büro. Jede dieser Frauen wird ihre Art, ihre Rolle zu leben und mit ihrem Kind umzugehen, mit Zähnen und Klauen verteidigen; in der Tat scheinen sich auf Spielplätzen die Mütter genauso zu zanken wie die Kinder, nur ohne die schnelle Versöhnung. Dabei fragt sich in Wahrheit jede ständig selbst, ob sie es wohl richtig macht. Und die Väter – die sind sowieso ziemlich desorientiert, wo in der heutigen Gesellschaft ihr Platz ist. Erzieher? Ernährer? Beides zusammen? Aber zu welchen Teilen? Gut möglich, dass die frühere Aufgabenverteilung – Vater Geld, Mutter Kinder – unfair und schädlich war. Übrigens für beide Seiten. Aber immerhin war sie klar. Auch in pädagogischen Dingen hat die Generation unserer Eltern oder die der Großeltern bestimmt viele verheerende Fehler gemacht – doch sie hatten nicht so viel Angst vor Fehlern wie wir. Die strengen Blicke von Öffentlichkeit und Ratgeberliteratur auf die Erziehungsmethoden heutiger Eltern bringen den Vorteil, dass kaum noch Eltern ihre Kinder verprügeln. Doch sie erziehen sie auch nicht mehr entspannt. Oder sie fürchten sich so sehr davor, an der größten denkbaren Herausforderung im Leben zu scheitern, dass sie die Herausforderung gar nicht erst annehmen. Man darf notfalls im Beruf versagen, in der Liebe oder in der Freundschaft – aber auf keinen Fall in der Erziehung. Mit der Selbstverständlichkeit des Elternwerdens ist auch die Sorglosigkeit des Elternseins dahin.

Niemand weiß, wie er sich in seiner Rolle als Mutter oder Vater fühlen wird. Wie sein Alltag aussehen wird, ob das Kind in eine Krippe gehen wird oder nicht. Ob das Geld reicht und was es bedeutet, falls nein. Ob die Liebe reicht. Und da soll man Familie planen?

Die größte Unwägbarkeit ist von alledem abhängig, und sie ist es auch wieder nicht. Doch planen kann man sie in keiner Weise: das Glück. Kinder sollen ihre Eltern glücklich machen. Das war früher anders, da sollten Kinder ihre Eltern absichern, dafür bereitstehen, sie später im Alter zu versorgen, und außerdem bekam man halt Kinder, allein schon wegen

Gott. Und man bekam nicht nur ein Kind oder zwei, sondern so viele, wie die Natur zuließ. Der Berliner Familienforscher Hans Bertram meint, die kümmerliche Kinderzahl von heute durchschnittlich 1,45 Kindern pro Frau erkläre sich vor allem dadurch, dass die Vielkindfamilien so selten geworden seien. Wer kennt noch Familien mit drei Kindern oder mehr?

Wirklich? Anders gefragt: Wer kennt noch Familien mit drei Kindern oder mehr und wünscht sich, er wäre einer der Elternteile?

Ein Kind reicht heute schon deswegen, weil das Kind ja nicht mehr für unsere Altersvorsorge zuständig ist, sondern für unsere Vervollkommnung, für unseren Sinn im Leben, für unser Glück. Es ist eine Art Outsourcing der Selbstverwirklichung. Der Gedanke ist nicht so abwegig, denn natürlich bekommt das Leben eine andere Tiefe, sobald man Verantwortung für ein Kind trägt; obendrein für ein Kind, das ungefähr die Hälfte der eigenen Gene trägt und somit durchaus auch die Persönlichkeiten seiner Eltern fortsetzt. Aber was in der Liebe gilt, ist auch in der Elternschaft richtig: Kein anderer ist dafür da, einen glücklich zu machen, außer einem selbst.

Man kann eine Familie nicht wirklich planen. Seelisch nicht, charakterlich nicht, nicht einmal technisch; finanziell ist es schon undurchsichtig genug. Doch all das soll nicht bedeuten, man solle, wenn man nicht planen kann, einfach aufs Geratewohl in der Welt herumzeugen. Denn der erste Schritt zum Kind ist durchaus die Folge eines Plans – man hört ja auf zu verhüten. Und zwei Fragen muss man heute beantworten können, wenn man überlegt, ob man ein Kind zeugen soll oder nicht: Liebe ich meinen Partner? Und will ich prinzipiell Kinder? Wenn beides zutrifft, wird es gehen. Jetzt, später, darauf kommt es dann nicht an.

13 GESUND BLEIBEN

Soll ich mich bei Vorsorge-untersuchungen durchchecken lassen – oder nur zum Arzt gehen, wenn mir wirklich was wehtut?

Warum ausgerechnet Menschen mit leichtem Übergewicht am längsten leben —Wieso der Unterschied zwischen Wahrscheinlichkeit und Gewissheit entscheidend ist —Warum Genomforschung die hohen Erwartungen, die in sie gesteckt werden, nicht erfüllen kann —Wann Prävention nutzlos oder gar gefährlich wird

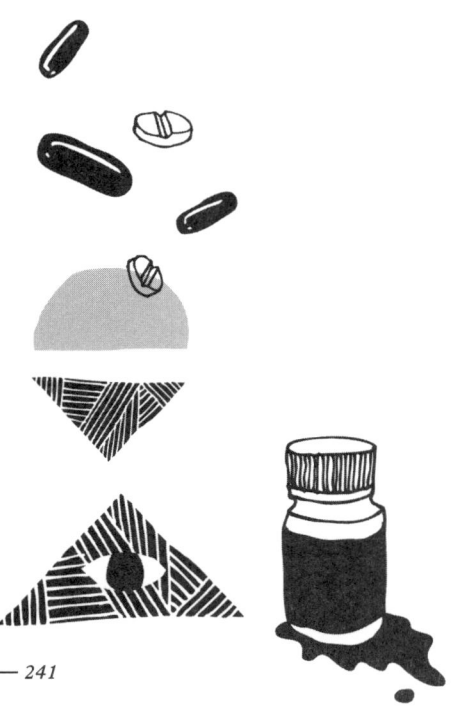

Es gibt zwei Arten von Menschen: Solche, die Taschentücher bei sich tragen. Und solche, die keine Taschentücher bei sich tragen. Schon zu Schulzeiten war das so: Diejenigen, die auf sich achtgaben und bei jedem Hüstler eine heraufziehende Lungenentzündung vermuteten; die ab Oktober nur mit Wollunterhemd das Haus verließen, schon vor der ersten Lateinstunde „Angina Pectoris" und „Pneunomie" buchstabieren konnten und die selbstverständlich im Hallenbad die Haare föhnten. Weicheier. Gerne Einzelkinder, oft Mädchen, nicht gerade die Ersten, die in der Sportstunde ins Handballteam gewählt wurden. Die Sorge um ihre Gesundheit gab ihnen interessanterweise stets den Anstrich des Ewig-Kränklichen, weswegen natürlich diejenigen, die so auf gar keinen Fall sein wollten, selbst bei Minustemperaturen mit tief sitzenden Jeans und rot gefrorenen Ohren in

WANN HAST DU ZULETZT IN DEIN IMPFBUCH GESCHAUT? WEISST DU WENIGSTENS, WO ES LIEGT?

der Raucherecke ihre Kippchen ansteckten. Nierenbeckenentzündung – so what? Ich bin jung und stark und unverwundbar! Echte Gebrechen haben doch nur lebenssinnentleerte Omas, die ihren Hausarzt besser kennen als die eigenen Enkel, jeden Morgen ihre Blutdruckmedikamente einwerfen und sich auf Familienfesten gerne in einen verbissenen Wettstreit begeben, wen es krankheitsmäßig gerade am übelsten erwischt hat.

Und dann, schleichend, irgendwie und irgendwann, verfliegen diese jugendliche Sorglosigkeit und der Glaube an die eigene Unversehrtheit. Man versucht, anfangs noch zögerlich, mit Anti-Falten-Cremes, Bauch-Beine-Po-Programmen und wöchentlichen Joggingeinheiten den beginnenden körperlichen Verfallserscheinungen beizukommen, da machen die ersten Geschichten die Runde – von üblen Bandscheibenvorfällen, dem Schwinden des Augenlichts. Was, Brustkrebs? Die ist doch kaum älter als wir! Und sie hat vorher gar nichts gemerkt? Muss der wirklich drei Monate in die Reha wegen seines Rückenleidens, unklar, ob er je wieder viel Sport machen kann?

Tja. Und dann kommen unweigerlich natürlich auch die ungemütlichen Fragen an einen selbst: Was, wenn mir auch etwas
fehlt? Hat sich dieses verdächtig unverdächtige Muttermal am
Oberarm in den vergangenen Monaten nicht ein bisschen verändert? Wann war ich eigentlich zuletzt beim Frauenarzt, um
einen Abstrich zur Krebsvorsorge machen zu lassen? Sollte ich
nicht einfach mal einen Check-up machen und mich gründlich
untersuchen lassen? Es ist ein bisschen wie mit der Altersvorsorge: Irgendwann bekommt man eine Ahnung davon, dass
man sich schleunigst darum kümmern müsste. Aber während
der eine sofort das *Stiftung-Warentest*-Sonderheft dazu kauft,
ausgedehnte Internetrecherchen anstellt und innerhalb kürzes-
ter Zeit über die Vor- und Nachteile der Riester-Rente referie-
ren kann, schiebt der andere die Gedanken daran beiseite und
hofft darauf, dass ein überraschendes Erbe oder ein Lottogewinn das schon regeln werde. Und während der eine mit 30
Jahren einen Ordner mit diversen Vorsorgebroschüren anlegt,
mit seinem Hausarzt die weitere Vorgehensweise beratschlagt
und seinen Körper am liebsten einer möglichst engmaschigen
Rasterfahndung unterziehen will, baut der andere mit Gottver-
trauen darauf, dass ihm schon nichts passieren werde („Onkel
Egon ist ja auch fast 100 geworden ..."). Auf der anderen Seite:
Was kann man überhaupt an Vorsorgeuntersuchungen machen?
Haben die Risiken und Nebenwirkungen? Was bringen sie?

„Vorsorge ist immer gut." Das ist so ein Satz, den man
immer wieder hört. Die Logik dahinter ist einleuchtend: Wenn
ich mich schütze, passiert mir nichts. Wenn ich zur Früherkennung gehe, werde ich schneller und wirkungsvoller behandelt
und länger leben. Oder wie es Fußballbundestrainer Joachim
Löw formuliert: „Alle zehn Jahre zum Darmkrebscheck – das
bietet eine Perspektive, um sorgenfrei in die Zukunft schauen
zu können." Neun von zehn Deutschen gaben 2007 in einer
Emnid-Umfrage an, die Zukunft der Krankheitsverhütung liege
in der Vorsorge. Ganz so einfach sind die Dinge leider nicht.
Natürlich ist es sinnvoll, morgens und abends die Zähne zu

putzen und zwei Mal im Jahr beim Zahnarzt sein Bonusheft abstempeln zu lassen – wer je eine schmerzhafte Wurzelbehandlung nach fünf zahnarztlosen Jahren über sich ergehen lassen musste, wird sofort nicken. Es ist auch unzweifelhaft eine gute Idee, in seinem Impfbuch nachzuschlagen, ob nicht mal wieder eine Tetanus- oder Diphtherie-Auffrischung ansteht – der kleine Pieks in den Hintern ist harmlos gegenüber den Krankheiten, die er verhindert. Mit Sicherheit kann man auch sagen: Beim Sex Kondome zu benutzen und nicht zu rauchen sind die sichersten Maßnahmen, um sich vor AIDS zu schützen und nicht an Lungenkrebs zu erkranken.

Aber dann wird es rasch viel schwieriger – wenn man sich etwa genauer die Krebsvorsorge anschaut. Jedes Jahr sterben in Deutschland über 200 000 Menschen an dieser Krankheit, das entspricht der Einwohnerzahl von Kassel. Seit Jahren forschen die Wissenschaftler nach dem Supermittel gegen Krebs; sollte es je einer finden, er hätte in jeder Hinsicht den Jackpot geknackt. Aber weil es die Pille dagegen eben noch nicht gibt, dreht man das Ganze um und investiert hektisch in aufwendige Techniken, forscht fieberhaft nach Impfstoffen, kurz: versucht den Krebs erst gar nicht entstehen oder wuchern zu lassen. Und das ist nicht immer unbedingt zum Besten der Patienten. Als 2006 mit großem Hurra verkündet wurde, endlich sei ein Impfstoff gegen Gebärmutterhalskrebs gefunden, nahm die Ständige Impfkommission (STIKO) erstaunlich schnell die neue Erfindung in ihre Empfehlungen auf, und der Impfstoff Gardasil entwickelte sich 2007 mit 267 Millionen Euro zum umsatzstärksten Medikament in Deutschland – kein Wunder, kostet ein vollständiger Impfschutz doch 480 Euro. Nur eineinhalb Jahre später, im Herbst 2008, fordern in einem Manifest 13 anerkannte deutsche Wissenschaftler dringend die Rücknahme der Empfehlung: Neuere Studien hätten nicht belegen können, dass der Impfstoff tatsächlich wirksam sei. Und auch der Technik sollte man nicht blind vertrauen: Überall in Deutschlands Arztpraxen stehen sündteure Mammographie-

Geräte, mit denen Brustkrebs im Frühstadium erkannt werden soll. Ab 40, spätestens ab 50 wird den meisten Frauen geraten, alle zwei Jahre ihre Brüste zwischen Plexiglasscheiben pressen und röntgen zu lassen. Abgesehen von der Strahlenbelastung, deren Folgen noch nicht erfasst sind, arbeiten diese Geräte immer noch erstaunlich ungenau: Bei 1000 untersuchten Frauen wird bei sechs von ihnen Brustkrebs erkannt, aber bei drei Frauen übersehen. Bei 50 bis 100 dagegen wird ein Tumor diagnostiziert, der sich erst nach mehreren Nachuntersuchungen als Fehlalarm herausstellt. Ganz ähnlich verhalten sich die Zahlen übrigens bei Vorsorgeuntersuchungen zum Prostatakrebs, selbst bei Darmspiegelungen hängt es von der Erfahrung des Arztes ab, wie sicher er Polypen entdeckt und einzuschätzen weiß. „Früherkennung und Vorsorge verlängern in vielen Fällen keinesfalls das Leben – dafür mehren sie die Zahl der unfrohen Jahre", schreibt der Spiegel-Journalist Jörg Blech in seinem Buch Die Krankheitserfinder – Wie wir zu Patienten gemacht werden über die hohe Zahl der prophylaktischen Fehlalarme.

VORSORGE VERLÄNGERT OFT NICHT DAS LEBEN – NUR DIE ZEIT, IN DER MAN SICH SORGEN MACHT.

Okay, zugegeben, das war vielleicht etwas viel Stochastik. Aber – genau darum geht es! Um Wahrscheinlichkeiten – nicht um Gewissheiten. Und das sollte einem klar sein. Krebsvorsorgeuntersuchungen sind der Versuch, ein Risiko zu minimieren, aber kein Schutz – man kann damit, um noch einmal Jogi Löw zu zitieren, keineswegs „sorgenfrei in die Zukunft blicken". Also liegt es an einem selbst, sich zu überlegen: Wie gehe ich mit diesen Eventualitäten – und im Fall des Falls auch den Fehldiagnosen – um? Wen es beruhigt, der kann es wie der Entertainer und bekennende Hypochonder Harald Schmidt halten, der mit 51 Jahren auf fünf Magen-Darm-Spiegelungen zurückblicken kann. Ein begeisterter Vorsorge-Junkie: „Einmal habe ich sogar zugeschaut! Sonst lasse ich mir eine Schlafspritze geben. Danach wacht man in sensationeller Stimmung auf." Wer jedoch schon beim Betreten einer Praxis Herzklopfen kriegt und beim Wort „Urologe" Schweißausbrüche bekommt, sollte sich vielleicht am besten an die schlichten Vorgaben der Krankenkassen halten, die wirklich sinnvoll sind: regelmäßiger Gebärmutterhalsabstrich ab 20 Jahren, Brust-Abtasten ab 30, alle zwei Jahre Muttermale anschauen ab 35, Mammographie ab 50, Darmspiegelungen ab 55.

Noch ein paar Worte zur sogenannten Pränataldiagnostik – den Untersuchungen während der Schwangerschaft. Man kann neben den vorgesehenen drei Ultraschalluntersuchungen eine Menge weitere in Anspruch nehmen: testen, ob ein Chromosomenschaden vorliegt (Fruchtwasseruntersuchung), eine Diabetes (Glukosetest), organische Auffälligkeiten (Doppler-Untersuchung), was auch immer. Vielen werdenen Eltern gibt diese Rasterfahndung Sicherheit, sie wünschen sich ein vorab TÜV-geprüftes Baby; je mehr Arzttermine die Schwangerschaft begleiten, desto reiner ihr Gewissen. Auch hier gilt: Bei einer Fruchtwasseruntersuchung können nicht alle Behinderungen ausgemacht werden, sie ist kein Zertifikat für ein nichtbehindertes Kind. Und bei den meisten der Zusatzuntersuchungen geht es nur um Wahrscheinlichkeiten, die einen im übelsten Fall in Panik versetzen. Das sollte klar sein. Vorher.

„Gesundes Essen und angemessen viel Bewegung bescheren mir ein langes Leben." Das dachte sich wohl auch der Fernsehmoderator Tim Russert, so etwas wie die amerikanische Version von Ulrich Wickert, Träger von 48 Ehrendoktorwürden, Gastgeber der sonntäglichen Sendung *Meet the Press.* Mit eiserner Disziplin machte er alles richtig: Ließ sich jährlich durchchecken, nahm regelmäßig Aspirin sowie Medikamente, die Blutdruck und Cholesterin senkten, trainierte jeden Tag auf seinem Fahrrad-Heimtrainer, aß brav und regelmäßig Obst und Gemüse, er war ein echtes Vorbild an gesunder Lebensführung. Und dann, an einem schönen Junitag 2008, brach er mit einem Herzinfarkt an seinem Schreibtisch zusammen, als er gerade seine Sendung vorbereitete. Einfach so. Mit 58 Jahren.

Und das konnte nicht sein. Die *New York Times* bekam stapelweise Leserbriefe, in denen die Verfasser darauf beharrten, die „Ärzte müssten etwas übersehen haben", irgendwo habe es eine Lücke im Vorsorgesystem gegeben. Vielleicht habe er doch nicht so vorbildlich gelebt? – Die Verunsicherung war so groß, dass die Zeitung in einem Artikel antwortete und schrieb: „Man erwartet nicht mehr, dass Menschen auf diese Weise sterben könnten ... vor allem nicht, wenn sie gesundheitsbewusst sind und von Ärzten betreut werden." Sein Hausarzt sah sich zu der hilflosen Aussage genötigt, vielleicht hätte der Fernsehstar einfach doch „zu viel gewogen".

Das ist natürlich nicht der Beweis dafür, dass gesunde Lebensführung zum sicheren Herztod führt. Aber es zeigt eben auch, dass man zwar viel für seine Gesundheit machen kann, aber nicht alles. Eine kurze Überlegung: Wann ist man überhaupt gesund? Wenn man nicht krank ist? Reicht das? Dann wären nicht kranke Superdicke auch gesund. Sind sie das?

Die Weltgesundheitsorganisation WHO hat schon 1946 dazu eine interessante Definition geliefert: „Gesundheit ist ein Zustand vollkommenen körperlichen, geistigen und sozialen Wohlbefindens und nicht die bloße Abwesenheit von Krankheit oder Gebrechen." Aha – das ist interessant: Diese Definition reduziert Gesundheit nicht auf einen rein körperlichen Zustand, sondern erstreckt sich auf andere, weniger eingrenzbare Bereiche, auf das „geistige und soziale Wohlbefinden". Es reicht nicht unbedingt, morgens auf das cholesterinverseuchte Frühstücksei zu verzichten, sein Müsli mit fettarmer Milch anzurühren, statt Kaffee Chai-Tee zu trinken und sich abends die Laufschuhe zu schnüren. Aber genau das scheint das Mantra der Zeit zu sein: Ernähre dich nach dem neuesten Stand der Forschung, treibe Sport, und wenn du dich immer noch gestresst fühlst, gönnst du dir eben ein Wellnesswochenende.

Glaubt man wirklich, das soll reichen? Oder kann die permanente Beschäftigung mit dem „richtigen Essen" und der perfekten Gesundheit nicht auch die Lebensfreude trüben?

Und ist das nicht mindestens genauso ungesund?

Denn das schlechte Gewissen, wenn man in eine leckere Schoko-Sahne-Torte beißt und somit also eine ernährungswissenschaftliche Supersünde begeht, verursacht ganz einfach – Stress. Zu diesem Ergebnis kamen amerikanische Wissenschaftler 2007 im *American Journal of Preventive Medicine*. Ganz ähnlich verhält es sich übrigens mit lustlos betriebenem Sport: Der habe nur eine erwiesenermaßen lebensverlängernde Wirkung, wenn man ihn auch einigermaßen intensiv betreibe, schreibt der Mediziner und Journalist Werner Bartens in seinem Buch *Vorsicht Vorsorge! Wenn Prävention nutzlos oder gefährlich wird*. Schlecht gelaunt ein Mal in der Woche ein Paar Hanteln zu heben bringt gar nichts – man sollte schon Spaß an der Sache haben. *„Man lebt statistisch gesehen zwar länger, wenn man Sport treibt – allerdings geht die gewonnene Lebenszeit für das Training drauf.“*

Das soll jetzt kein Plädoyer dafür sein, mit dem Verweis auf die eigene Gesundheit mit einer Chipstüte in der Hand die Abende vor dem Fernseher zu verbringen (da ginge ja schon sehr schnell die WHO-definierte geistige und soziale Gesundheit verloren). Nur sollte

MAN KANN WIRKLICH EINE GANZE MENGE FÜR SEINE GESUNDHEIT TUN. ABER EBEN NICHT ALLES.

man sich selbst einfach hin und wieder eine eigentlich simple Frage stellen: *Was tut mir gut?*

Zugegeben sehr einfach, diese Frage. Aber für viele doch erstaunlich schwer zu beantworten. Durch das ständige Bombardement mit Empfehlungen (fünf Mal am Tag Obst!), einfach befolgbaren Ratschlägen (nehmen Sie doch mal die Treppe statt den Aufzug!) und als Gesundheitstipps getarnten Selbstverständlichkeiten (reden Sie jeden Tag mit mindestens einer Person, die Ihnen wichtig ist!) geht einem ganz schnell das Gefühl verloren, ob einem das Tae-Bo-Body-Fit eigentlich wirklich Spaß macht und man Leinsamen wirklich so bekömmlich findet – oder ob einen nicht ein schlechtes Gewissen, der Gruppenzwang, der Zeitgeist dazu nötigt. In diesem permanenten Streben nach vollkommener Gesundheit geht nämlich eines verloren: der Zustand einer gewissen Selbstvergessenheit, das Lockerbleiben. Es gehört zum Leben dazu, Makel zu haben, Fehler zu begehen, eben nicht perfekt zu sein. Und fieserweise kommt zu dieser Verunsicherung im Umgang mit sich selbst noch eines hinzu: Noch nie war es so einfach wie heute, sich krank zu fühlen: 40 000 Störungen und Krankheiten meinen Ärzte inzwischen beim Menschen ausgemacht zu haben, da ist also für jeden Hypochonder etwas dabei. Selbst für so krude Bezeichnungen wie das „Käfig-Tiger-Syndrom" (gestresster Familienvater fühlt sich entscheidungsunfähig) und „Sisi-Syndrom" (Betroffene leiden an der gleichen krankhaften Niedergeschlagenheit wie die Prinzessin) gibt es in der Apotheke die passende Pille; was früher einfach ein schüchterner Mensch war, ist heute jemand, der unter einer sozialen Phobie leidet und behandelt gehört. In diesem Maßnahmenwahn wird eines zunehmend schwieriger: sich einfach richtig gesund zu fühlen.

Übrigens ist eines inzwischen zweifelsfrei erwiesen: Diejenigen, die geringes bis mittleres Übergewicht auf die Waage bringen, sind am wenigsten anfällig für Krankheiten und leben am längsten. Vielleicht könnte diese Information den Arzt von Tim Russert interessieren – der ja angeblich „zu viel gewogen" hat. Und für die Leser der *New York Times* wäre vielleicht diese Zahl interessant: 300 Einflüsse und Gewohnheiten zählen emsige Forscher inzwischen zu den Risikofaktoren für Herzkrankheiten. Ein paar von denen einzuschränken ist eine gute Idee – sie alle auszuschalten unmöglich. Der Mann, dem dies gelänge, sähe nämlich laut dem amerikanischen Mediziner G. S. Myers, den Jörg Blech in seinem Buch zitiert, so aus:

„Er wäre ein verweichlichter städtischer Angestellter oder Leichenbestatter ... ein Mann ohne Appetit, der sich von Obst und Gemüse ernährt, das er mit Maisöl und Walfischtran anmacht; ein Nichtraucher, der den Besitz von Radio, Fernseher oder Auto verschmäht, mit vollem Haarschopf, aber dürr und unathletisch, doch ständig bestrebt, seine kümmerlichen Muskeln zu trainieren. Mit niedrigem Einkommen, Blutdruck, Blutzucker, Harnsäurespiegel und Cholesterin, hat er seit seiner prophylaktischen Kastration Vitamin B2 und B6 eingenommen und über längere Zeit Blutverdünnungsmittel." Bitte ... will irgendwer diesem Rollenmodel nachstreben? (Die äquivalente Beschreibung für Frauen fängt übrigens so an: Eine Fahrrad fahrende, untergewichtige Zwergin ...)

„Das ist bei uns in der ganzen Familie so." So lautet der perfekte Satz, um sich überhaupt nicht um das eigene Wohlergehen kümmern zu müssen – was soll ich schon machen, meine Mutter hatte ab 40 Osteoporose, also morsche Knochen. Dazu passen auch die aufgeregten Schlagzeilen, die mit schöner Regelmäßigkeit die Verkäufe von Zeitungen und Zeitschriften nach oben treiben: „Brustkrebs – Mediziner auf der Spur des gefährlichen Gens", „Fettleibigkeit genetisch bedingt", „Gott auf der Spur – ist der Tod des Menschen in der Erbmasse programmiert?". Und als im Juni 2000 der damalige US-amerikanische Präsident Bill Clinton bekanntgab, das menschliche Genom sei entschlüsselt, wählte er große Worte:

„Wir sind hier, um die Entschlüsselung des menschlichen Genoms zu feiern. Kein Zweifel, das ist die bedeutendste und wunderbarste Karte, die die Menschheit je produziert hat. ... Mit diesem profunden neuen Wissen gewinnt die Menschheit neue Kraft zum Heilen. Die Genetik wird Einfluss auf unser und das Leben unserer Kinder haben. Sie wird die Diagnostik, Vorbeugung und Behandlung der meisten, wenn nicht aller Krankheiten revolutionieren... Vielleicht werden zukünftige Generationen mit Krebs nur noch ein Sternzeichen, aber keine Krankheit mehr verbinden."

Und dann gratulierte der ergriffene Präsident noch dem damaligen britischen Premierminister Tony Blair zu dessen neugeborenem Sohn Leo, der nun eine um „25 Jahre längere Lebenserwartung habe als wir selbst". Schwer zu sagen, welche

UNNÜTZES WISSEN? VON WEGEN

*Es gibt viele Fakten, die Gesundheits-Treibenlasser
in ihrer Haltung bestätigen. Leider gibt's ebenso viele
Argumente gegen sie.*

BEUNRUHIGEND	BERUHIGEND
Die zehn größten Pharmaunternehmen geben mehr Geld für Marketing als für die Forschung aus.	*Häufiges Masturbieren in der Pubertät schützt vor Prostatakrebs.*
Die meisten Herztransplantationen bei unter 40-Jährigen resultieren aus Herzmuskelentzündungen, die größtenteils nach einer verschleppten Grippe entstehen.	*Wer 25 Zigaretten am Tag raucht, hat ein um 25 Prozent erhöhtes Risiko, an Lungenkrebs zu erkranken. Aber wer mit dem Rauchen aufhört, dessen Risiko ist nach 15 Jahren nur noch so hoch wie bei einem Nichtraucher.*
Weltweit fühlen sich Menschen mit 44 Jahren am schlechtesten, das Risiko für Depression und Unzufriedenheit ist dann am größten.	*Jetzt Neugeborene haben eine 50-prozentige Chance, 100 Jahre alt zu werden.*
Weniger als 20 Prozent der Männer nutzen Vorsorgeuntersuchungen, sie sterben im Schnitt 5,7 Jahre früher als Frauen.	*Seit es in Deutschland den Abstrich zur Früherkennung von Gebärmutterhalskrebs gibt, ist die Krankheit um die Hälfte zurückgegangen.*
40 000 Menschen sterben jährlich in Deutschland an Infektionen, die sie sich im Krankenhaus zugezogen haben.	*Wer ein Haustier besitzt, hat ein stärkeres Immunsystem und muss seltener zum Arzt.*

Worte der gute Bill Clinton, jetzt, fast zehn Jahre später, wählen würde. Aber vermutlich wäre er doch etwas weniger euphorisch – um nicht zu sagen ernüchtert. Ja natürlich: Heute lässt sich eine Vielzahl von genetisch bedingten Krankheiten schon im Mutterleib bestimmen – diese Krankheiten sind aber insgesamt wiederum so selten, dass sie nur einen sehr geringen Anteil der Bevölkerung betreffen. Sie werden in Zukunft auch noch weniger werden, denn die meisten der für krank befundenen Embryos werden abgetrieben. Für die Erforschung der großen Leiden – Krebs, Alzheimer, Herz-Kreislauf-Erkrankungen, Parkinson, Diabetes – ist das entschlüsselte Genom noch überhaupt nicht der erhoffte Segensbringer geworden. Denn man kennt nun unsere Gene, die zu 98 Prozent mit denen eines Schimpansen übereinstimmen, aber wie interagieren sie? „Im Vergleich zu dem, was noch vor uns liegt, war die Entschlüsselung der DNS einfach", sagt der deutsche Genforscher Bernd Rautenstrauß. „Das wird uns die nächsten 100 Jahre beschäftigen."

Das eigentlich Interessante an Bill Clintons Rede ist noch etwas ganz anderes: Sein Glaube, der Mensch komme sozusagen schon mit einer programmierten Festplatte auf die Welt, auf der sein Schicksal unumkehrbar vorgezeichnet ist. Es sei also nicht nur genetisch bedingt, ob man blaue oder braune Augen bekomme, lockige oder gerade Haare habe, sondern eben auch, ob man Alkoholiker werde oder depressiv, ob man zur Fettsucht neige oder zu Brustkrebs, ob man alt werde oder jung sterbe. Es ist eine fatalistische Weltsicht, der aber erstaunlich viele anhängen, verfolgt man die Debatte um die Genforschung: Für die einen ist sie der pure Horror, für die anderen eine große Hoffnung – zugrunde liegt aber beiden Meinungen die Ansicht, wir seien der Macht dieser Gene ausgeliefert. Mit diesem Glauben kann man gutes Geld verdienen: Für nur 400 bis 1000 Dollar bieten inzwischen Firmen wie „DeCode" oder „23andMe" an, das Erbgut eines jeden Menschen zu entschlüsseln. Ein simpler Deal, ein fast teuflischer Pakt: Ich schabe ein bisschen mit einem Röhrchen an meiner Wangeninnenseite und gebe dir meine DNA, dafür gewährst du mir einen Blick in die Zukunft. Ein paar Erkenntnisse gibt es ja schon – welche Genbeschaffenheiten die Gefährdung für Prostatakrebs erhöhen, welche Konstellationen dafür sorgen könnten, dass man an Alzheimer erkrankt. Und dann kriegt man irgendwann ein Passwort zugeschickt, loggt sich auf den entsprechenden Webseiten der Firmen ein – und dann? Bekommt man krudes Zahlenwerk, ein Sammelsurium an Wahrscheinlichkeiten, das einen im besten Fall beruhigt und im schlimmsten Fall in Panik versetzt – so erging es beispielsweise vielen Amerikanerinnen, die sich in den vergangenen Jahren vorsorglich die Brüste amputieren ließen, nachdem bei ihnen in einem speziellen Testverfahren die sogenannten Brustkrebsgene BRCA1 und BRCA2 entdeckt wurden. Dabei wären 40 bis 50 Prozent dieser Genträgerinnen überhaupt nie daran erkrankt.

Die Entschlüsselung des Genoms ist ganz bestimmt nicht der Blick in die Kristallkugel, den man sich erhofft hat. Weder gibt es ein einzelnes Brustkrebsgen noch ein einzelnes Depressionsgen, wohl aber anscheinend bestimmte Konstellationen, die zu einer dieser Krankheiten führen können – aber, und das ist wichtig, nicht müssen. Wenn bei jemanden in der Familie eben die eine oder andere Krankheit gehäuft auftaucht, sollte er achtsam sein. Aber präventiv irgendwelche DNA-Abstriche in der Mundhöhle zu machen, bringt überhaupt nichts. Sollte diese Technik irgendwann ausgefeilter und die Erkenntnisse insgesamt weitgehender sein, würden also mal aus reinen Vermutungen echte Gewissheiten werden, dann tauchen allerdings die richtig fiesen Gewissensfragen auf: Was stellen wir mit dem neu erworbenen Genwissen an? Was passiert, wenn jede Firma vor der Einstellung von ihren Bewerbern ein Gen-Screening fordert? Wenn Eltern nur noch Kinder in die Welt setzen, die ein super Genprofil haben? So wie in dem Film *Gattaca*, dieser

DIE ENTSCHLÜSSELUNG DES GENOMS IST NICHT DER ERHOFFTE BLICK IN DIE KRISTALLKUGEL.

Zukunfts-Horror-Vision aus Hollywood, in dem ein Arzt zu einem Pärchen sagt: „Sie wollten hellbraune Augen, dunkles Haar und helle Haut. Ich war so frei und habe alle potenziell abträglichen Beschwerden abgeschaltet, Kahlheit, Kurzsichtigkeit, Alkoholismus ... Sie könnten tausendmal natürlich empfangen und nie ein solches Ergebnis erzielen."

Und spätestens dann sollte, zweitens, diese Einschränkung kommen: Wie wir leben und wie wir sterben – dafür sind, wenn überhaupt, sowieso nur zu einem Drittel die Gene verantwortlich, sind sich seriöse Wissenschaftler heute sicher. Es wird also immer nur um Wahrscheinlichkeiten gehen, nie wird jemand einem sagen können: Zwischen 40 und 50 wirst du einen Gehirntumor bekommen, das sehe ich in deinen Genen. Bei der Entschlüsselung des Genoms dachte man, nun habe man bald eine Lebenslandkarte jedes Menschen in der Hand. Das Wissen um die Erbanlagen des Menschen, das weiß man heute, hat einem jedoch nur einen Kompass in die Hand gegeben, mehr nicht. „Früher haben wir geglaubt, dass unser Schicksal in den Sternen steht, heute wissen wir im Großen und Ganzen, dass unser Schicksal in den Genen steht", sagte der Genforscher James Watson noch 1988. Falsch. Watson irrte. Und das ist, wenn man ehrlich ist, eine sehr gute Nachricht. Der Harvard-Mediziner Nicholas Christakis hat nach langen Forschungen seine Gesundheitsformel gefunden: Wenn wir verstehen wollten, was unsere Gesundheit ausmache, sagt er, dann sei es so: „30 Prozent hängen mit unseren Genen zusammen, 15 Prozent haben mit den sozialen Umständen zu tun, also ob man etwa in armen Verhältnissen aufwächst. Zu fünf Prozent beeinflusst die direkte Umwelt unsere Gesundheit, etwa ob wir Schadstoffen ausgesetzt sind. Nur zehn Prozent gehen auf die Qualität der medizinischen Versorgung zurück." Und die restlichen 40 Prozent? Das hänge allein von unserem Verhalten ab. Ob wir rauchen oder trinken, falsch essen oder zu viel, gute Freunde haben oder nicht, in einer intakten Familie aufwachsen oder nicht. Von allem Möglichen also.

DER HYPOCHONDER-SCHNELLTEST

Erkennst du eins der folgenden Zeichen an dir?
Oder alle? Lies nicht weiter, du musst zum Arzt!
Und zwar zum Facharzt für psychosomatische Medizin

KÖRPERTEMPERATUR: *Ich messe mehrmals am Tag an jeder Körperöffnung. Erst im Mund. Abweichungen der Messergebnisse um 0,1 Grad sind höchst alarmierend. Ist die Temperatur nicht erhöht, trinke ich etwas Heißes und messe noch mal.*

KÖRPERMASSE: *Wenn ich morgens beim dritten Gewichtscheck 100 Gramm weniger wiege als bei den beiden zuvor, kann ein Tumor dahinter stecken. Könnte auch daran liegen, dass ich zwischendurch auf der Toilette war, scheint mir aber unplausibel.*

SCHMERZEN: *Jeder Schmerz ist ein Hilferuf meines Körpers. Hinter jedem Kopfschmerz kann sich eine neurologische Krankheit verbergen. Egal was das Computertomogramm letzte Woche ergeben hat.*

KEINE SCHMERZEN: *Ich spüre gerade nichts Alarmierendes – nichts wie zum Arzt! Gefühlslosigkeit ist oft Zeichen einer Depression, oder, wie ich aus dem Internetforum weiß, einer „Polyneuropathie".*

HUSTEN: *Die Gefahr der Vogelgrippe ist vernachlässigt worden. Ich habe die Pflicht, meine typischen Symptome der Fachwelt zu präsentieren. Auch wenn die ersten drei Ärzte meine Diagnose nicht anerkennen, ich gebe nicht auf!*

HERZ: *Mein Puls wechselt mehrfach über den Tag die Geschwindigkeit. Schon fast eine Herzrhythmusstörung, ich gehe sofort in Behandlung, damit der plötzliche Herztod in einer Arztpraxis eintritt, wo fachgerecht reanimiert werden kann.*

HIRN: *Wie hieß der Typ, den ich vor einem halben Jahr mal auf einer Party flüchtig kennengelernt habe? So beginnt die Demenz. Ich rufe die Feuerwehr. Verdammt – wie war gleich die Nummer?*

HIRSCHHAUSEN-CHECK, TEIL 2
DER ARZTVERWEIGERER-SCHNELLTEST

Kannst du eines der folgenden Zeichen oder Verhalten an dir feststellen? Dann musst du jetzt stark sein: Du musst zum Arzt! Noch in diesem Jahr!

KÖRPERTEMPERATUR: *Die Skala deines Fieberthermometers reicht nicht aus, um die Temperatur anzuzeigen? Du spielst mit dem Gedanken, dich in den Kühlschrank zu setzen und nach zwei Stunden noch mal zu messen? Geh lieber zum Arzt.*

KÖRPERMASSE: *Dein Bauchumfang hat seit 9 Monaten zugenommen, außerdem sind deine Brüste größer geworden? Als Frau: Keine Panik, der Bauch geht wieder weg, im nächsten Monat bist du spontan um mehrere Kilo leichter. Tipp: Frauenarzt! Als Mann: Grund zur Panik – der Bauch bleibt, deine Frau ist bald weg. Tipp: Plastischer Chirurg.*

SCHMERZEN: *Du hast so starke Schmerzen, dass du nicht mal mehr fernsehen kannst? Sofortmaß-*

nahme: zwei Aspirin und RTL 2 – das lenkt ab.
Wenn nach einer halben Stunde das Programm
nicht besser ist: zum Arzt.

KEINE SCHMERZEN: *Du hast keine Schmerzen, bist aber*
über 50 Jahre alt? Diagnose: du bist bewusstlos
oder tot. Abwarten. Zweite Meinung einholen.

HUSTEN: *Nach einem Hustenanfall befindet sich mehr*
Lunge außerhalb als innerhalb des Körpers? Zum
Lungenfacharzt, sprich Pneumologe/Pulmologe.

HAUT: *Deine Haut ist so komisch? Veränderungen*
der Farbe sind nicht normal. Rot ist weniger
schlimm als Blau oder Grün. Bei Schwarz musst
du nicht zum Arzt, der Teil fällt von alleine ab.

HIRN: *Du weißt nicht, woher du kommst und wer du*
bist? Grobe zeitliche und räumliche Orientierung
sollte zwei Tage nach einer Party wiederhergestellt
sein. Falls nicht: Besuche an der Vhs das Seminar
Existenzialphilosophie. Wird dein Zustand nicht
besser, besuche einen Neurologen oder Psychiater.

GEHÖR: *Du hörst Stimmen, obwohl keiner sonst im*
Raum ist? Stell den Fernseher leiser. Verfolgen die
Stimmen dich weiter, gehe zum Psychiater. Auch
wenn die Stimmen dir abraten. Das gehört dazu.

ECKART VON HIRSCHHAUSEN *ist Arzt, Kabarettist und Autor*
(,Die Leber wächst mit ihren Aufgaben', ,Glück kommt
selten allein ...'). Er gründete außerdem die Stiftung
„Humor hilft heilen".

14 ÄLTER WERDEN

Soll ich an meinem 30. Geburtstag schon mal eine erste Lebensbilanz ziehen – oder mich einfach weiter jung fühlen, solange ich will?

Nur mal so aus Neugier: Wie feiert eigentlich die Mehrheit ihren 30. Geburtstag? — Was tun gegen die „Quarterlife Crisis" (ja, es gibt sie wirklich)? — Trost für alle, die ein Problem mit ihrem Alter haben — Wann genau gilt man jetzt eigentlich als erwachsen? — Und was diese komische Zahl in deinem Pass mit deinem Leben zu tun hat

Na klar, wir sind aufgeklärte Menschen. Mit Aberglaube können wir nichts anfangen. Wir fürchten uns nicht vor einem Freitag den 13., sondern freuen uns aufs direkt folgende Wochenende. Wenn das Salzfass herunterfällt, werfen wir keine drei Körner über die Schulter, und unseren Traumpartner wählen wir nicht über den Selektionsmodus des Blümchenblätterzupfens aus. Von einem letzten

DIE FEIER DES 30. GEBURTSTAGS: DIE MEHRHEIT TENDIERT ZUR OPULENTEN PARTY.

Rest Magie können wir uns aber nicht lösen, ein seltsamer Zahlenglaube beherrscht unser Denken: die Überzeugung, dass der 30. Geburtstag ein ganz besonderes Datum ist. Die Quantität der bisher erlebten Zeit, 10 958 Tage (inklusive acht Schaltjahre), 262 992 Stunden, schlägt von einer Sekunde auf die andere in eine neue Qualität um: Der Minutenzeiger springt, wir sind endgültig erwachsen, keine Mädchen und Jungs mehr. Sondern Männer und Frauen.

Auch wenn du dich nicht für deinen 30. Geburtstag interessierst, hilft dir das nicht weiter – dann interessiert er sich eben für dich. Verfolgt dich, wohin du auch gehst und wohin du auch blickst. In Romanen, Erzählungen und Sachbüchern, von *Herr Lehmann* über Ingeborg Bachmanns *Das dreißigste Jahr* bis zu *Generation Golf*, spielt die große Drei eine prominente Rolle (übrigens meist keine postive). Im Internet kann man nicht nur schlimme Geburtstagsgedichte zum 30. herunterladen, sondern auch T-Shirts mit Sprüchen bestellen wie: „Ich bin 30, bitte helfen Sie mir über die Straße." Die Riester-Renten-Stalker von Stadtsparkasse oder Deutscher Bank erhöhen die Frequenz ihrer Anrufe. Deine Eltern verwenden im Gespräch jetzt auffallend häufig das Adjektiv „fest", gerne in Verbindung mit den Substantiven „Beziehung" und „Anstellung". Und der Freundeskreis scheint sich kollektiv die Aufgabe gestellt zu haben, das demografische Problem der Bundesrepublik zu lösen. Bald schon gehört man zur Zielgruppe der Ü-30-Partys und wird in ein gerontologisches Ghetto gesperrt. Anscheinend ist der eigene

Anblick – Falten, Bauchansatz, mangelnde Sprungkraft des Haupthaares – der Umwelt nicht mehr zuzumuten. Der DJ spielt die Hits der 80er- und 90er-Jahre, als sei jede Weiterentwicklung jenseits des drittens Lebensjahrzents biologisch ausgeschlossen.

Auch wenn es logisch nicht völlig erklärbar ist: „Den runden Geburtstagen kommt eine besondere Bedeutung zu", erklärt der Kulturwissenschaftler Christian Marchetti, der den gesellschaftlichen Umgang mit diesem biopsychologischen Datum untersucht hat. „Und der 30. wird oft als endgültiges Ende der Jugend und als Übergang in eine neue Lebensphase empfunden." Es ist ein Tag, an dem man sich mit sich selbst und der eigenen Biografie bewusst auseinandersetzt. Noch ein Jahr, noch ein Monat, noch eine Woche – der Countdown tickt herunter, mit mathematischer Sicherheit, niemand wird dem großen Knall entkommen. Die Frage ist nicht, ob die persönliche demografische Bombe explodiert, sondern nur, wie man sich dazu verhält: Wie feiere ich meinen 30. Geburtstag? Mal schauen, wie der Tag so wird? Oder eine große Party zelebrieren, den Abschied von der Jugend inszenieren?

Christian Marchetti hat beobachtet, dass die Mehrheit zu einer opulenten Feier tendiert. „Da reicht es dann vielen nicht mehr aus, sich einfach nur mit den aktuellen Freunden zu treffen und gemütlich beisammenzusitzen. Die Partys werden aufwendiger, die Geschenke größer und die Schenker machen sich mehr Gedanken." Jeder, der bisweilen in Berührung ist mit dem Milieu der Endzwanziger und Anfangdreißiger, wird schon einmal so ein kompetent und konsequent durchorganisiertes Fest besucht haben. Die Einladung kommt nicht mehr per SMS oder E-Mail, sondern als Brief („ist irgendwie persönlicher"), die grafische Gestaltung ist das Ergebnis nächtelanger Laubsägearbeiten in Word und Quark. Natürlich findet das Fest nicht zu Hause statt, sondern in einer angemieteten Kneipe, ein Getränk (vermutlich Prosecco Aperol) ist umsonst. Mindestens drei unterschiedliche Freundeskreise des Geburtstagskindes sind vertreten: Die alten Freunde aus der Schule, die Kumpels von Studium oder Ausbildung, und natürlich die Kollegen von der Arbeit. In einer Location sind die Nebendarsteller, Supportings Acts und Hauptrollen der Geburtstagskindbiografie versammelt, Anekdotenbesitzer, personalisierte „Weißt du nochs?". Das ist nicht nur ein Geburtstag, das ist auch eine Gedenkveranstaltung, private Erinnerungspolitik.

Wie ein Ethnologe, der mit einen fremdartigen Stamm lebt, um seine Lebensgewohnheiten zu studieren, hat sich Christian Marchetti auf diverse Geburtstagsfeiern zum 30. eingeladen, wenig Bier getrunken, sondern vor allem stumm beobachtet: „Von den Gästen wird gerne das dargestellt, was sie gemeinsam mit dem Jubilar erlebt haben. Sie verschenken Fotoalben, führen kleine Theaterstücke auf, fast wie bei Hochzeiten. Der Feiernde kann das Fest zur Inszenierung seines eigenen Idealbildes nutzen", erklärt der Kulturwissenschaftler. Es handelt sich dabei um verhältnismäßig junge Verhaltensroutinen. Im Mittelalter feierte man, wenn überhaupt, den Namenstag. Erst ab dem 18. Jahrhundert beginnt sich, von besserverdienenden Kreisen ausgehend, die Geburtstagsfeier auszubreiten, es hat aber bis weit nach dem Zweiten Weltkrieg gedauert, bis auch noch in den letzten bayerisch-katholischen Dörfern „Viel Glück und viel Segen" gesungen wurde. Der zyklisch wiederkehrende Namenstag verweist auf einen Heiligen, an dem man sich zu orientieren habe, der Geburtstag stellt dagegen das Geburtstagskind in den Mittelpunkt, und weil es jedes Mal ein Jahr älter wird, auch dessen Entwicklung, ein lineares Zeitkonzept. Man bekommt nicht nur ferngesteuerte Autos oder Sushimesser, sondern auch eine pädagogisch-biografische Frage: Was hast du im letzten Jahr gemacht? Wie kannst du rechtfertigen, dass nun eine weitere Kerze auf dem Schokoladenkuchen brennt? Hast du die Geschenke auch wirklich verdient? Bist du ein besserer, klügerer, erfolgreicherer Mensch geworden?

In den letzten Jahrzehnten haben wir Menschen gelernt, unser Leben nicht mehr als gottgegebenes Schicksal zu

ALTER

„Stimmt leider: Je älter man wird,
desto schneller vergeht die Zeit. "

MARTIN SCORSESE
Regisseur

„Junge Leute haben noch so viel Leben vor
sich, sie sollten den Tod fürchten.
In meinem Alter sollte man das nicht mehr tun. "

JOHN IRVING
Schriftsteller

„Das Schöne am Älterwerden ist, dass du plötzlich
selbst weißt, was gut ist. Ein irres Gefühl. "

MARTINA GEDECK
Schauspielerin

„Es ist nicht schwer, alt zu werden. Mit 20 bin ich
jeden Freitag ausgegangen und habe mich
jeden Samstag mit Freunden zum Fußballspielen
getroffen. Irgendwann bin ich nicht mehr
ausgegangen, habe aber weiter Fußball gespielt.
Dann habe ich aufgehört, Fußball zu spielen.
Das war's. "

NICK HORNBY
Schriftsteller

„Ab einem gewissen Alter tragen
Menschen ihre Seele im Gesicht. "

SANDRA MAISCHBERGER
Moderatorin

begreifen, sondern als gestaltbares Projekt. Das Individuum ist nicht länger ein interessierter, aber passiver Leser der eigenen Biografie, will sich nicht einschränken lassen von Familie, Schichtzugehörigkeit und regionaler Herkunft, sondern nimmt den Stift selbst in die Hand. Über Storyline, Schauplätze, Haupt- und Nebendarsteller unserer ganz persönlichen Biografie wollen wir selbst entscheiden, die Autorenrechte uneingeschränkt wahrnehmen. Die einzelnen Geburtstage sind so etwas wie Kapitel, die runden Geburtstage markieren einzelne Bände. Und am 30., so weit die Ideologie der großen Drei, betrachten wir den Band der Jugend noch ein letztes Mal – und schieben ihn dann ins Regal zurück. In den neuen Kapiteln werden sich Wörter häufen wie Eigenheimzulage oder Bugaboo.

„Die Party kann dazu dienen, den gefühlten Übergang in eine neue Lebensphase gemeinsam in Szene zu setzen", hat Marchetti beobachtet. „Ich glaube, solche fröhlichen Rituale erleichtern es, sich darüber klarzuwerden, wer man ist, wer man war und wer man sein will." Wer wirklich mit 30 erwachsen werden will und auch die entsprechenden Voraussetzungen mitbringt (Job, Partner, vielleicht schon ein Kind), wer genug hat von Türsteherfressen und dem Gefühl, sich unter der Woche von den Strapazen des Wochenendes zu erholen, für den ist die rauschende Abschiedsparty von der Jugend genau das Richtige. Das Fest wird gut werden, keine Frage, wir haben genug Exzessroutine, um die angemessene Dosierung der richtigen Drogen zu kennen. Wissen, nach welchem ewigen Schlüssel die Partygäste einzuladen sind (das korrekte Verhältnis von Tänzern, Clowns, exzessiven Trinkern, Selbstdarstellungskünstlern und Durchhaltern). Kennen den Grundsatz: Je populärer die Musik, desto populärer die Party. Und am nächsten Morgen wird man dann durch einen Schwall von Alkohol und Müdigkeit auf eine gelungene Nacht und vielleicht eben auch einen beendeten Lebensabschnitt zurückblicken – und beides in guter Erinnerung behalten. Vornehmste Lebensaufgabe für uns alle: gute Erinnerungen zu schaffen.

Schon klar: So ein Fest verlangt ein hohes zeitliches und vielleicht auch finanzielles Investment. Das will nicht jeder leisten. Und es mag auch Gäste geben, die sich auf so einer Veranstaltung wie auf der Bilanzpressekonferenz einer Ich-AG fühlen. Der Gastgeber präsentiert das Portfolio der Sozialkontakte (Freunde, Kollegen, Bekannte) sowie finanzielles (die teure Clubmiete, das edle Buffet) und kulturelles Kapital (der gute Musikgeschmack, die erlesenen Geschenke). Vielleicht betreibt man dann auch selbst ein wenig Benchmarking: Wie stehe ich eigentlich da in Vergleich zu den gleichaltrigen Mitbewerbern und Marktteilnehmern? An wessen Fingern blitzt schon ein Ehering? Von wem ist eigentlich der dicke Audi, der im Halteverbot parkt? Und ist der eigentlich gekauft oder nur geleast? Wer verabschiedet sich schon um ein Uhr mit dieser Mischung aus Bedauern und Elternstolz (der Babysitter müsse jetzt ausgelöst werden?) Und wo stehe ich? Wo ist eigentlich mein Auto, mein Haus, mein Boot? Bin ich im Soll? Habe ich meine selbst gesteckten Ziele erreicht? Wie weit bin ich entfernt von ihnen? Liege ich zurück bei der Zwischenzeitnahme im großen Rennen namens Leben? Bin ich nur ein Mitläufer? Habe ich schon aufgegeben? Kann ich den Vorsprung der anderen noch einmal einholen?

OB MAN WILL ODER NICHT: MIT 30 ZIEHT MAN ERSTMALS BILANZ. WIE WAR ICH SO, BISHER?

Ob man will oder nicht, spätestens mit 30 zieht man auch eine erste Lebensbilanz, gleicht die großen Erwartungen, die man als Teenager oder als junger Student mit diesem unendlich weit in der Zukunft liegenden Alter verband, mit Aktualität und Realität ab. Verwandelt sich in einem Komparatisten des Alltags. Marco Marin hat mit 19 sein erstes Spiel für die Nationalmannschaft gemacht, Georg Büchner ist mit 23 Jahren gestorben, Albert Einstein hat mit 26 die Relativitätstheorie entdeckt und ganz nebenbei formuliert: „Ein Mensch, der nicht vor seinem 30. Geburtstag seinen großen Beitrag zur Wissenschaft geleistet hat, wird es niemals tun." Wer jetzt kein

Haus hat, baut sich keines mehr, so könnte man glauben; wer mit 30 keine Pokale im Schrank, kein Promotions- oder Diplomzeugnis an der Wand und keine Sonderboni auf dem Kontoauszug hat, der wird das alles niemals bekommen. Und tatsächlich scheinen viele Menschen den 30. Geburtstag als verdammt problematisch zu empfinden. Darauf deuten allein die zahlreichen Sachbücher zum Thema hin. *Ach du Scheiße, 30!*, *Sex ab 30? Null Problemo! Ein Ratgeber für Dreißiger und andere Senioren.* Weitere Titel wären: *Na, auch schon 30? Ein Trostbüchlein für ältere Mitbürger* oder *Zone 30: Frauen werden nicht älter. Frauen werden besser.*

Gibt es nicht auffallend viele Menschen, die ihren 30. Geburtstag gar nicht feiern, ja sogar versuchen, vor ihm zu fliehen, als könnte man mit derselben Leichtigkeit, mit der man einen Raum verlässt, auch aus der Zeit treten? Solche Leute erwähnen in den Wochen vorher jenen Schicksalstag mit keiner Silbe, in der Hoffnung, die anderen mögen das Datum ganz einfach vergessen. Werden sie doch darauf angesprochen, verbitten sie sich jegliche Geschenke. Am Geburtstag selbst setzen sie ein Pokerface auf, betreiben viel schauspielerischen Aufwand, um ihr Publikum und sich selbst davon zu überzeugen, dass dies ein Tag sei wie alle anderen auch. Abends schalten sie das Handy aus, um den eintrudelnden Glückwunsch-SMS der Freunde und der Familie zu entgehen. Ein wenig erinnern sie an Kinder, die sich beim Verstecken die Augen zuhalten, damit sie niemand sieht.

„Als ich 30 wurde, 2005, schenkte mir niemand etwas, denn ich verbrachte meinen Geburtstag so, wie ich ihn verbringe, seitdem ich 19 bin: allein, mit einem Bier. Ich versuchte, mich selbst zu bemitleiden, aber ich kam mir albern vor, und für einen kurzen Moment dachte ich, dass ich meine zweite Lebenskrise bekommen würde." Mit diesen Sätzen versucht Matthias Kalle in einem Artikel im *Zeit*-Magazin das merkwürdig resignative Lebensgefühl der 30-Jährigen aufzuspüren: „Müde, klein, langweilig, geschädigt, nervös. Tatsächlich warten viele in meinem Alter mit einem Job, mit einer Beziehung immer noch darauf, dass das Leben doch mal endlich losgeht."

Was Kalle beschreibt, passt ziemlich gut zur sogenannten Quarterlife-Crisis, ein Phänomen, das zu Beginn des 21. Jahrhunderts in den westlichen Gesellschaften auftauchte und die Enttäuschung von Mitte- bis Endezwanzigjährigen beschreibt, dass das Leben eben doch nicht so bunt, glamourös, interessant und vielversprechend ist, wie es einem in Abi-Reden, Hollywoodfilmen und Einrichtungskatalogen versprochen wurde. Die Unsicherheit darüber, ob man im Meer der Möglichkeiten eigentlich in die richtige Richtung schwimmt, gegen die Strömung kraulen oder sich lieber treiben lassen soll. Ganz ähnliche Probleme hat auch der Kulturwissenschaftler Christian Marchetti während seiner Feldforschungen bei vielen 30-Jährigen festgestellt: „Auf der einen Seite stehen die Dinge, von denen man meint, man müsse sie jetzt eigentlich erreicht haben: schöne Wohnung, geregeltes Einkommen, Familie, der Bausparvertrag, der das alles symbolisch vereint. Auf der anderen Seite wollen viele immer noch feiern und viel ausgehen, vielleicht doch noch einen neuen Partner oder einen neuen Job ausprobieren. Diese Probleme können sich bis zum 30. Geburtstag anstauen."

Es ist ein seltsamer innerer Gegner, der uns ein Leben lang begleitet, mit jedem Geburtstag wächst; das, was Wissenschaftler unser „chronologisches Alter" nennen, das Zahlenkorsett unseres Lebens. Mit 20 den Beruf fürs Leben und die dazu passende Ausbildung finden, mit 25 finanziell auf eigenen Füßen stehen, mit 30 alle großen Reisen abgehakt und die Familienplanung begonnen haben. Aber ist es nicht merkwürdig, dass wir, mal bewusst, mal unbewusst, immer noch diesen alten Biografie-Blaupausen folgen? „Wenn Sie heute 30 sind, dann haben Sie gute Aussichten, 90 oder älter zu werden", sagt die Psychologin Ursula Staudinger. „Überlegen Sie, ob Sie sich da wirklich an dem orientieren wollen, was Ihre Eltern und Großeltern Ihnen vorgelebt haben." Von der These, dass man mit Anfang 30 die geistige Entwicklung weitgehend abgeschlossen habe, nicht mehr viel dazulerne, sich nicht mehr groß verändern und schon gar kein Genie mehr werden könne, wie Einstein glaubte, hält die Professorin ohnehin nichts: „Das ist eine der großen Entdeckungen der letzten Jahre. Wie formbar unsere Persönlichkeit das ganze Leben lang ist. Wir haben bis ins hohe Alter große Entwicklungsspielräume. Die schöpft unsere Gesellschaft bei weitem noch nicht aus." Glaubt man Staudinger, wird der Normallebenslauf – Ausbildung, Beruf, Kinder, Rente, Ohrensessel – immer seltener. Und damit schwindet auch der Druck, dramatische und folgenreiche Entscheidungen wie Ehe, Familiengründung und Festanstellung in die Rush-hour-of-Life um die 30 zu pressen. Wir müssen gar nicht darauf warten, dass das Leben endlich losgeht – wir sind schon mittendrin.

Hier ein Tranquilizer für alle Ü-30-Paniker und Quarter- oder Thirdlife-Crisis-Patienten: Ihr seid nicht alleine! Eure biografische Normabweichung ist vor allem: verdammt normal. Eine Studie des amerikanischen „Network on Transitions to Adulthood" kommt zu dem Ergebnis, dass sich die Jugend tatsächlich immer weiter ausdehnt. Im Jahr 1960 galten 77 Prozent der Frauen und 65 Prozent der Männer als erwachsen, das heißt, dass sie nicht mehr bei ihren Eltern lebten und von ihnen auch finanziell unabhängig waren und bereits eigene Kinder hatten. Im Jahr 2000 waren es nur noch 46 Prozent der Frauen und 31 Prozent der Männer. Das Durchschnittsalter von Diplomanden liegt bei fast 29 Jahren, 40 Prozent aller Deutschen erlangen ihre ökonomische Selbstständigkeit erst nach dem 28. Lebensjahr. Und übrigens: Das Durchschnittsalter von Videospielern ist seit 1990 von 18 auf 29 Jahre gestiegen. Jeder fünfte Popkonzertbesucher ist über 50 Jahre alt, und die 50 - bis 60-Jährigen investieren genauso viel Geld in Pop- wie in Klassikkonzerte.

Der Journalist Claudius Seidl, selbst übrigens schon bald 50 Jahre alt, interpretiert solche Zahlen als Beweis für eine gewaltige gesellschaftliche Revolution, die er in seinem brillanten Buch *Schöne junge Welt* mit folgenden Worten beschreibt: „Was

ÄLTER WERDEN

Nenne drei Dinge, die du in deinem Leben unbedingt noch erleben willst und für die du keinen anderen Menschen brauchst.

Woran liegt es, dass du sie noch nicht erlebt hast?

Kannst du ein bestimmtes Ereignis als den Moment definieren, in dem dein Leben nach deinem eigenen Gefühl wirklich begonnen hat? Welcher war das?

Unabhängig davon, wie alt du bist: Würdest du dich als erwachsen bezeichnen?
ja *nein*

Würdest du gerne wissen, wie sich sterben anfühlt?
ja *nein*

Welche Alterserscheinungen sind dir die lästigsten?

Wie viel Sehnsucht hast du danach, dass man sich um dich sorgt, wie es deine Eltern in deiner Kindheit getan haben?

Angenommen, du könntest in die Vergangenheit reisen und deinem 14-jährigen Selbst einen einzigen Rat geben – welcher wäre das?

Hättest du diesen Rat befolgt, als du 14 warst?
ja *nein*

Wie reizvoll ist der Gedanke für dich, unsterblich zu sein?

gestürzt wurde, war die Macht der Altersstrukturen und die Herrschaft der alten Lebensblaupausen, was verschwand, war der blinde Glaube, dass die Jugend spätestens mit 30 zu Ende sei, ja der Glaube, dass Jugend überhaupt ein Ende haben müsse." Und vielleicht sollte man tatsächlich die verlängerte Jugend weder als ökonomischen Mangelzustand beschreiben („Wir können nun einmal keine Familien gründen, weil es keine festen Jobs gibt") noch als juvenile Verwahrlosung und Verantwortungslosigkeit, sondern als ein großes Glück. Wer länger jung ist, braucht nicht mit 25 den Partner fürs Leben gefunden zu haben, sondern kann sich bei der Suche Zeit lassen und so seine Trefferchancen optimieren. Er muss sich auch nicht verrückt machen, wenn er auch mit 30 immer noch nicht seinen Traumjob hat, vielleicht kommt der ja erst mit 35 – und bis es so weit ist, kümmert man sich ums Lieblingshobby, Modelleisenbahn oder Gotcha. Und in einer Gesellschaft, die ihre Wissensbestände permanent revolutioniert und in der sich ein im Jahr 2003 diplomierter Informatiker schlechter mit Computern auskennt als ein durchschnittlicher Sechstklässler, kann es nicht schaden, geistig flexibel und offen für Neues, also jung zu bleiben. Jugendlichkeit ist eine clevere Strategie, um unter den Bedingungen

WER SAGT EIGENTLICH, DASS MIT 30 IRGENDWAS ANFANGEN ODER AUFHÖREN MUSS?

der Risikogesellschaft, in der von der Arbeitsplatzprognose bis zur Langlebigkeit der Ehe und der Vorhersagekraft des Wetterbericht nichts mehr sicher ist, für sich das Beste herauszuholen, sich Optionen und Alternativen offenzuhalten und sich nicht zu früh festzulegen.

In so einer postrevolutionären und transjuvenilen Welt ist dann der 30. Geburtstag kein magischer Moment mehr, kein Schwellendatum, das, einmal überschritten, unser Leben für immer verändert. Vom Glauben an die große Drei können wir uns emanzipieren, ob wir nun eigentlich 25, 39 oder vielleicht sogar 45 sind, spielt gar keine so große Rolle, weil wir uns womöglich jahrzehntelang in einer Art temporalem Zwischenraum befinden. Eine Zeit, in der man weder jung noch richtig alt ist und diese Begriffe vielleicht sogar aufgehört haben, ein Widerspruch zu sein, weil man, im gleichen Moment, sowohl jugendlich als auch erwachsen ist: Kein fertiges Studium, dafür ein Kind, PlayStation und private Altersvorsorge, ein Abonnement für *Kicker* und *Cicero*, Voltigierkurs und Tanztee. In dieser Uni-Age-Gesellschaft gibt es dann keine Pflicht mehr, den 30. Geburtstag festlich zu begehen, es besteht aber auch keinen Grund, vor diesem 10 958. Tag unseres Lebens zu fliehen.

Fahr überstürzt ins Ausland oder verschlaf den ganzen Tag im Park. Schreib um 18 Uhr eine SMS an deine besten Freunde, kauf zwei Kisten Bier oder ein paar Flaschen Champagner oder setz dich einfach in deine Stammkneipe und schau, wer so vorbeikommt. Fordere den glatzköpfigen Karaoke-Champ heraus. Plane nichts, streng dich nicht an, sondern warte, dass dich die Energie des Abends tragen wird. Spontane Feste, so sagt man, sind oft die besten.

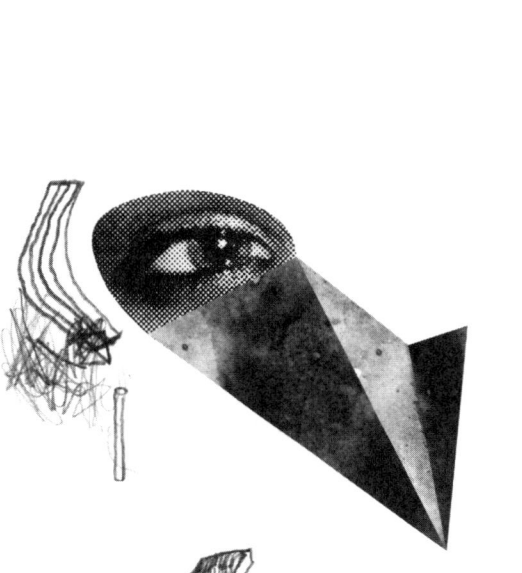

DANKE

Für ihre Gastbeiträge in diesem Buch danken wir Theresa Bäuerlein, Ulrike Bornschein, Eckart von Hirschhausen, Tim Mälzer, Monika Müller und Christian Ulmen.

Für Recherche und Mitarbeit, mitdenken, Buch- und Web-Hinweise danken wir Patrick Bauer, Annabel Dillig, Dela Kienle, Mareen Linnartz, Jakob Schrenk, Marc Schürmann und dem Büro Nansen & Piccard (Claudio Gutteck, Paul-Philipp Hanske, Alexander Runte, Benedikt Sarreiter).

Für ihre Unterstützung danken wir außerdem Jessica Hein, Tobias Kniebe, Friederike Knüpling, Lena Klefke, Andrea Kunstmann, Thomas Lindner, Sven Michaelsen, Michael Neher, Andreas Petzold, David Pfeifer, Ove Saffe, Adrian Schimpf, Antje Schlünder, Gunter Schwarzmaier, der NEON-Redaktion und insbesondere der NEON-Büroleiterin Manuela Orth.

Für Grafik und Illustration danken wir Jonas „It's beautiful" Natterer & Falko Ohlmer.

Weitere Informationen zu diesem Buch sind unter planenodertreibenlassen.de zu finden. Wir freuen uns auch über Anregungen und Kritik per E-Mail.